U0778597

珍稀墓誌百品

胡戟　著

大唐西市歷史文化研究中心出品

陕西師範大學出版總社

圖書代號：YS16N0660

圖書在版編目（ＣＩＰ）數據

珍稀墓誌百品 / 胡戟著. — 西安：陜西師範大學出版總社有限公司, 2016.8
ISBN 978-7-5613-8555-5

Ⅰ. ①珍… Ⅱ. ①胡… Ⅲ. ①墓誌－彙編－中國－古代 Ⅳ. ①K877.45

中國版本圖書館 CIP 數據核字(2016)第 152396 號

珍稀墓誌百品
Zhenxi Muzhi Baipin
胡戟　著

責任編輯　劉　定　宋媛媛
封面設計　張瀟伊
出版發行　陜西師範大學出版總社
（西安市長安南路 199 號　郵編 710062）
網　　址　http://www.snupg.com
印　　刷　西安市建明工貿有限責任公司
開　　本　787mm×1092mm　1/8
印　　張　38
插　　頁　8
字　　數　410千
版　　次　2016年8月第1版
印　　次　2016年8月第1次印刷
書　　號　ISBN 978-7-5613-8555-5
定　　價　800.00元

目錄

前言……一

一　張永墓誌（五一三）……二

二　王鍾兒（比丘尼統清蓮）墓誌（五二四）……四

三　杜祖悅墓誌（五二四）……八

四　王琳墓誌（五五五）……一二

五　高瓊墓誌（五五六）……一四

六　韋公夫人裴氏（頓丘郡君）墓誌（五六二）……一六

七　宇文斌（萬年子）墓誌（五六七）……一八

八　宇文廣墓誌（五六八）……二〇

九　元壽墓誌（五六八）……二二

一〇　韓褒墓誌（五七一）……二四

一一　于儀與廣寧公主墓誌（五九〇）……二六

一二　裴使君墓誌（五九二）……三〇

一三　梁脩芝（華陽襄公彥光）墓誌銘（五九三）……三二

一四　薛寶墓誌（五九四）……三六

一五　趙榮墓誌（六一一）……三八

一六　王裕墓誌（六二七）……四〇

一七　裴寂墓誌（六三二）……四四

一八　戴龍墓誌（六三四）……四八

一九　韋長詮墓誌（六四〇）……五二

二〇　王贇墓誌（六四〇）……五四

二一　梁君冶墓誌（六六一）……五八

二二　韓忠墓誌（六六一）……六二

二三　韓惠昭墓誌（六六二）……六六

二四　薛萬備墓誌（六六二）……六八

二五　杜德墓誌（六六三）……七二

二六　韋整墓誌（六六五）……七四

二七　薛元貞墓誌（六六九）……七八

二八　李端墓誌（六七〇）……八〇

二九　柳敬則墓誌（六七六）……八二

三〇　高真行墓誌（六八五）……八四

三一　王守真墓誌（六九二）……八八

三二　竇孝忠墓誌（六九二）……九二

三三　鄒繼昉墓誌（六九四）……九四

三四　閻泰墓誌（六九四）……九六

三五　杜懷古夫人韋氏（韋城縣君）墓誌（六九七）……一〇〇

三六　樊君故妻竇氏（美陽縣君）墓誌（六九八）……一〇二

三七　崔德政墓誌（六九八）……一〇四

三八　趙本道墓誌（六九九）……一〇六

三九　楊弘嗣墓誌（七〇〇）……一〇八

四〇　姚孟宗墓誌（七一五）……一一〇

四一　鄭偱妻崔氏墓誌（七一五）……一一二

四二　杜表政墓誌（七一五）……一一四

四三　李處鑒墓誌（七一六）……一一六

四四　元豹蔚墓誌（七一七）……一一八

四五　李約墓誌（七一八）……一二〇

四六　康思敬墓誌（七二一）……一二二

四七　趙王妃竇舜舜墓誌（七二二）……一二四

四八　杜府君夫人裴氏墓誌（七二七）……一二六

四九　段麗質（申王贈惠莊太子孺人）墓誌（七三〇）……一二八

五〇　輔果墓誌（七三六）……一三〇

五一　唐玄宗順妃韋秀墓誌（七四〇）……一三二

五二　李君夫人鄭氏墓誌（七四二）……一三四
五三　巖和尚墓誌（七四八）……一三六
五四　王□忠墓誌（七四八）……一三八
五五　陽承訓墓誌（七四八）……一四〇
五六　趙有孚墓誌（七五〇）……一四二
五七　李謙墓誌（七五二）……一四四
五八　段延福墓誌（七五八）……一四六
五九　法振律師墓誌（七五八）……一四八
六〇　韓汯故夫人李氏墓誌（七七五）……一五〇
六一　梁公夫人邢氏（河間縣君）墓誌（七七五）……一五二
六二　蔡府君韋夫人墓誌（七七八）……一五四
六三　元諫墓誌（七八〇）……一五六
六四　第五琦墓誌（七八二）……一五八
六五　嚴庭金墓誌（七九〇）……一六二
六六　薛公夫人吴氏墓誌（七九三）……一六四
六七　楊鉷墓誌（七九八）……一六六
六八　盧媛墓誌（七九九）……一六八
六九　楊府君夫人裴氏祔葬墓銘（八〇一）……一七〇
七〇　韓汯墓誌（八〇五）……一七二
七一　獨孤公夫人竇氏墓誌（八〇六）……一七四
七二　張公夫人裴氏墓誌（八一〇）……一七六
七三　李氏夫人萬氏墓誌（八一三）……一七八
七四　劉夫人裴氏墓表（八一四）……一八〇
七五　崔淑及夫人魏氏合祔墓誌（八一四）……一八二
七六　趙晉墓誌（八一九）……一八六
七七　姜子榮墓誌（八一九）……一八八
七八　趙公夫人張氏墓誌（八三一）……一九〇
七九　杜鍠墓誌（八三五）……一九二
八〇　張玉墓誌（八三九）……一九四
八一　崔行宣墓誌（八四一）……一九六
八二　馬全慶墓誌（八四七）……一九八
八三　韋君夫人崔氏墓誌（八五二）……二〇〇
八四　陶悉墓誌（八五三）……二〇二
八五　史仲莒墓誌（八五三）……二〇四
八六　王慕光墓誌（八五五）……二〇八
八七　韋諫墓誌（八五六）……二一〇
八八　盧深夫人崔氏墓誌（八六二）……二一二
八九　趙途夫人李氏墓銘（八六八）……二一四
九〇　李行素墓誌（八七〇）……二一六
九一　郭行脩墓誌（八七〇）……二二〇
九二　歸仁晦墓誌（八七六）……二二二
九三　韋珏（扶風縣君）墓誌（八七七）……二二六
九四　劉昭墓誌（八八〇）……二二八
九五　蘇昕婦張氏墓誌（一〇五五）……二三〇
九六　蘇通墓誌（一〇五五）……二三二
九七　蘇通妻王氏墓誌（一〇六九）……二三四
九八　蘇昕墓誌（一〇六九）……二三六
九九　张楫墓誌（一二七五）……二三八
一〇〇　韋國寶墓誌（一三四一）……二四二
【附】國之瑰寶墓誌十三品
一　楊素墓誌（六〇七）……二四六
二　蕭妙瑜墓誌（六〇七）……二五〇
三　宇文述墓誌（六二五）……二五二
四　息隱王建成墓誌（六二八）……二五六
五　鄭觀音墓誌（六七六）……二五八
六　祢軍墓誌（六七八）……二六二
七　蕭珪墓誌（六九一）……二六六

杨素墓誌

臨貞忠壯公楊使君後夫人蕭
武皇帝之孫丞相武陵貞獻王
派別天潢驗靈源之遠是以蕙
芳洲問流乎蕃戚有梁之日封
既而市朝變俗蘭桂移芳家同
仕晉遂等留秦忠壯公早喪元
歸于我蕭恭箕帚自秉柔順之
延以夫尊之典授千金郡君命
軒並轂松葯茂矣琴瑟和焉
忘家捐軀異境夫人孀居守志
明城之慟於是寄情八解憑心
禪枝至如懸針垂露之工蔡女
而西駕難留東川易遠栝無延
年正月廿五日遘疾薨于長安
業三年龍集丁卯八月丁丑朔
室嗟嗟予季望望增哀宅營魂

榮承天命德既不孤善必餘慶
惟桂有辛姚宗寓如劉族居秦
龍協朱輪運剝時艱天分地絕
深知生滅方冥山高還嗟川閱
永路幽深曉鐘催挽秋雲結陰

蕭妙瑜墓誌

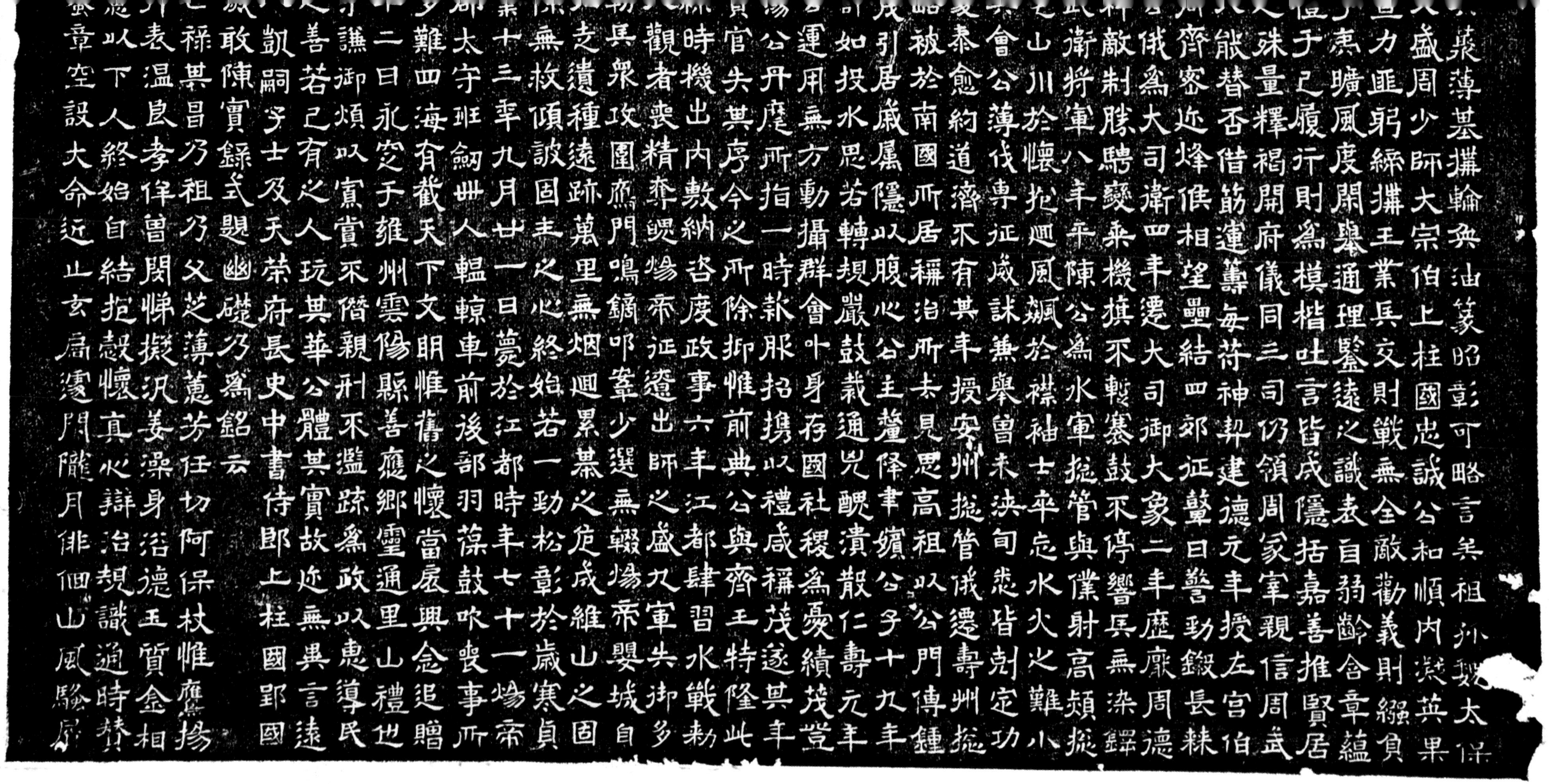

宇文述墓誌

子妃鄭氏墓誌銘并序

孟侯居守器之尊甲館瓊幃元妃參主鬯之禮不有貴逾卿族質茂仙儀何以
紫宸齊榮青陸妃諱觀音滎陽人也郊畿錫社河濟興都作相貽哥勤王著績
宮闈曳履之聲吾道既東北海闢容軒之路高祖道王後魏太常卿徐州刺史
徒府長史諫議大夫潁川郡太守吴山郡公父繼伯北齊本州大中正吴山公
三司金紫光禄大夫栝州刺史武德中贈都督潭衡郴道永邵連七州諸軍事
分珪裂壤開國承家周詩頌吉甫之神姚典載高陽之美迴龜入印循化謚於
軾縟禮光於大隧妃程雲薦彩喻日摛華淑韻婷婷明月皎星河之夕韶姿婉
李之蹊道恊女師聲昭姆教鳩文孚杼鶴操登絃鄧訓息洽千人慶隆於前業
嶺福砌於後庭　我高祖或躍在川潛表謳哥之運隱太子長男居震將
席膺所歸河魴是屬妃言容早歲從幼齒而昇笄蘿蔦方滋引輕輪而贊御嬪
二八之年嘒彼小星且流三五之訓既而南征不復素車延軹道之殃西怨方
郊之旅儀屬鎬池清祲鄠户垂徽啓金輅之榮外齊監撫承翟車之寵内切憂
宣華朝遊博望鳳舞鸞哥侈其欲翠輿雕輦導其歡妃恳滿盈懷流讓軫念恒
每鴈奢而侚約寧窺寶匣唯取鑒於緹緗罕御芳鈿獨莊情於礼訓而泰終則
禍搆春闈刑申秋憲妃言依別館遽沐　殊私棟折榱崩更荷棲遊之地巢
胎卵之仁雖掌碎驪珠而庭開虹玉已絶倚閭之望旋聞解瑱之歡昔有陶嬰
績緬惟梁宣勵節在於衡泌豈如出自膏腴長乎宮掖不謀而同德不習而生
執及則飛蓬在鬢君之出矣則明鏡生塵況乎萬古長辭三泉永隔故以皃隨
鎖是知綺羅爲悦己之資琴瑟乃歡娱之用驪駒一逝取悦之理奚從黄鵠單
斯絶於是捐飾玩屏珎華耳無絲竹之音身有綈繒之服桑榆遲暮湯沐優隆
勤不懈姆師之禮古人遺烈何以加焉而五運交馳三微手及寰環瀛之内始
稟埏埴之功有形歸於畢化雖復金天錫壽罕遇百齡丹竈祈仙不逢三鳥以
月卅日寢疾薨於長樂門内春秋七十八　皇情軫悼禮有加隆喪葬所須
使太府少卿梁務儉太子洗馬蕭沇監護喪事殯於第五女歸德縣主之宅稟
融物表識掩樂先綜群言於素冊包衆藝於丹管仁爲己任七子均愛於桑鳩
義飛聲於河鳥孀閨瑩室五十餘年複徼崇墉九重清峻芳蘭有馥在幽林而
貞淩善序而彌劭可謂令儀令德不騫不亡者歟俄而殯從欑宮帷昇奠俎謀
開塋粤以其年七月七日祔葬隱陵之側南分御宿永絶清笳東望杜陵空驚
月禁節婦之隴長存而星琯亟周神姑之海行變立言不朽將在斯文其銘曰
野西垂良人佇佩對媛來儀彩涵珠浦色掞瓊枝融情班誡竭禮秦迎其一屢養
于少陽中饋重離内主四德順規三從叶矩麟趾興謡螽斯振羽其二鶴關流賞
晉侵雷壷嬀贊電玉臺既毀金觴不薦哀纏惸閨離披颭霰其三六疾晦明九泉
嚴掩歸魂幼女兆登居蔡塋開宿楚縞騎驂斯朱旂峻轝其四周原古隧漢邑
西望吾夫風吟拱木鳥思平蕪悲哥一奏[illegible]

郑观音墓誌

祢軍墓誌

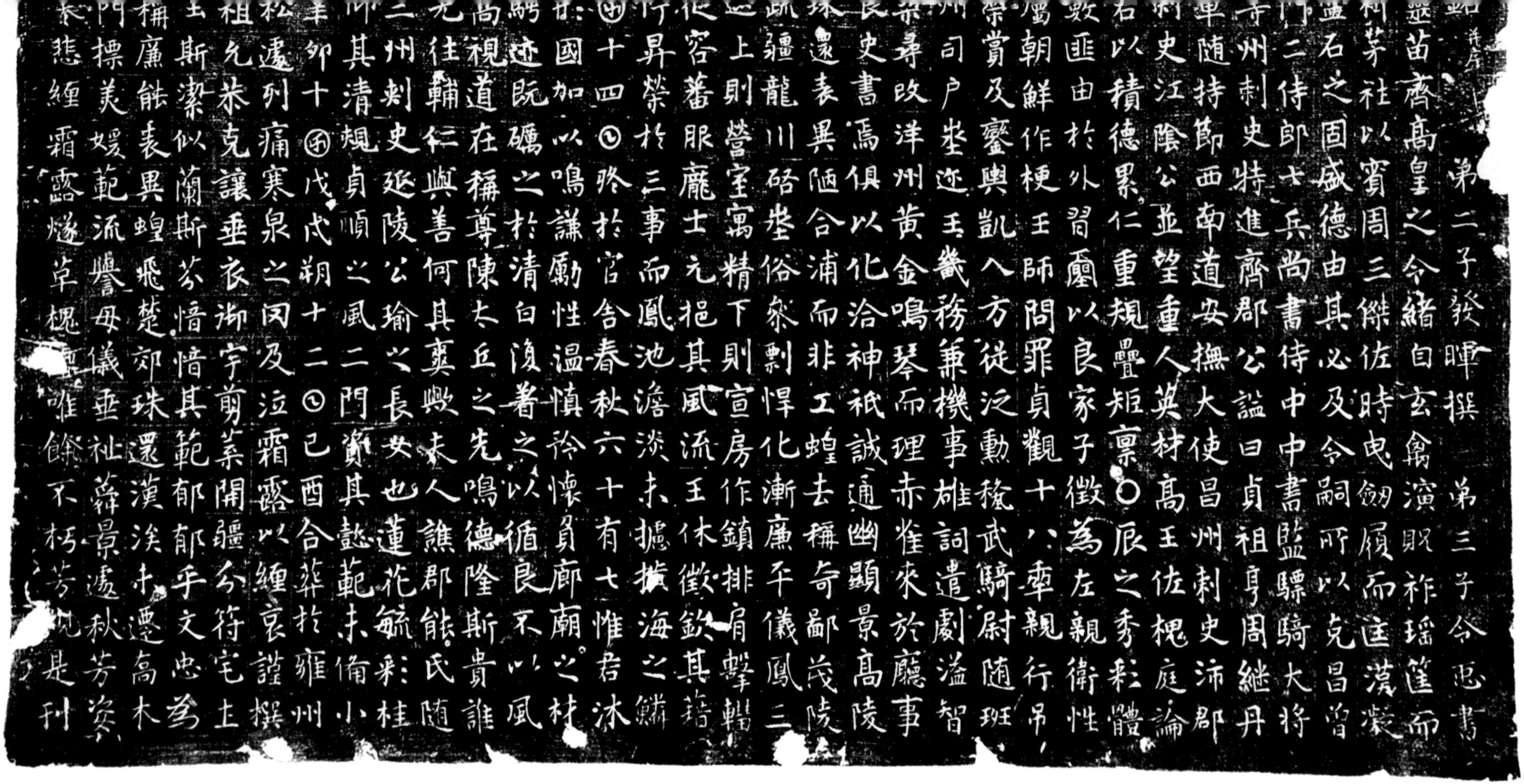

并序　第二子毅暉撰　第三子令思書
苗裔高皇之令緒自玄龠濬貺祚瑤篚而
茅社以賓周三傑佐時屯劒履而匡漢業
石之固盛德由其必及令嗣所以克昌曾
二侍郎七兵尚書侍中中書監驃騎大將
州刺史特進齊郡公謚曰貞祖亨周繼丹
隨持節西南道安撫大使昌州刺史沛郡
史江陰公並望重人英材高王佐槐庭論
以積德累仁重規疊矩稟〇辰之秀彩體
匪由於外習亹以良家子徵為左親衛性
朝鮮作梗王師問罪貞觀十八秊親行吊
賞及鑾輿凱入方從泛勳稱武騎尉隨班
司戶坐迹玉轍務兼機事雄詞遣劇溢智
尋改洋州黃金鳴琴而理赤雀來於廳事
史書焉俱以化洽神祇誠通幽顯景高陵
還表異陋合浦而非工蝗去稱奇鄙茂陵
疆龍川啓坐俗黎剽悍化漸廉平儀鳳三
上則營室寓精下則宣房作鎮排肩擊轄
容蕃服龐士元挹其風流王休徵欽其指
昇榮於三事而鳳池滄淡未攄橫海之鱗
𠥱十四𡆠終於官舍春秋六十有七惟君沐
國加以鳴謙勵性溫慎矜懷負廓廟之材
迹既礪之於清白復著之以循良不以風
視道在稱尊陳太丘之先鳴德隆斯貴誰
往輔仁與善何其爽歟夫人譙郡能氏隨
州刺史延陵公瑜之長女也蓮花毓彩桂
其清規貞順之風二門資其懿範未備小
卯十𠥱戊戌朔十二𡆠己酉合葬於雍州
遷列痛寒泉之罔及泣霜露以纏哀謹撰
允恭克讓垂衣御宇剪萊開疆分符宅土
斯潔似蘭斯芬愔愔其範郁郁乎文忠為
廉能表異蝗飛楚郊珠還漢浦未遷高木
標美媛範流譽母儀垂祉蕣景遽秋芳姿
悲纏霜露燧草槐靈唯餘不朽芳規是刊

萧珪墓誌

唐故朝散大夫濮州長史蘭陵蕭府君墓誌
君諱琟字行璪南蘭陵蘭陵人也帝而乞之
配而白狼表瑞振寶圖而受籙及三仁去國
孫高視垂衣踐斗牛之郊蕃屏維城公符隆
祖彪梁鹽入魏拜龍驤撫軍二將軍中書黃
軍開府儀同三司盧縣公周少保揚光桂華
陽王封高平郡公左銀青光祿大夫輔國將
公父儼隨鷹揚郎將唐驃騎將軍洵虞二州
道六符於是光輝棠樹宣風九牧稱其儀表
河岳之奇精恭儉溫良得之於而穢䏌御書
符仁智調逸林泉雖俛就朝章而志非所好
伐君時扈從首啟元戎雖頻推光醜而累辭
例也雖司馬之淪胥亦飛鴻之漸陸俄擢延
推茲遷掌金州黃土不言而化白鳩巢於齋
[illegible]蝗垂去於縣境明珠得於漢水州表尤異
之在職社狎祥鳩黃山陽之蒞官禎符神雀
其何編舉清介公方轉利州葭萌縣令鵜首
秊拜朝散大夫濮州長史穀林舊壤姚墟前
是曰殷繁贊務匡條歸乎貳席居僅邛聽事
甚既而道光半刺已茁英於百城化美全樹
馬首位徊遙啟佳城之兆以開耀[illegible]年十二
浴仁義縉紳友悌既入孝而出忠亦自家而
從州縣之職剖雞不辭於遊刃絆驥無妨於
而輟其音不以霜雪渝其色是知陶彭澤之
其嗣美君實有之隸路之高未遷萬里之魂
南定揔管武強公爐之孫唐左衛率嫣通永
魄涵禎備德齡秊有行笄◎婉嫕之質九族
君之禮儀先岱嶺之遊粵以而穐二年歲次
明堂縣洪原鄉之少陵原嗚呼白椒凰掩青
潛芳刊諸貞琬詞曰　　而乁成湯皇齊高
赫平蟬冕陸離龜組英靈襲祉慶誕吾君如
令德道資稱尊始自濯纓終於展驥褰翔沃
遠纖良懿婉矣貞姌作嬪君子四德推能云
成巳原悲駟馬穸壓雙棺荒延霧合窀堪風

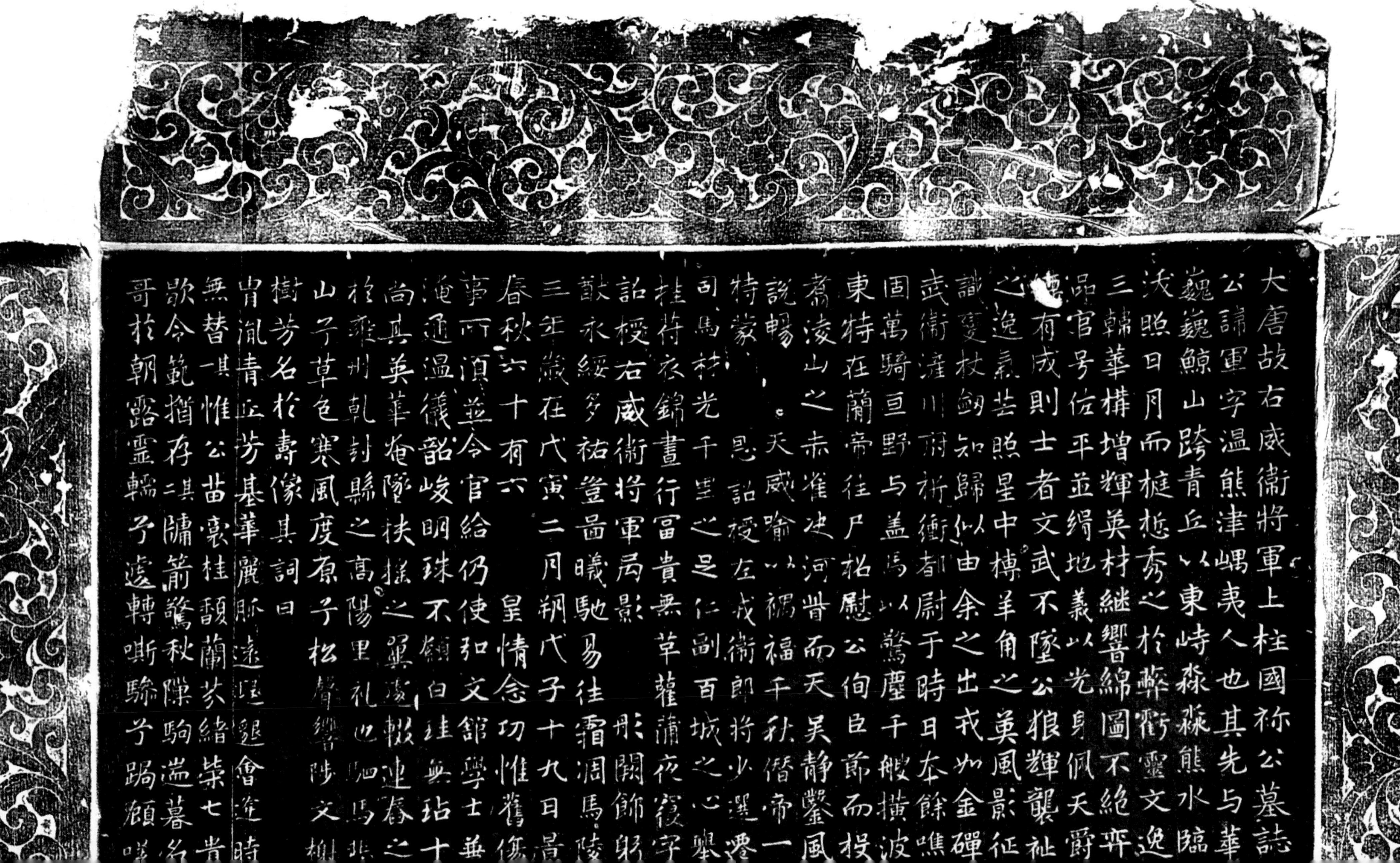

大唐故右威衛將軍上柱國祢公墓誌
公諱軍字温熊津嵎夷人也其先与華
巍巍鯨山跨青丘以東峙淼淼熊水臨
浅照日月而榳懋秀之於蔽虧靈文逸
三韓華構增輝英材繼響綿圖不絕奕
品官号佐平並緝地義以光身佩天爵
德有成則士者文武不墜公狼輝襲祉
之逸氣芒照星中搏羊角之英風影征
識變杖劍知歸似由余之出戎如金磾
武衛滻川府折衝都尉于時日本餘噍
固萬騎亘野与蓋馬以驚塵千艘橫波
東特在簡帝往尸招慰公侚臣節而投
翥凌山之赤雀決河眥而天吳靜鑿風
說暢 天威喻以禑福千秋僭帝一
特蒙 恩詔授左戎衛郎將少選遷
司馬材光千里之足仁副百城之心舉
桂符衣錦晝行富貴無革雚蒲夜寢字
詔授右威衛將軍局影彤闕飾躬紫
猷永綏多祐豈圖曦馳易往霜凋馬陵
三年歲在戊寅二月朔戊子十九日景
春秋六十有六 皇情念功惟舊傷
事所須並令官給仍使弘文館學士兼
淹通温儀韶峻明珠不類白珪無玷十
尚其英華奄墜扶搖之翼遽輟連春之
於雍州乾封縣之高陽里禮也駟馬悲
山兮草色寒風度原兮松聲響陟文榭
樹芳名於壽像其詞曰
胄胤青丘芳基華麗脈遠遐邈會逢時
無替一其惟公苗裔桂顉蘭芬緒榮七貴
歇今範猶存二其臚箭驚秋隙駒遄暮名
哥於朝露靈轜兮遽轉嘶驂兮踴顏嗟

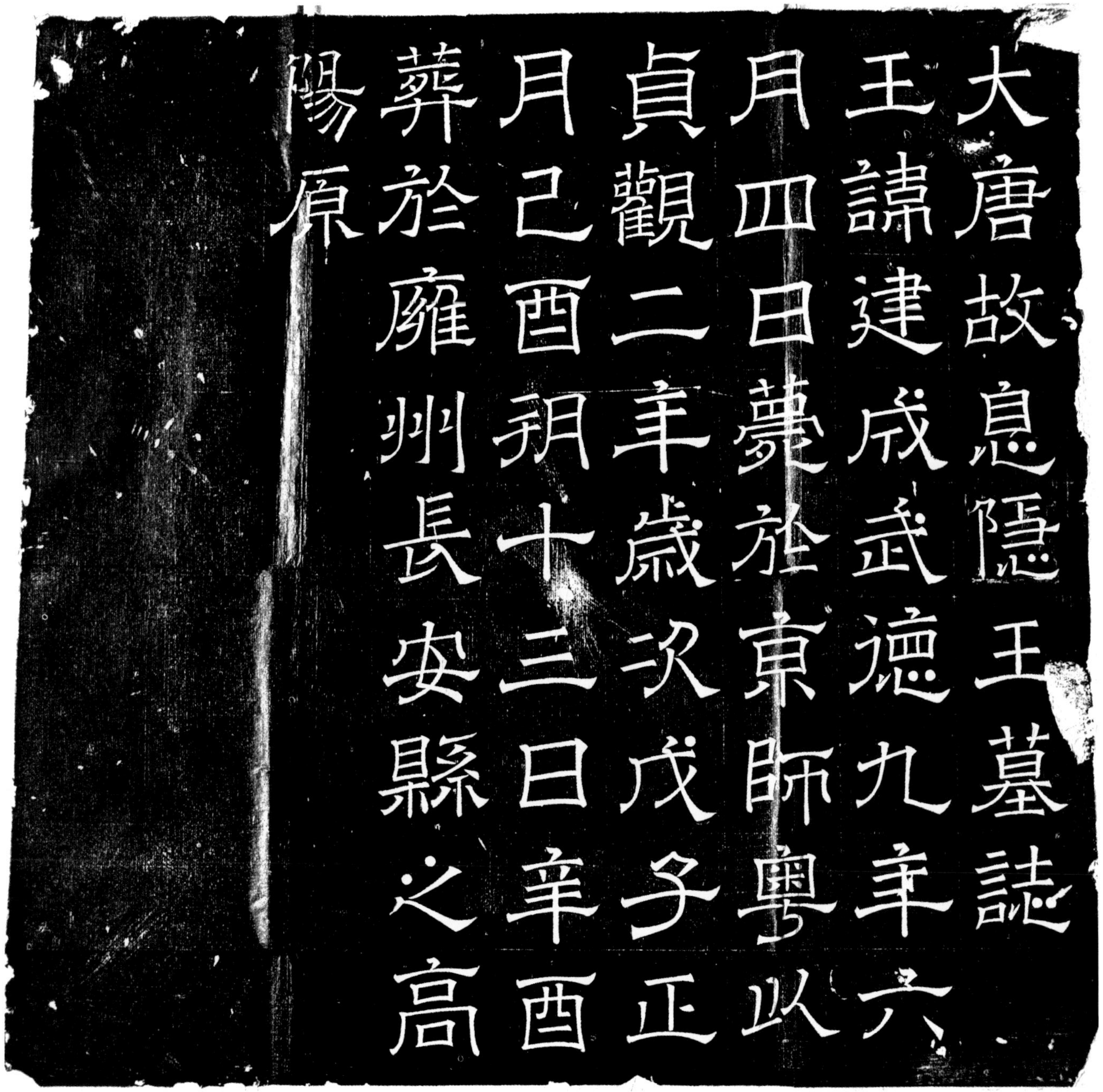

大唐故息隱王墓誌
王諱建成武德九年六
月四日薨於京師粤以
貞觀二年歲次戊子正
月己酉朔十三日辛酉
葬於雍州長安縣之高
陽原

息隐王建成墓誌

大唐故隱
夫桂宮銀
趍事
臣心如水
祖諱後魏
隨開府儀
潭州都督
專城伏熊
娩和風汎
馬援身終
齊儲副之
于大國時
咨黃鉞揩
勤至如夕
在貴而思
否福極生
傾冗毀重
恆孤資於
知以為伯
心痒形逐
棲邀歡之
猶執敬姜
盛期乎未
上九三年
務令優厚
朝息也妃
禮以持身
不渝翠篠
龜獻兆俳
哀挽雖樵
震坊東闢
樹庭承歡
龍闈促宴
幽阻屬纊
荒隟東望

隋故司徒公尚書令恭公宇文公墓誌銘
公諱述字伯通遼西凡城人昌意導其洪源有葛茂
幽州刺史撿行忠萬植根詳正立功庇物執德居宗
外發道足識全機能運變于時周室草昧國步權輿
雲至贊此宏圖剋成霸業公誕保靈和資神秀氣器
粹之懷著於綺歲小善靡失輶德必從訓義於物復
仁濟衆雲臺景曖岳秀川渟秉世載之芳流挺當世
帝纂留引公居卧內正而不毅諫而不犯出則勤功
忠萬簡于帝心明允著於所莅三年改授宮伯于時
時不輕韜東夏剋平承功甚懋功授大將軍濮陽郡
鼎移隋運尉迥稱兵擁據漳滏公爲摠管計擊不庭
兇渠盡殪授上柱國襄國公隋高祖受命以公爲右
統軍事公忘己應務臨疑不惑外身崇物菲躬厚人
大執不二之心淩險若夷推鋒莫亢蕭巋兼兄據有
封別子新城郡公公弘裕足以容衆矜嚴足以軌物
管杖清靜以臨民施仁義以納物美化行乎江漢明
鼎世功世祿贊時偉器立事立言文武是經才行闈
穠綸放命晉王北討公爲長史仗武秉遏申威河外
爲左衛率東儲寄深故有斯授煬帝嗣業深相任委
朝德孚民譽渾境逆命爲歲已淹鐵勤邦弊遼相搖
授開府儀同三司此職晉魏以來舊同槐鉉周隋改
命朝野榮之有頃授左翊衛大將軍雖職參戎寄任
公撿拔弘舸連舳巨艦接艫結欂浮川習流争鶩胡
見淪没公統率有方全師反旆十一年突厥可汗親
守憲不留全公榮自匈襟奇正鶩忽賊謂神兵擁徒
屬王細強紊政教淩寓人情彼此盡爲敵國啓沃亟
臣見於國危公之謂矣與善褰應身隨化往以隋大
震悼攬涕久之不坐朝者三日贈司徒公尚書令十
須隨由資給　大唐握鏡拯溺救焚濡足授手戢濟
司空公上柱國許國公謚曰恭公以武德八年十月
權公忠孝君親信讓僚友琬琰懷抱斧藻仁義持盈
在簡運奇鞠旅勳業必融論治經邦無澈不暢他人
無異望身没名劭功成迹顯固可以方駕五臣齊鑣
公負荷折薪克隆堂搆泣風樹而長號懼丹青之歇
遠矣昌意慶積源長蒸哉祖武休有烈光建國命氏
經綸霸業爲龍爲光君公世濟勇挺瑰璋才稱茂異
荃弓筮仕觀國來賓我軒肇迹臨義忘身濟功惠難
出内謀猷寔惟國幹榮追三事名參十亂哀服空陳
夢夜方賒幽缸永滅春秋迭代德音無絶

周故大將軍淮魯復三州刺史

氏墓誌

夫人諱妙瑜南蘭陵人梁高祖之女也係分若木知慶緒之高性攸稟禯華早茂令範洪於閨淮南公主采翟榮隆油軿礼盛杞宋之苗族蕝神明之後雖非妃方求繼德夫人見稱才淵言心正位閫闈弥流慈撫之迹朝光禮袟餝顯環珮秋朝春禊飛先公任居方牧時逢交爭徇義無勞匪石之詩畫哭經哀自引七覺炳式珠於花案發意樹於曹姬之藝姻賞承訓閨門取則壽之驗木有長年之悲仁壽三之道興里春秋七十四粤以大廿六日壬寅祔葬華陰東原之於神域勒芬芳於夜臺銘曰

祚肇郊祺源曰子姓宋龍殷後流芳未已誕茲淑令惟蘭有薄高門作配君子斯嬪榮參纁綏義彰齊繼情過魏節獨悟回果衛離周合撫昔悲今郭門遼遠唯當龍月直照松心

大隋納言上柱國光祿大夫司徒公尚書令太子太師太
公諱素字處道弘農華陰人也其先出自有周蓋[illegible][illegible][illegible]
以枝[illegible][illegible]祉標州成而起秀地勢流謙注長河西[illegible][illegible]故
來名德和[illegible]爲天下盛族十世祖瑤晉侍中儀同三司尚
刺史司空[illegible]貞文恭公祖暄魏[illegible]尚書華州刺史臨貞忠
卿開府儀同三司汾州刺史大將軍[illegible][illegible]復[illegible]州刺史臨
奮英風於百代公禀[illegible]府之純雅合俊德爲挺生神機秀
性爲道因心而孝信義兵於言表器業隆於行綜五典三
流至如謂諸劍鈐范格按略問兵符於玄女得劍術於伯
深虛右周保定五年起家爲中外府記室遷司成大夫公
[illegible]隋將定東夏孫王禮[illegible]先路任重危戒春長明德光雍
陳戰在先時以功進位上開府封妻成公出爲東夏府陪
淮南之地大象三年爵封臨貞公及　皇隋基命天步倚
邑士無襄[illegible]之志洲與[illegible]餘之憂公奮其義勇剛光占暴
諮以亦兵未之尚也乃侯公大將軍尋爲徐州總管君參
自德頻改物[illegible]倫哉叙[illegible]惡繼達允懸氏譽乃總公御忠
於管良個叔計朝進夕開既而王師大[illegible]分尾授律　望
征之重非才莫居親[illegible]並用於退乘在開皇八年同降綸
預之謀[illegible]論赫美主[illegible]之捷功亦居多江表和[illegible]良首撫
[illegible][illegible]別操一子儀岡[illegible]司舊朴即以迴換如帶如顧允吝
[illegible]尋雅復八答掌並敘甘斯在六圍權翰揚格是尾乃授
末令[illegible]乃挺谷幟悟祭飛陳系服收非云莫可乃授大使
戒於[illegible]山空氣流務徹東南庇完帝有嘉爲校一子上開
紹發斯隆孫板幽遊界師斬野文侵行壽宮大覽至於徑
州道行平總管岳以邊略突厭達頭千汀虧其引資之衆
黎前後變惠蟬開示兆斯識石詩自衛雀之來未有名所
北尚有造魏[illegible]令長以宗德居蓋帶樹戍重經責從漢寇
第成加絕當聲能雩庭伐遷尚書左僕射顯齊名異遂紀
[illegible]令而已　萬禮詔復公氏仍奔公樹立乃收其子疾還
此恩後獲[illegible]多逸之敘氏交其侯撩於是服者懷德極者
我[illegible]前曾何傷佛乃擾公世子玄感柱國以淮武功[illegible]徐
所盛[illegible]令神秘與誅[illegible]吉宅地以安下　詔襄稱特如建
[illegible][illegible][illegible]其淵[illegible]同還惑四公史賑適遊授被錢討勢疾[illegible]
[illegible][illegible][illegible]茂背斯隆迴授推恩光楱潤葉並止蕭何陳力寵
[illegible][illegible]靜徒玄改封楚公加食邑五百户通前爲一千五百
[illegible]王于光[illegible]典冊車服紫瀬師户具贍公秉德居謙貴帝
楚施晞大業二年七月癸丑朔廿三日乙亥遘疾薨于豫
上于作陰史緣通塗里惟公雅居宏達淵猷經遠神華體
其機術知無不爲義存禮國謨命能固守以貞道重於損
莫能知加以才蕪微通學無不覽遠以五禮樂之文陰
卜妻以義綷垂之不刊代邪初開承華式建公風荷　天
[illegible][illegible]爲社從之良臣人之云亡莫不流洋故羽悼興　當
[illegible][illegible][illegible]㓨絅冊人前後鄰羽葆鼓吹大鴻臚監護喪事議
爲銘曰　辰象緯天山嶽鎮地六

八　郭幼賢墓誌（七六六）……二七〇
九　楊綰墓誌（七七七）……二七二
一〇　李元光（諒）墓誌（七九四）……二七四
一一　杜佑夫人墓誌（八〇七）……二七八
一二　竇牟墓誌（八二二）……二八二
一三　宋若昭墓誌（八二八）……二八六
後記……二八八

前言

——再次走進隋唐人的精神世界

胡戟

三年前，我以『走進隋唐人的精神世界』為題，為《大唐西市博物館藏墓誌》作序，現在，我仍想以此為題，做本書的自序。

數倍於兩唐書紀傳人物的傳記資料墓誌，不斷出土面世，給了我們一步步深入隋唐人內心世界前所未有的機會。他們的人生追求、思想境界和價值觀中，許多積極的東西，至今讓我們感動，讓我們嘆服。我相信，無論古代的，現代的，中國的，外國的，作為文明結晶的價值觀，都是我們今天的文明進步需要借鑒的，應該有所繼承的。文化虛無主義的橫掃一切的『文革』思維，在今日的中國和世界，不應再有市場。

隋唐人生活在怎樣的精神世界裏，他們有怎樣讓中外哲人企羡的精神生活，且容下文分解。

墓誌書法是最直觀的具象藝術，百誌中多書法佳作，尤其是附收的十三品，全是書法珍品。百誌中有如工整秀丽，被評價為『魏碑正書的傑出代表』的杜祖悦墓誌（五二四），還有如楷書很好的韓公故夫人李氏墓誌（七七五），隸書好的第五琦墓誌（七八二），行書好的嚴庭金墓誌（七九〇）、姜子榮墓誌（八一九），前者有草意，唐誌中少見。

史學家、文學家和名人撰寫的名人墓誌，諸如皇上追悼的名臣梁脩芝（彦光）的墓誌銘(五九三)，周思茂撰的高真行墓誌（六八五），《安禄山事迹》的著者姚汝能撰的史仲莒墓誌（八五三）。還有韋承慶撰的『有集十卷』的王守真墓誌（六九二），『撰《王政殷鑒》一部』且『有集卅卷行於時』的趙有孚墓誌（七五〇）。

墓誌涉及北朝權貴後裔，有德皇帝宇文肱之曾孫，宇文泰的長兄、太師、柱國邵惠公宇文顥之孫，大將軍、尚書令章武孝公宇文導之第三子宇文廣的墓誌（五六八）；有北魏昭成帝拓跋什翼犍的太子、追贈獻明皇帝的拓跋寔的後人，廣宗王之女，誌稱『生自蕃國，能文識禮』的鮮卑人元壽的墓誌（五六八）；有北齊後主駙馬都尉、南陽公韓興曾孫，齊龍驤驃騎、函谷道行軍大總管、周征南將軍、襲南陽公韓悦之孫，隋齊州黜陟大使、唐安州都督府長史、襄川公韓寶之子韓忠的墓誌（六六一）；有魏黃門侍郎、侍中韓褒之孫韓惠昭的墓誌（六六二）；有周尚書左僕射、太傅、尚書令、大司空、華山郡開國公楊寬曾孫，隋黃門侍郎、禮部尚書、上明郡開國公楊文紀之孫楊弘嗣的墓誌(六六二)；有魏尚書右僕射、周大將軍、大司空、雍州牧、太傅、鄖國公韋孝寬曾孫，周納言、京兆尹、河南郡開國公韋總之孫，唐御史大夫、吏部尚書、安吉襄公杜淹之女婿韋整的墓誌（六六五）；有文德聖皇后之甥柳敬則的墓誌（六七六？），其夫人元氏，後魏陳郡王即常山王元遵之子元玄之曾孫，隋駙馬府君之女；有齊清河王高岳之曾孫，樂安王高勵之孫，文德聖皇后親舅、太師高士廉之子高真行的墓誌（六八五）；有北周太傅竇善玄孫，娶隋文帝文姊安成长公主的駙馬都尉竇榮定的曾孫，隋納言，陳國公竇抗之孫，陳國公竇衍之子竇孝忠的墓誌（六九二）；有魏龍驤將軍，周司空、荊州總管、大安縣開國公閻慶曾孫，周上儀同三司、駙馬都尉、隋殿內監、石保縣開國公閻毗之孫，唐工部尚書、大安縣開國公閻立德之子閻泰的墓誌（六九四）；有景穆皇帝拓跋晃後裔，稱『帝胄』『王胤』的元諫的墓誌（七八〇）；有大司馬、梁王獨孤信的九代孫獨孤士衡的夫人、宰相竇參的姪女、竇戩之女竇氏的墓誌（八〇六）。

墓誌涉及關隴集團人物的，有隴西狄道人李術的墓志（五四六），其祖李巨明，司州大中正、寧遠將軍、隴西太守，父李虬，撫軍將軍、相州刺史；又有永熙三年（五三四）隨宇文泰入關，任大行臺左丞、大丞相府錄事參軍，沙苑之戰有功，官至少保的韓褒的墓誌（五七一）；有父親為西魏八大柱國之一的關隴集團的核心成員于謹，本人娶魏文帝第三女廣寧公主的于儀的墓誌（五九〇）；有祖父是周侍中、河南道太行臺尚書左僕射、荊州刺史、太原忠公王思政，父親是侍中、使持節襄州總管、襄州刺史、太原公王兼，本人娶了唐高祖李淵胞妹同安長公主的王裕的墓誌（六二七）；有曾祖是後魏尚書右僕射梁禦，祖父是娶了周太祖女宜都公主的駙馬都尉、益州道元帥、襲封蔣國公的梁睿，父親是隋使持節嵩、息、沂、邳、商、信六州諸軍事、六州刺史梁洋之子，襲封蔣國公的梁君治的墓誌（六六一）。

南朝權貴後裔的墓誌，有南蘭陵蘭陵人、齊高皇後裔蕭珪的墓誌（六九一），其曾祖蕭彪，梁初入魏，官至七兵尚書、侍中、中書監、驃騎大將軍、周少保、齊郡公，祖父蕭亨，周輔國將軍，隋昌州刺史、沛郡公，父親蕭儼，隋鷹揚郎将，唐驃騎将軍，洵、虞二州刺史，江陰公；有琅耶臨沂人王守真墓誌（六九二），其曾祖王琰，陳中書侍郎、侍中，祖父王休宗，陳中書舍人，隋魯州別駕，唐太子舍人、東宫學士、國子監丞，父王約，唐太子洗馬、博州刺史。

自南北朝至唐，這些門閥貴族世代為宦、活躍於官場的情況，很反映了門閥時代和後門閥時代的特點，即世族高門之間，雖互相爭奪，又相互維持，即使改朝換代，門戶也不墮的政治生態。

涉及北朝政治的墓誌，有言及魏孝文帝政治的張永墓誌（五一三）：『遇孝文皇帝澄簡六合，詮究士類。君逕上申訴，特蒙□□，可謂当世之難能拔悴之奇者。』有可供研究北魏后宫政治的王锺兒(比丘尼统清蓮）墓志（五二四）：『宗父坦之出宰長社，率家從職，爰寓豫州。值玄瓠鎮將汝南人常珍奇據城反叛，以應外寇。王師致討，掠沒奚官，遂為恭宗景穆皇帝昭儀斛律氏躬所養恤，共文昭皇太后有若同生。太和中，固求出家，即居紫禁。尼之素行，爰恊上下，秉是純心，弥貫終始。由是忍辱精進，德尚法流，仁和恭懿，行冠椒列。侍護先帝於弱立之辰，保衛聖躬於載誕之日。雖劬勞密勿，未嘗懈其心；力衰年暮，莫敢辭其事……歷奉五朝，崇重三帝……』不過利用此材料要注意該誌跋中提示的，辨識與慈慶墓誌的關係。有講到雄才大略的周武帝『有苞括宇宙之心，有平壹海內之志』的于儀與廣寧公主的墓誌（五九〇）。有記載誌主祖父薛萇生任夏州主簿、第一領民酋長、雲州刺史的薛寶墓誌（五九四）。

涉及北朝經濟的，有張永墓誌（五一三）：『年在幼沖，母子孤弱，遂共泠人，不強得生理，以自營濟。……立年以來，資產豐澹，子孫繁熾。』能在其父陣亡後，又由貧窮而富裕。

涉及北朝軍事爭鬥情況的墓誌，有韓褒墓誌（五七一）：『（大統）三年孟冬，高歡渡河，連陣沙苑，飛鋒競進。公時預策，先登進計，勸治軍渭北，置兵死地，占風候氣，隨機摧破。其後日輕使公入夏州，矯稱已擒元首焉。鎮城許和，斬其刺史歸附。』有參與统一战争的梁脩芝（彦光）的墓誌（五九三）：『（建德）六年，從平東夏。』還有趙榮墓誌（六一一）：『建德五年，選為壯士，從周武皇帝，東討平齊。力戰有勳，蒙授都督，即於本鄉，統領禁兵。』

涉及民族事務的墓誌有杜祖悅墓志（五二四）：『除南秦州長史，帶天水郡。撫化未旬，羌戎變俗。後仇池不靜，氐民遘逆，跋扈一隅，不賔王化。時刺史曹公，以君雍州岳望，聲高開隴，至熙平年中，表君為仇池太守。君奉命先駈，庶陳義節，不集徧師，單馬詣郡，敷導未周，元凶改德。昔魯公之莅中年，寇生之寧河內，蔑以過也。』有宇文斌墓誌（五六七），誌主父、祖和岳父裴纂，皆為太守或刺史，是典型門閥。宇文斌『舊姓柳，河東解人也。有周之興，賜族宇文氏』。北朝河東大姓改胡姓，隋唐后應又改回漢姓，是北方漢族和五胡民族在反復胡化漢化中融合的一例。有元壽墓誌（五六八）：鮮卑人，大周宜州別駕宜君郡守杜府君妻　，『生自蕃國，娉彼貴遊』。有韓褒墓誌（五七一）：『燕州昌平苦水人也。矦呂陵國姓出自漠北，匹也頭辱紇酋長之胄焉。』

墓誌涉及的隋朝事件人物，有梁脩芝（彦光）墓誌銘(五九三)：『大隋受禪，除岐州刺史，增邑五百戶，并前二千戶。公務農勸學，恤老矜孤，舉大綱而略細網，先德教而後刑罰。……開皇五年，册拜趙州刺史，尋改授使持節相州諸軍事，相州刺史。十年，又除趙州刺史，還任相州。河朔漳濱，前衛後趙，遠則袁曹遞據，近則燕齊舊都。俠窟餘民，奸豪不息。商淵大賈，狡猾難治。公勵之以仁義，糺之以明察，威德兼宣，寬猛相濟。莅任九載，風化大行。』有薛寶墓誌（五九四）：開皇九年，募從柱國、襄陽公，押伏江左。萑蒲之盜，自此歸仁。郊阯日南，道路無擁。其年十月，奉使送廣州首領入京，又奉勑令陁還送桑梓，達至嶺南，即充九州慰勞大使，到安州遇疾，薨於治下。』趙榮墓誌（六一一）：『仁壽四年，晉陽展効。』王贇墓誌（六四〇）：『隨（隋）開皇十九年，從尚書左僕射越公楊素，薄伐玁狁……』

墓誌涉及唐代皇室人物和外戚的，除了前述文德聖皇后之甥柳敬則的墓誌

（六七六？），文德聖皇后親舅、太師高士廉之子高真行的墓誌（六八五）外，還有唐高祖女婿即娶了襄陽公主的竇誕之曾孫女、尚書右僕射竇孝慈之孫女、嗣趙王妃竇舜舜的墓誌（七二二）；唐玄宗二哥申王（贈惠庄太子）李成義的孺人段麗質墓誌（七三〇）；唐玄宗順妃韋秀墓誌（七四〇），薛公夫人、唐代宗之母舅吳湊之女吳氏墓誌（七九三），楊貴妃堂兄弟楊銛墓誌（七九八）；娶唐睿宗宜城公主的國子祭酒裴巽之曾孫女、娶唐玄永寧公主的右千牛衛大將軍裴齊丘之孫女河東裴氏的墓誌（八一〇）。

涉及興唐事件的墓誌，有裴寂墓誌（六三二），他左遷為晉陽官監，『獻替經綸之始』，開始謀劃興唐；晉陽起兵后進軍長安，『行屆霍邑，乃遇隨（隋）師……扣馬切諫，必請乘黎。揮刃斷鞅，固爭廻旆。遂奮威略，一鼓就擒。慗眾通行，万里無累』，提供新資料說明，唐軍在霍邑受阻時，裴寂和建成、世民一樣，是堅決攻擊前進的一派；『既克鎬京，盡收圖籍。市無改肆，民有息肩。道致升平，並公之力。』是說佐領長安后，裴寂的貢獻。參與興唐的人物，還有康思敬的祖父康善義，墓誌稱是『汲郡衛人』，不無可能是來自中亞的康國人後裔，見康思敬墓誌（七二一）。

述及初唐和武周將相名臣的後裔，如戴龍墓誌（六三四），其子戴冑，其孫戴至德，父子為相，忠直敢言，有名於時；樊君故妻美陽縣君竇氏墓誌（六九八）：曾祖竇彥，隋工部侍郎，西平郡太守；祖竇德玄，唐御史大夫，檢校左相，鉅鹿縣開國男；父竇懷恪，守秦州都督；丈夫樊君，檢校同州長史。姚孟宗墓誌銘（七一五）：姚孟宗，本望吳興武康，今為京兆萬年人，代為望族，曾祖處平，唐太子舍人，追贈博州刺史，祖璹，唐侍中，工部尚書，考昌演，唐銀青光禄大夫，郯王府司馬；李約墓誌（七一八）：祖李靖弟客師。

本書墓誌內容涉及有唐一代許多政治事件，涉及前後期很多政治人物，不能備述。僅提出可加關注的興唐時秦府的人物，參與征遼東事件的眾多人物，涉及武周政治，走向盛世，安史之乱与中唐事件，中晚唐名人，裘甫被擒和張議潮入覲以及民族事務的墓誌。分別簡介於下：

秦府人物有任『秦王府庫真』的韓忠的墓誌（六六一）。

有與征遼之役有關的薛萬備墓誌（六六二）：先以本官檢校懷遠鎮，貞觀十八年『為馬軍摠管。宏謨上略，屢簡帝心。斬馘搴旗，獨高諸將。軍還，蒙授上柱國，汾陰縣公。』顯慶五年又授鴨淥道行軍副摠管，卒於萊州官第。蕭珪墓誌（六九一）：『屬朝鮮作梗，王師問罪。貞觀十八年，親行吊伐。君時扈從，首啓元戎。』

反映武則天政治的墓誌，有如高真行墓誌（六八五）：曾祖高岳，齊清河王。祖高勵，徙封樂安王。父高士廉，即文德聖皇后之親舅，封許國公，尚書右僕射，太傅，太師，改封申國公。誌主表兄長孫無忌『以薄昭戾起，家延素服之辜；□駿灾興，室遘丹門之禍』，被貶殺，受牽連貶為文州刺史。誌主上元三年，恩詔追入，授右驍衛將軍，俄拜右衛將軍。而公長子高岐，先任東宮典膳，受李賢案牽連，『緣斯負譴，遂寘嚴科』，高真行降為睦□□史。文明元年，為潮州司馬。其年九月二日薨於虔州之旅舍。王守真墓誌（六九二）：曾祖王琰，陳中書侍郎，侍中。祖王休宗，陳中書舍人，隋魯州別駕，唐太子舍人、東宮學士、國子監丞。父王約，唐太子洗馬，博州刺史。誌主弘文館明經擢第，『奉別制於北門修書』，歷任渝州、萊州、博州、潤州、滄州、洪州等刺史。天授二年病死於州館，『爰降恩敕，令造靈轝，遞給人夫，優借傳乘，賻贈賜物數百段，穀粟數百石。喪事資用，咸得官供。鼓吹威儀，送詣墓所。』在武則天時得以善終。閻泰墓誌（六九四）：任尚舍奉御，稱『尋緣典吏犯法』，實際可能與上元二年太子李弘之死導致其二兄閻莊『遘禍』的案子有關，『別敕徙居桂州。未幾而還舍于鞏洛，閉門不預人事，唯以琴書自娛。野服葛巾，怡散終日，田園獨得，未嘗至於城寺，恬澹外物，十有餘年。清高之士以為不驚寵辱。屬大周革命，推擇舊臣，起為滎州司馬。因面陳時事，聖上垂聽，旬日復除尚方監丞。勅曰：新除滎州司馬，志尚公清，幹力強舉。宜迴半刺之任，以申藝事之能。』

唐朝開國後，經過貞觀之治、永徽之治和武則天時期，經濟社會持續發展、欣欣向榮，終於迎來盛世景象，孫翊開元三年《应文辞雅丽科对策》稱：『昔貞觀、永徽之間，恭默而天下理，家給而人足，時和而歲豐。外戶不扃，牛羊被野；太倉之粟，陳陳相因；中府之錢，貫朽莫校。然而戎車屢駕，不無事矣。于是度遼之師，鬼方之討，賀蘭之戰，高昌之伐，而軍人無損，帑藏如初。國家富有海內百餘年，士庶之多，如曩時之兼倍……』（《全唐文》卷三〇三）。對此，墓誌也有具體反映。如王裕墓誌（六二七）說他在李唐開國之初治理地方的貢獻：『武德八年，詔除隋州諸軍事，隋州刺史……勸以農桑……咸歸南畝。風化之美，藉甚當時。』王守真墓誌（六九二）：『天授元年，改授都督洪、袁等七州諸軍事，洪州刺史。豫章故郡，豊城舊壤。九派長江，□□之濤沃日；七星雄劍，青龍之氣屬天。閭井萬家，冠水鄉而為大；舳艫千里，洞雲海而無涯。公按部多方，為邦有術。凫舟始届，澤先布而人懷；隼旆纔臨，言未敷而俗變。故得室有期頤，田無鹵莽。闤闠清而敖庾實，庠序盛而囹圄空。』趙有孚墓誌（七五〇）：『職方郎中鄭倩之受命中朝，宣撫西蜀。緊公取濟，以佐使車。於是變邛僰之風，敷聖明之化。西南夷落，於今思之。』正是這些循吏在地方上做出的貢獻，迎來一個個治世、盛世的到來，也讓我們對那個時代有了更具體的了解。

唐朝的歷史在安史之亂時發生了轉折，墓誌有事涉安史之乱与中唐事件的。具體說到這一事件的，有法振律師墓誌（七五八）：『刀兵起難，豺豕當蹊，王室因而播蕩，法門罹其凶虐。律師久齊生死，大泯色空，遊戲而來，暫因循於此宅。隨緣則適，或應現於他方。以乾元元年十一月十六日乘化遷神於寺之方丈室。』郭幼賢墓誌（七六六）：天寶中，節度使安思順表薦東受降城副使，尋攝本城使，名聲藉甚於河塞間。安禄山亂，賊將高秀巖、薛達干乘間以雲中勁卒數寇東城，郭幼賢常以少擊眾，大屻强虜。河曲之地，克全無害。第五琦墓誌（七八二）：安史亂時，軍廪空虛，莫有固志，第五琦奔問跋涉，請以長策，奉命轉運軍需，憂公如私，收復中原，皆資饋給。姜子榮墓誌（八一九）：『建中初，始以筮仕，遂屬涇原難作，天王狩畿。公出入險艱，導達忠義。上嘉乃績，授文林郎，守內侍省奚官局丞，員外置同正。未幾，夏六月廓清上京。秋七月後歸宮闕，乃告虔于清廟，展事於南郊。內外近臣，詔降勳賞，累加上柱國。』

墓誌涉及中晚唐名人的，有郭幼賢墓誌（七六六）：誌主祖父郭通，京兆府美原主簿。父郭敬之，壽州刺史，祁國貞懿公。兄郭子儀，關內河東副元帥，中書令，汾陽郡王。韓公故夫人李氏墓誌（七七五）：李氏歸于宰相韓休之子韓汯。丈夫沉潛道真，夫人亦洞悟禪寂。馬全慶墓誌（八四七）：父馬惣，檢校右僕射兼戶部尚書。陶悉墓誌（八五三）：『會昌年，出拜通州刺史。公幼罹家艱，以外伯祖汾陽王之貴，常依郭氏。』郭行脩墓誌（八七〇）：『皇太尉，中書令，汾陽郡王，尚父，贈太師諱子儀，君之高祖也。皇檢校工部尚書，太子賓客諱晞，君之曾王父也。皇光王傅諱鏶，君之王父也。皇鄭州別駕諱從實，君之烈考也。』歸仁晦墓誌（八七六）：皇祖贈司空公，諱崇敬；王父贈太保公，諱登；烈考贈太師公，諱融；越國太夫人陸氏，相國贄之女。韋珏墓誌（八七七）：京兆杜陵人，出適國子監丞太原郭君鏐，汾陽王之令孫，左宮相之愛子。

事涉裘甫被擒和張議潮入覲事的，有李行素墓誌（八七〇）：安南奏知唐林州軍州事。公以偏師擒裘甫以獻，恩授富州刺史。副邕州節度，褰斬哀牢無數。又使西凉州，和斷嗢末羌，說張議潮入覲。

涉及周邊民族事務的，有薛萬備墓誌（六六二）：貞觀廿二年為崑丘道行軍長史，縣師深入，轉戰千里，至撥換城，獲龜茲王。又將左右卅人招慰於闐王。隨他入朝。有輔果墓誌（七三六）：『破竹鬼方。』陽承訓墓誌（七四八）：『河隴不寧，兇醜屢寇。徵兵練卒，五萬餘人。公當部統之際，輒有自若之色。防秋盡節，獲賞而還。』獨孤公夫人竇氏墓誌（八〇六）：『乙酉歲，北地騷擾，朝廷軫慮。命將出師，討除叛換。以道路懸遠，軍食是憂。選才識通明，良能是任。於是公（獨孤士衡）自京北陸運使，轉殿中，加章綬，奉詔出塞，實董其務。夫人以其年寢疾，至景戌歲改元和年，三月十八日終于京師安邑里，享年卅有二。是時公尚在塞垣。』

這批墓誌，和所有隋唐墓誌一樣，讓人感悟它們在展示隋唐人精神風貌方面的價值，誌石鋪就了一條讓我們進入隋唐人精神世界的大道，墓誌從一個個鮮活的精彩人生記錄裏，讓我們不難感受到那個追求自由，崇尚文化，崇尚道義時代的魅力風采。典型如李處鑒墓誌（七一六）：『知無不為，公也；冰碧其操，清也；永錫尔類，孝也；進思盡節，忠也；夙興夜寐，勤也；拖紫紆青，達也。施之於國，可以共理生人；用之於家，可以作程當代。』閻泰墓誌（六九四）更講忠孝仁義禮智信七德。

隋唐人思想中非常突出的一點，即普遍重視門第閥閱，這是一種崇尚家族歷史的社會心態文化。門閥社會在東漢末確立以後，歷三國兩晉南北朝的強勢存在和極盛而衰，進入隋唐以後的後門閥時代，這時士族門閥家族已經失去了以往的經濟政治特權，但是正如墓誌所反映的，在落後於經濟政治變化的社會觀念上，千百萬人的習慣意識支配下，終唐一世，還保持著對門第閥閱的強烈欽羡。墓誌無不竭力追溯攀附門閥的寫法，微妙地反映著唐人對家族身上正在消退的過去的光榮無限留戀的心態。究其没落的原因，可以注意到高門舊族許多脱離了原籍和祖墳的情況，拋棄了本望，没有了根基，九品中正時代靠聚族而居的土地和通过鄉舉里選得以控制地方政府的經濟政治特權都已不復存在，門閥没法照原樣維持下去。但過去的高門大族，無論是否已經没落貧困，卻仍以門第自高，愛護家族宗族聲譽的情感，躍然石上。當然也有淪落為以此索要『陪門財』的敗類當別论。見有韋長詮墓誌（六四〇）：京兆杜陵人。北魏時，曾祖韋文壽，任南陽郡太守，成州刺史；祖韋宗慶，南陽郡太守，石州刺史；父韋儒，蔡州刺史。這三代做到太守刺史，是『尚冠冕』的門閥的標誌。李端墓誌（六七〇）：上黨壺關人，但『著族承基，敦煌狄道。剖竹分苻，官於斯邑。朱輪華轂，歷周秦而爵槃；青紫貂蟬，遞漢魏而逾茂。門傳閥閱，可略言焉』，仍將自己歸為五姓之一的隴西李。杜君夫人韋氏墓誌（六九七）：曾祖韋遠，使持節岐、涇、□、秦四州刺史；祖韋胄，隋沔、鄂二州刺史，上大將軍，歸德縣開國公；父韋大竇，唐屯田郎中，饒州刺史。又是一家三代官至刺史郡守的典型門閥。連丈夫杜懷古，也是瀛州刺史，門當戶對。獨孤公夫人竇氏墓誌（八〇六）：『其先扶風人也。太傅魏其侯，西漢三公，寅亮本朝。侍中車騎將軍，東漢元舅，宣力王室。源深派遠，族茂望崇。或弼諧咨於帝典，或婚姻連乎戚里。簪組華盛，代襲榮曜。』盧深夫人崔氏墓誌（八六二）：清河崔氏，『軒裳閥閱，盛冠諸宗，士禮家風，聲高百代。』趙途夫人李氏墓誌（八六八）：『夫人外族扶風馬氏，源流甚遠，門地極高。代襲儒風，家傳詞□。』

隋唐人的價值觀，崇尚道義，如史仲莒墓誌（八五三）所言：『孝者人之本，善者行之先。善非孝不足以立身，孝非善不足以成事。身立事遂，為之達人。』講究行孝、行善，是全社會的共識。而具體的人生追求，是各式各樣的。首先是仕途和官德，最能反映隋唐人的價值取向。

隋唐出現了科舉制，包括武舉，在這條競爭相對平等的仕途上，學子們趨之若鶩。墓誌反映，不少人通過科舉考試進入官場。李處鑒墓誌（七一六）：父玄蘊，隋舉秀才。李處鑒，總章元年，國子監明經對策高第。唐玄宗順妃韋秀墓誌（七四〇）：高祖韋澄，舉秀才，隋兵部侍郎，東都司勳尚書，金山郡守，唐國子祭酒。郭幼賢墓誌（七六六）：『武舉及第，累署職於環衛，以藝勇聞。』遂從戎於朔方。第五琦墓誌（七八二）：年十五，明經高第，補黃梅尉。楊鉷墓誌（七九八）：『公幼年課經，十五以明經擢第。重以門子，補千牛備身，授潤州丹楊縣丞。』馬全慶墓誌（八四七）：父馬惣，檢校右僕射兼戶部尚書。馬全慶則明經及第，試左衛兵曹參軍，充魏博節度巡官；次任右金吾衛兵曹參軍，充容管經略推官；三任右神武軍倉曹參軍；四任試大理評事，充容管經略推官；五任監察御史裏行，充本府經略推官；六任京兆府長安縣丞；七任復授舊官；八任秘書省著作佐郎；九任太子舍人；十任拜衢王友。盧深夫人崔氏墓誌（八六二）：『開成初，余（盧深）因袖文章辱相國大夫之知，故夫人歸於我。後一年始舉進士。』歸仁晦墓誌（八七六）：皇祖贈司空公，諱崇敬；王父贈太保公，諱登；烈考贈太師公，諱融；歸仁晦『年未冠，袖文謁名公大人句絕。翕然馳聲。年廿三擢第進士』。李行素墓誌（八七〇）：『國朝文明照天下，事先於詞科，始大於秀才，而盛於進士。其棟梁鼎鼐之選，多重於是。故今進士，員不出三十，而馳騖京師，歲千有餘，其有得也，則公以為是。故其徒老死甘心，而坎軻窮阨，不知自返。』這位出自隋朝第一的隴西申公李穆家族的李行素的父祖輩，也要通過科舉保持在官場的地位。其『皇考匡符，舉進士高第。命屈於時，官不及太平，贈秘書省著作郎。夫人東平縣君劉氏，生公。公外祖述古，進士及第，汝州刺史。汝州之弟邁古，俱登進士第，大理卿，金吾將軍，京兆尹，湖南觀察，邠寧、東川二節度。官鉅人偉，聞顯於時』。上述後三方墓誌所反映的行卷和進士科的情況，都是了解唐代科舉制度重要的新材料。

隋唐人除了通過科舉考試進入仕途外，還有以皇諸親、功臣子、門蔭、辟招或從吏職等卑職做起等非考試途徑得官的。段延福墓誌（七五八）：『春秋一十八，孝廉擢第，詞同白雪，調逸青雲。廿二，亳州臨渙縣尉。』史仲莒墓誌（八五三）：『弱冠，以勞考授潁州下蔡縣尉。』趙途夫人李氏墓誌

（八六八）：夫人皇族，鄭王之八代孫。有弟一人，天蔭出身，解褐授綿州昌明尉，再授成都新繁尉。少年莅事，頗有幹名。郭行脩墓誌（八七〇）：高祖郭子儀，太尉，中書令，汾陽郡王，尚父；曾祖父郭晞，檢校工部尚書，太子賓客；祖父郭鍱，光王傅；父郭從實，鄭州別駕；郭行脩以蔭入仕。其中可以注意到屢試不中的人，如崔行宣墓誌（八四一）：『弱歲慕學，贍有詞華。尋以時稱，數受鄉薦，十上不震。中年遽臨，遂适從容之才，入爲趍走之吏。輙達天命，詩酒自娛。未嘗以沉下寮，愧在顏色。』雖只能做了吏，卻也活得自在。

也有不少人『高尚』地選擇了遠離官場的隱居。戴龍墓誌（六〇七）：『開皇之季，大道不行。孝般歌於碩人，生蒭歎於空谷。於是栖遲偃仰，遠迹人間，遊心釋典。有休法師者，明解空義，君每從容法會，探賾玄宗。……俄徵為汲令。于時政綱頗急，不得已遂之官。乃誡僚屬曰：古者不易民而治，在安而已矣。既而仰觀俯察，齊鑒於林宗；謝病歸田，有懷於長孺。遂稱疾卜居於共山之陽，立義為地，不祈多積。築場圃於前，樹菓園於後。雖非纓紱之貴，實有讓爵之高。不以屏退為尤，唯以沖虛為樂。』杜德墓誌（六六三）：『起家為通樂府旅帥，良非好也……君契深風月，賞重琴書。狎梓澤之驩陶，嘉竹林之酒德。月旦高於詞論，鑒許揚清；日下重於蘭蓀，澄黃望美。』趙本道墓誌（六九九）：『公以門籍，起家晉王府執仗。沉跡下流，弗之願也……山林志廣，丘壑情多。』楊弘嗣墓誌（七〇〇）：『脫屣冠冕，大隱市朝。於陵灌園，深閑樂命之理；漢陰抱甕，高蹈忘機之跡。五畝之宅，不卑梘湫隘；二頃之田，但資於負郭。瓢飲簞食，左琴右書。陳平席門，恒流長者之轍；陶潛風牖，自謂羲皇之人。道德足以潤身，優遊可以卒歲。』康思敬墓誌（七二一）：博覽書記，該涉今古，不愛榮利，上元中，郡辟秀才不就，逍遙自得。張玉墓誌（八三九）：『夫人南陽張氏，其祖常以偃息林藪，耻為折腰吏。以忠信禮義為己任，以雲水書史為游處。遂名不世出，有德自重，以大信不約為行藏。』在盛行『唯有讀書高』、讀書做官論的時代，出現這樣『耻為折腰吏』的另類人生選擇，弘揚李白風骨、人格令人感佩，反映唐人在人生道路上有多種選擇的自由。

在位的官員官員講官德，首先是有公忠奉國的使命感。蕭珪墓誌（六九一）：『沐浴仁義，縉紳友悌，既入孝而出忠，亦自家而形國。加以嗚謙勵性，温慎矜懷。負廊廟之材，從州縣之職。割雞不辝於遊刃，絆驥無妨於騁迹。既礪之於清白，復著之以循良。不以風雨輟其音，不以霜雪渝其色。』第五琦墓誌（七八二）：『公仁以率下，簡以靖人；廉以豐財，明以聽訟。浩穰之地，談笑而安。』元諫墓誌（七八〇）：『性不渝貞，道不失正。忠為己任，清畏人知。凡所歷職，政皆可紀。務之劇者，無大於儲廩。公司支度，嘉其斗斛，吏不能欺。事之難者，莫甚乎□驛。公總廐置，餼其廚傳，人無閒言……代宗崩，告哀江淮，六月，南邁万巒炎[程]，涉瘴癘之鄉，染霧露之疾。復命無幾，餘痾未平，又差成都，發江瀆，使人□□，疾辭可也。公以為食君之□，立君之朝，忝為具臣，敢憚于役。病未及死，吾其□之。違命偷□，安將何補。中□殆亟，有加無瘳。倍道而趍，俾夜作書。不任轡□，□就籃輿。力其疲羸，猶冀卒□。嗚呼！達成都之明日，終于其館。』是鞠躬盡瘁了。

無疑，以上這些公忠奉國的官員，是國家的棟樑、社稷賴以維持的核心力量。清廉則是他們的立身之本。竇孝忠墓誌（六九二）：『曾祖竇榮定，駙馬都尉。祖竇抗，納言，陳國公。父竇衍，陳國公。雖家襲綺紈之貴，而志絕奢靡。』遷河州刺史，拜簡州刺史，清以馭下，『妻子不然官燭』。陶㥲墓誌（八五三）：『會昌年，出拜通州刺史。公幼罹家艱，以外伯祖汾陽王之貴，常依郭氏。雖居勳戚閒，自能敦素風，恬惔樂天，不務家產。及臨郡，果以清靜為理。公庭闃然，外無寃者。去郡歸闕，裝無一金。朝廷固未能奬賢，復任昌州刺史。奉行條詔，益施惠和。不以遠人，而怠清操。比乎入覲，久未蒙命，貧不能自存。』史仲莒墓誌（八五三）：『除夔王友……公自居右職，至列清朝，所請俸錢，未嘗儲積。貧寒親故，皆分美祿之資；羈旅孤遺，盡減供身之膳……知足常足，樂善善來。』歸仁晦墓誌（八七六）：『家貧，以孫惸無所恤，求為楚州刺史。纊寒哺飢，民悅而歌……公性曠澹，不憙聲色酒博，以儉剋自安。居處飲食，不尚華貴。莅官介潔，無銖兩之私。其在郎署，再司考覈，皆抑華採實，徇其至公。』劉昭墓誌（八八〇）：『自丱歲入事，便處要津……未曾有利己害於公家，未曾有貪財而潤於私室。古人慎四知，去四[人]，唯君之得繼也。歷事十餘政，在五十四年，皆以清廉見用，累稱官位，曾不自求。前後授官七政，內兩任州別駕，而又處家，以忠孝禮讓為門風，莊敬恭順為世業。因語其妻孥曰：我壽亦過矣，名亦霑矣。大凡處世之中，止如此也。遂退職名，將便安處。』升官不求發財，大多也發不了財，是唐代官場的常態。

講官德，講清廉，自然也少不了勤政，關鍵是施仁親民。第五琦墓誌（七八二）：『公天資忠貞，神授智略。行之以信義，守之以恭勤。不賞私勞，不報私惡。於人之過無所紀，於人之善無所遺。故能出入四朝，彌綸百度。進獲致君於堯舜，退遂保身於明哲。』韦諫墓誌（八五六）：『為人和粹深厚，謙光自牧；為官清廉篤下，剋己奉公。每莅一官，愓然翼翼。不施刑，而吏畏伏。務無鉅細，先期而集。辝滿之後，茂績靄然。繼莅者皆法其績，不能改作。近俗稱良吏者，有一善必自書於簡牘，持以干公卿門，誇衒求禄。公揚歷七任，未嘗一曹無卓然之跡。不獨不書於簡牘，而亦不言於人。人將以詰公，公曰：自媒而售，必為賢哲嗤責。所以自筮仕泊卒官，餘卅年，尚縈墨綬。闻公之殁者，無不痛之。』歸仁晦墓誌（八七六）：『為楚州刺史。纊寒哺飢，民悅而歌。』

執法講恤刑，是唐人『天地之間，惟人爲貴』理念在司法實踐中的體現。如戴胄父戴龍墓誌（六三四）：『雖遇卑賤，與之均禮。至於爭訟得失，則讜言正議。其詞厲，其色温，爽若秋旻，暖如冬景。恂恂善誘』。戴胄的品德，當是受熏染于其父。崔德政墓誌（六九八）：『莅官弘簡，處事廉平。撫刑用钦恤之規，折獄盡哀矜之道。』趙有孚墓誌（七五〇）：『轉華陰司法，改大理丞。黄沙之中，時無冤滯；丹筆之下，共挹平反。屬司寇裴公純，兵部奸吏，皆以意度，而欲情求。公志在簡孚，恥於鍛鍊。以寬見責，貶靈昌郡員外司功。登車怡然，奉職肅若。』

唐朝官員多有很好的素質修養，與好讀書肯學習的習慣有關。李謙墓誌（七五二）：『讀書貴達大略，不過求其義；修禮取其大節，不為僻儒。一吟一嘯，自有漢霄間意。議者謂公為人中之英，雅好談當世要務，調如白波，動漫無際。』郭行脩墓誌（八七〇）：『窮考經籍，移晷忘倦，識之者期復大其門。惟尚父翊亮四朝，勳德冠代，僉謂克嗣者，其在君乎。』劉昭墓誌（八八〇）：『男敏，年已成立，亦讀詩書，兼遵訓誨。軍主念公之清苦，歎公之自知，錄用其男，將續其嗣。』

墓誌披露了官員的泱泱政績，這對了解唐代之所以成為唐代是有意義的。梁君洽墓誌（六六一）：『正身率下，明肅振於京師；遵禮導人，唐代儀撿刑於海内。貪殘黜遣，則猛獸出疆；貧病哀矜，則蝗虫越境。仁心平恕，白鹿於是來遊；惠化斯行，青鸞以之降舞。故能誦聲載路，譽響盈朝。』杜表政墓誌（七一五）：『公幼有胎教自然之資，長被父兄躬率之化，仁儉恭孝，靡德不鑠。有密不齊，君子之道也。故能遠蘇黔川，丕變羌俗。先是沁部風化壞亂，凶邪相師，晝夜頷額，浸以滋蔓，至于百為。公矯以仁風，芊其鴟誼。下車朞月，厥澤洪纯。人到于今思之。』第五琦墓誌（七八二）：『于時函夏多虞，乘輿避狄。王師寡弱，軍廩空虛。懸旌朔垂，莫有固志。公奔問跋涉，晝伏宵行，請以長策，匡復中夏。借節以籌成敗，聚米而畫山川。於是一見受服，再見受職。奉命於阽危之際，間行於轉戰之場。糺合義徒，繼以饋餫。陸則轉轂，水則汎舟。俾餒者飫焉，寒者燠焉，壯者激焉，羸者奮焉。由大理司直，拜監察御史，轉殿中侍御史，兼司虞員外郎，充河南五道支度使。公憂公如私，以身徇國。盡悴匪懈，勞謙有成。貨皆樂輸，人以悅勸。元年成師振旅，二年收復中原。再造寰區，不失舊物，皆資公之饋給也。』墓誌不免美言諛辭，對第五琦的政績如何看，還需歷史家的研究。杜鍠墓誌（八三五）『杜公羔，撫封渭北，雅知其能，奏補鄜州甘泉令。白翟種落，理号為難。一年而黠吏知化，既周而易置城邑。如父役子，人不知勞。無何詔本道大增倉庚，以偹邊食。属寮清而幹事者專主之。鎮守韓公充，以公名聞，旋出内藏緡帛一十四千万以委之。公之制也，無剥下以益上，無先出而后入。物貨相雜，毫髮無欺。山積雲屯，不及改火。廉使歎尚，拜章上言……計相竇公，選署領紅崖院事。廉勤愈勵，悅使倍功。歲既云周，公亦謝去。旋從吏選，補鳳翔府士曹。以伯姊元昆，居甸西邑。省覲之便，從所欲也。軍甿雜俗，牟害相仍。傜賦不均，因緣生詐。元戎王公知重，悉以咨之。質訟田，決疑犴，平地稅，安流庸。三年之中凢數□，曰：孔席不煖，公實有之。』歸仁晦墓誌（八七六）：『御史有素著醜行，為時評議者，（烈考歸融）皆斥去之。糺劾權右，無所迴避，京師為之震懾。周歷南宫貳卿，後判度支，鍵猾擿奸。國有羨資，擁節三將。句絕。皆天下清雄地，治行廉白，可為世師。』『先是禁軍外藩大校宿胥，多兼正員官，遂使宦路壅阨，公（歸仁晦）與同列，抗疏極言，由是濫進少息……公性曠澹，不憙聲色酒博，以儉剋自安。居處飲食，不尚華貴。莅官介潔，無銖兩之私。其在郎署，再司考覈，皆抑華採實，侚其至公。

與昆弟叶志同德，怡怡熙熙，錯行磨仁。友睦之稱，薰於士族。可謂鉅人君子，能以禮樂始終者矣。』

以價值觀為切入點，探索隋唐人的精神世界，不能遺忘婦女和宗教信徒這兩大群體，他（她）們的追求和對人生價值的定位，是歷史研究應該給予特別關注的。

為數近半的專為女性立的墓誌，表現了她們一定的獨立的社會地位，這裏僅從教養、才學、婚配、職責、信仰等角度來介紹。

女教體現了的對婦女的社會角色定位。女性修養突出四德：婦德貞順，婦言辭令，婦容婉娩，婦功絲枲。三從也有一定影響。崔德政墓誌（六九八）：『居為女範，出号母儀。同謝室之芳蘭，類蔡庭之真草。教成三從，訓有七章。』李君夫人鄭氏墓誌（七四二）：『自作嬪君子，虔奉母儀，秉四德以不愆，和六姻而致美。豈止躬勤澣濯，職是蘋蘩。亦將肅雍閨門，昭宣禮典矣。』韓公故夫人李氏墓誌（七七五）：『暮慈夕膳，朝候晨雞。令色怡聲，周旋曲折。華桃炤灼，威鳳舒翔。㚃言礼儀，罔不備舉。後先姑多疾，向有十年。手調甘滑，躬視湯火。一夕之間，則憂不滿容；一飯有加，則喜形于色。善接羣下，克諧六姻。諸姪諸甥，愛之猶子。於是宗黨稱孝，士族仰德。言為女箴，行為內則。門風禮樂，首冠一時。』張玉墓誌（八三九）：『芳年及笄，家於李氏。主於婦道，和克柔德。內理家範，必修恭儉節用，靡有所遺，親族美稱。後為婦者，鮮可及矣。』

相夫教子的賢內助，做出了利國利家的社會貢獻。李君夫人鄭氏墓誌（七四二）：『嗚呼！萬泉府君以昊天不惠，若朝露以晞陽。夫人以韶歲孀居，稱未亡而晝哭。顧惟愛子，越在髫年。訓失趍庭，禍罹枕塊。夫人悼其孤邈，教以義方。洎乎成人，亦克負荷。或貳邑於虢，或作掾於陳。政有能名，人多景慕。此皆夫人之訓導也。』 蔡府君韋夫人墓誌（七七八）：『和鳴有序，宜家有禮。工於組紃，義接中外。成我門之慶，盡母儀之道，事無大小，以遵法度。則敬姜之德，大家之節，無出於是。府君以歷守官秩，備聞德惠，流俗以遺愛所戀。夫人二內助有成，宜於家，形於國，君子以爲能事畢矣。實以家承世德，宗我女師。』崔淑及夫人魏氏（八一四）：『孀居者垂廿載。夫人內勤蒸嘗之職，外睦姻戚之族，而下以訓導撫育為事。男有室，女有家，靜無尤違，各至成立。』杜鍠墓誌（八三五）：『公之妻，余之女弟也。皇左監門大將軍、贈太常卿震之孫。皇丹延刺史、御史中丞宷之女。夙承訓導，婦禮有允。二子曰必曰交，讀書為文，禮全喪紀。一女尚幼，儀若成人。積善流芳，期鍾後嗣。餘忝姻好，逾三十年。平生投分，義深骨肉。』張玉墓誌（八三九）：『府君有子六人，長子母兄，前潤州司法參軍。次前處州松陽縣令，即夫人之子也。官必有異，標舉常輩；政無滯理，投刄皆虛。乃夫人嚴訓所至也。遂無莅官不敬之訕，有檢身恤民之勞。』盧深夫人崔氏墓誌（八六二）：『夫人歸於我。後一年始舉進士，寒幾無衣，飢近無食，夫人甘陋巷，安卑棲。殆將十稔，曾不以勤憂撓意，未嘗以困辱愧心。暨余第春官，佐侯府，夫人愈尚節約，益鄙□盈。不飾香犀，不被珠繡。動循法度，恒守端規。故閨門之內不嚴而理，夫人之教也……每誡幼稚曰：為子之行在乎孝。悖於禮，雖爵位之尊，不能掩其惡。為婦之道在乎順，違於義，雖錦繡之厚，不能映其醜。吾常病辞家之女，雕金玉，裁羅紈，斂塵篋笥之中，□蠹資費之外，斯豈為奉身之計耶？所以視卑陋之室如敞廈，甘菲薄之味如珎羞。衣非弊不製，履且完不易。空寂之理，天機自深。用微妙之因，輔恬怡之性。』

唐代婦人有執著的感情生活的追求，一些人縱有喪夫之痛，仍無怨無恨地活在幸福的回憶中。杜府君夫人裴氏墓誌（七二七）：『外言不入，檢下堂踰閾之儀；中饋聿修，主蘊藻蘋蘩之事。俄而府君不世，憂切未亡。禮越三年，猶聞晝哭……不飾飛蓬之首。』韋珏墓誌（八七七）：『夫人得疾骨肉，家隸趍召醫藥。夫人曰：婦之失儷，謂未亡人，待亡者也。巫醫不徵，藥餌不前。以乾符四年二月七日，奄終於長壽里第，享年六十五。夫人令德懿行，刑於閨壼。慈仁孝愛，睦視孤弱。左右侍人，常假借顏色，說有因果，應答如響。故自初笄慶衿，鞶於郭氏。琴瑟好合，垂五十載。』

一些丈夫為妻子撰墓誌，一抒夫妻情深。唐三原縣尉韓暠妻范陽盧氏墓誌銘（七九九），是韓暠作序，稱：『嬿婉合好，十有七年。口絕違言，容無忤色。其初也，舅姑異其孝敬，錫以纁衲之服。其中也，娣姒仰其柔嘉，通于纂組之資。其終也，孤稚慕其慈和，感是含飴之愛……昔余不天，酷禍仍遘。枕塊心絕，茹荼志荒。先遠惑期，沉痾未間，夫人銜哀庀具，厎力就功。手澤潤於紘綖，淚痕斑於緗篋。舉無愆素，禮必中規。幹且不譁，周而克濟。餘遂謬味，節宣乖方。介其累年，時厲重作。沉頓湫底，積日危羸。夫人執饋捧匜，輟食□痍。率身請代，泣以祈天。洎乎疾瘳，終不言也。婞直而婉，膚敏而詳。金玉其相，冰霜其操。貞信洽物，位望不能親踈；志義在躬，時俗不能移改。炳然四德，光我五宗。載楊芳徽，宜荷繁祉。誰謂桂蘭將茂，霜霰遽零，未駕魚軒，已開泉隧。』趙途為夫人李氏所作墓誌（八六八）：『夫人歸余日，年未及笄，禮容婦道，雅合清範。余且百行多闕，難承四德之儀；十室無聞，有愧三從之分。尔來四十年間，幾多通塞。每同言議，多賴嘉謀。豈期微疾，兩月伏枕。半旬曾未昏沉，奄成今古，一言不寄，萬恨攢心。目斷心絕，無路告訴。便欲殞身白日，同歸夜臺。但以兒姪五人，未有一立。女即適事，猶且幼癡。強以僶俛餘生，更盡教誨。魂兮有鑒，當表深心。』

唐代婦女的擇偶觀，受時代影響，講究甲乙丙丁門第相當。典型如韋珏墓誌（八七七）：『肅宗朝，汾陽載安社稷，閥閱無等。宮相與配夫人，在堂擇子婦之姻，納采問名，實為重慎。夫人躬執婦道，進克奉舅姑之儀，退不失如賓之敬。浹下承上，衎衎如也。』

唐代婦女的才學受到重視，所以知書達理，多詩人才女。韦崔氏墓誌（八五二）：『紡塼之暇，博覽古文，尤精周禮魯論之言，兼明釋氏老氏之教。善理筆札，真隸入神。』王慕光墓誌（八五五）：『妣隴西李氏，封隴西郡夫人。夫人，在家貞孝柔順，淑德蘭芳，年廿四歸于徐氏。心奉蘋蘩而禮供祭祀，事長撫幼，糺合宗黨，恭敬內外。孝愛俻於五常六律，然動必由禮，非法度未嘗輒踐也……夫人執婦道，少入于徐氏，廿五年矣。六親服其義，鄉閭奉其德，內外稱其慈。其輔佐君子，執禮無闕。候待賓客，俎豆不乾。』

所有墓誌都會說到喪葬，官辦的體現在賻贈物品、監護喪事、賜謚贈官，靈轝傳乘靈柩等官方禮儀；也有千辛萬苦自辦運死於外地的親人棺木歸葬故里，和晝哭盡哀、苫草廬墓的喪葬禮儀，極盡孝道。

這前一類，對於一些高層人物的喪事，皇帝給予特別的關注，材料很多。如于儀與廣寧公主墓誌（五九〇）：『賻絹布等物壹千段，粟壹千石，禮也。供喪之具，壹以官辦。』隋故使持節柱國相州刺史華陽襄公梁史君墓誌銘（五九三）：『皇上追悼名臣，有加恒感，遣使弔祭，賜謚曰襄公，禮也。』王裕墓誌（六二七）：『贈物二千段。』裴寂墓誌（六三二）：『貞觀之初，以公事免。尋降勑召，載病就徵，以六年六月，奄薨于路，春秋六十。神襟振悼，追贈相州刺史。』韓忠墓誌（六六一）：『皇上惻悼傷念，贈賻物一百五十段。』王守真墓誌（六九二）：『天授二年七月七日遘疾，薨於州館。春秋七十。爰降恩勑，令造靈轝，遞給人夫，優借傳乘，賻贈賜物數百段，穀粟數百石。喪事資用，咸得官供。鼓吹威儀，送詣墓所。』段麗質（申王贈惠莊太子孺人）墓誌（七三〇）：『卒于西內別殿，春秋卌有二。嗚呼哀哉！恩勑歸葬於私第，賜物四百匹。皇情軫悼，中使相望，信可謂生榮死哀，亦孔之榮者矣。』唐玄宗順妃韋秀墓誌（七四〇）：『勑京兆尹李慎名為監護喪事，所以敦贈終之禮也。』王□忠墓誌（七四八）：『主上歎惜，禮贈之外，賜帛百疋。』

此外的後一類，有如郭幼賢墓誌（七六六）：『上元二年三月廿四日薨於靈州官舍，春秋五十二。以歲之不易，權殯於州城寶勝寺。夫人王氏，嗣子昉、曉等，限鄉關之多阻，切神靈之未安，泣血望歸，庶終窀穸。不虞荐至，隔在虜庭。生人之艱，曷以過此。我汾陽痛憤哀惋，忘寢食者久之。遣所親吏遷公殯於靈州。以永泰二年七月八日葬于京兆府萬年縣義善鄉鳳栖原，近先塋焉，礼也。』劉夫人裴氏墓誌（八一四）：『夫人歿于長安宣陽里，享年五十五，以時月非便，遂權殯于城南義善寺道南，于資六十餘□矣。嫡孫武，蜀州司馬，即盧州令子也。嘗歎曰：俾王母之魂無所歸，非孝也。豈與食稻衣錦懷安者倫乎。矧遇歲大通，時不易得，乃竭俸上請，徑至於長安。以元和九年正月廿五日改卜於萬年縣平泉鄉焦村高原……夫人歿之日而諸子官微，夫人殯之秋而司馬未誕。其間多故，不剋遷祔。司馬孝思無倦，感慕往昔，言及夫人，食不成味，是有此遷宅詩。所謂孝孫者，實罕儔也。』崔行宣墓誌（八四一）：『詔授鴈門太守者，乃君之知己也。因奉私請之禮，遠叅戎事之籌。詣戰辞家，未逾星歲。俄嬰疾恙，莫副所邀。奈何屬纊之晨，不及□入之手；泣門之日，徒興朋友之悲。去會昌元年歲次辛酉春三月壬申廿一日壬辰，君旅喪於代州官舍，享年六十有一。時公俻權禮，元從護還。迢迢了轝，忽達京國。生往死復，人之所哀。嗣子二人……並處喪銷毀，飲血苫廬。議稱有無，終全孝禮。』是朋友知己送還靈柩。唐朝提倡以孝治國，喪葬禮儀滲透著親情，培育了感恩心。人性就是這樣被呵護，文明由此而弘揚。當然過分的鋪張和哀傷，毀損生人的財產健康，就不好了。

最後，宗教信仰之事是隋唐人精神世界重要的一部份。隋唐大概是中國歷史上對信仰宗教最開放、最自由的時代。墓誌又給我們提供了新鮮的資料。巖和尚墓誌（七四八）：『俗姓石氏，歷陽人也……高祖誕，随（隋）游擊將軍。祖通，廣陵六合尉。父智，上柱國……神龍元年，勑度大雲寺僧。無何移天宮大德。江淮老幼僉曰：佛教東被，是生禪師。拯於横流，晤彼迷俗。微禪師，吾為魚矣。自杯□清江，杖錫宛洛。菩提樹下，開不二法門；蓮花座中，發第一□□。受前世記，度無邊衆生。』法振律師墓誌（七五八）：高祖蕭巋，梁孝明皇帝。曾祖蕭瑀，唐相國、司空、宋國公。祖蕭鈌，給事中。父蕭懋，商州司馬。誌主生而敦敏，居喪泣血，祥練之辰，遂求入道。母兄既許，帝亦嘉之，遂隸大薦福寺，寺則宋公蕭瑀之舊宅。初依止大智禪師，得頓悟門。次請益於舟律師，得戒藏妙。傳燈自禀於本師，有詔使為京城大德……一妹出家，具承遺教。韓公故夫人李氏墓誌（七七五）：歸于宰相韓休之子韓汯，丈夫沉潛道真，夫人亦洞悟禪寂。王慕光墓誌（八五五）：『慈奉佛，持禪念道，機弘有知，極其所尚。』『生二子……次曰道者，奉夫人訓導以從道，叶冠玄虚，而年幼體纔勝服。』

墓誌反映的宗教男女信衆人數不少，在人生運命不能自主和自然力尚不可控知的境遇中，人們會產生宗教情結。對生死的恐懼，也使人往往向宗教尋求解脫。史仲莒墓誌（八五三）：『談者多鄙西方教，以為虛誕，盖非通學。公始事佛，求歸西方，瞑目之時，似聞天樂。豈非泥洹上願，不違念念之心；極樂至誠，遂契生生之意。』韋珏墓誌（八七七）：『左右侍人，常假借顏色，說有因果，應答如響。故自初笄慶衿，聲於郭氏。琴瑟好合，垂五十載。起家乃監丞之歸，卒為諸侯内子，封崇邑號之顯。男結高姻，女得良婿。同穴偕老，瞑目無恨。是因果應答之効，不其然歟。宿種善根，不起三業，彌棲心於黄褐二教，悟大時可逃。故適去無撓，嬰疾不藥，委順而化，斯古之達人上士所操，無以加也。』

我們努力擇取隋唐時代這些積極的東西，來展示隋唐人精神生活中美好的一面。毋庸諱言，作為皇帝時代專制主義權力統治下的『盛世』，也絕非理想社會。君王們無論懷有多麼仁慈的心，在皇權爭奪中，誰都絕不心慈手軟，就像秦王李世民在玄武門事變中做的那樣。所以那權力鬥爭最激烈的宮廷和朝廷，常常是最血腥最黑暗的地方。認識這一點，對我們理解皇帝時代和後皇帝時代的本質，是有價值的。同時我們還是要說，千載難逢的隋唐時代，仍不乏人性和文明的光輝。進入他們的精神世界，就能發現有許多值得我們回味、可以增强民族自豪感自信心的珍貴品，它們已經在中華民族長期歷史中積澱并形成經常起作用的文化心理，成為對塑造今日中国人精神面貌起决定性作用的積極因素，是不應該被忘卻的記憶。

本書中所收的隋唐之前、之後的墓誌，也能反映當時人們的精神生活，附錄的十三品，史料價值更高，這裡不一一贅述，請讀者自己理會吧。

書稿殺青付梓之時，聽友人感慨，某國家級科研機構，在大倡創新的當下，居然明確將墓誌的整理研究，排除在創新工程範圍之外。這讓我非常吃驚，學術機構居然能這樣拒絕層出不窮的可以充滿期待的第一手歷史資料！實際上多年來，古籍整理資助經費的分配，也往往將墓誌整理排斥在外。掌握學術資源的頭頭們，年年把大把銀子灑在應景式的課題上，不由得讓人想起那句『臨時應付，遷就眼前微小的政治變動……』，和深思熟慮有長遠學術眼光的國内外學者們的理智期待，相距何止十萬八千里！

聯想以前我對那個國家級科研機構異想天開總動員大搞思想史『創新』工程做法的質疑，因為很懷疑：

兩三千年裡追逐『耕三餘一』的目標，但始終渺不可及的農業，始終停留在三十畝地一頭牛為農民理想的經濟，到二十世紀中葉還是一窮二白閉關鎖國不知開放為何物的年代，能有多少經濟思想？

春秋戰國之後，兩千年一貫的專制主義皇權政治下，從焚坑到文字獄的猖獗下不知人權為何物的年代，能有什麽政治思想？

知識人沒有獨立人格沒有自由思想的空間，縱使李白的詩，如撒切爾夫人所問，有思想嗎？

縱有個別人偶發的一點在實際生活中并不起作用的如鳳毛麟角的東西，能成為國家民族一個個時代的思想嗎？強行作出非做這樣系列大部頭思想史不可的規定，恐怕真要學者們去憑空『創新』了。

什麽時候學者們能按自己的學養和良知去做自己喜歡的事，做真正有益于學術發展、思想進步、文化繁榮的事，圓學者們推動中國進步的這個夢呢？這該不是多餘的一問吧。

大唐西市

一　張永墓誌（五一三）

【解題】

張永（四二三—五一三●），北魏冀州清河人。延昌二年葬荊山原萇安城北十五里，其地不詳。

誌高七一、寬三六釐米。銘文一〇行，滿行三三字。魏體，欠工整。

誌主高祖張稅，苻秦綏遠將軍，武鄉太守。曾祖張滿，建威將軍，羽林左統苻子護軍。父張柳，北魏初年戰歿。

張永少孤，成年後資產豊瞻，子孫繁熾。魏孝文帝時假建威將軍、扶風太守，愍貧窮，憐孤弱。享年九十一。

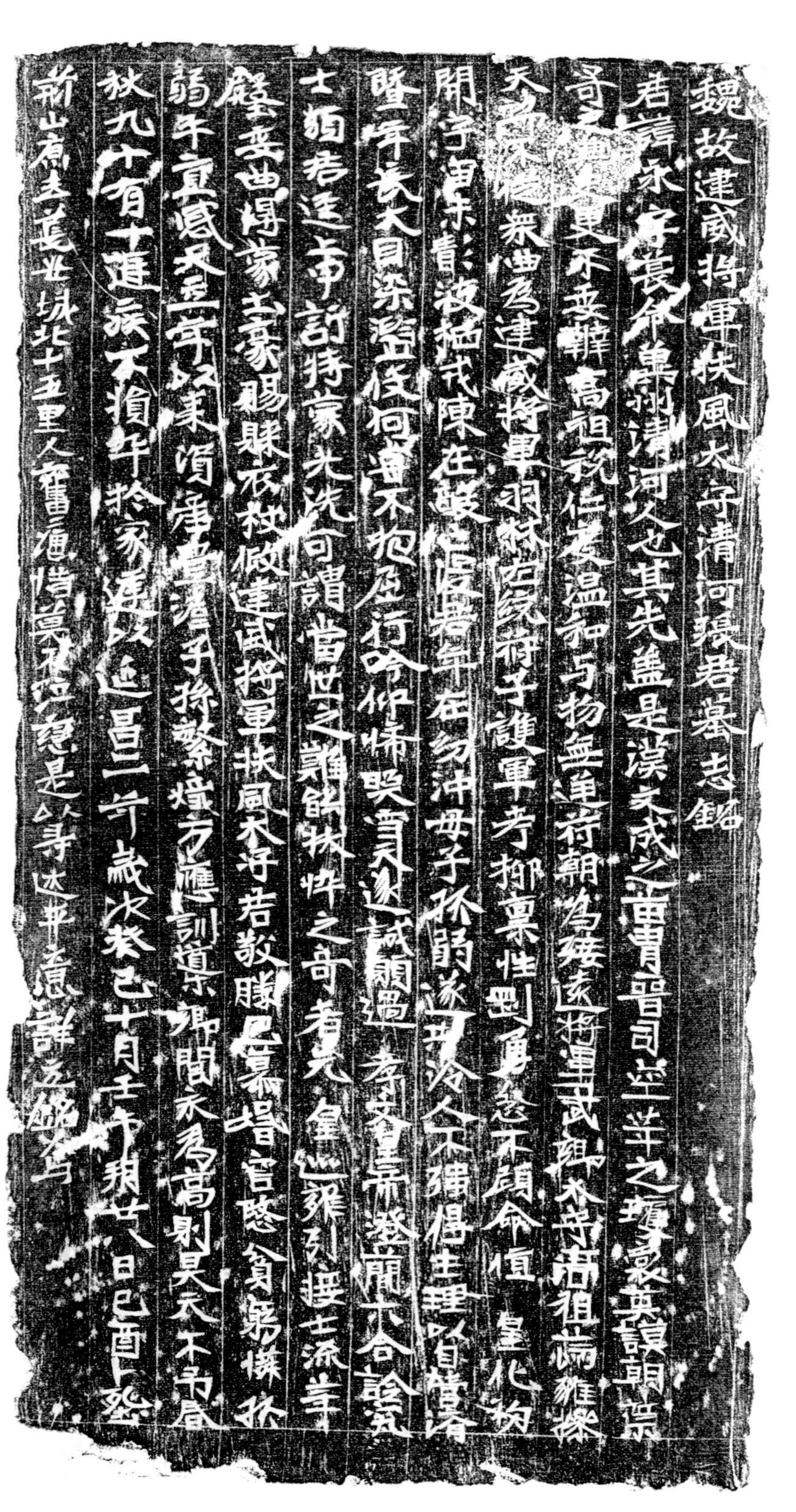

魏故建威將軍扶風太守清河張君墓志銘

君諱永字長命冀州清河人也其先蓋是漢文成之胄晉司空華之[illegible]裔英謨朝宗

奇之[illegible]更不乖韓高祖稅仁友温和与物無争苻朝爲綏遠將軍武鄉太守曾祖滿雅操

天[illegible]衆曲爲建威將軍羽林左統苻子護軍考柳稟性剛勇忠不顧命值皇化初

開宇宙未青披摇戎陳在陣[illegible]君年在幼沖母子孫弱家[illegible]不彌[illegible]主理以自贍[illegible]

暨年長大因深[illegible]役何曾不抱歷行吟仰悕哭[illegible]遂誠願過孝文皇帝登龍大合論[illegible]

士猶君逢帝詔特家先洗可謂當世之難能拔悴之奇者也皇世殊列接士添等

[illegible]要曲得家土豪賜縣衣杖假建威將軍扶風太守君敬[illegible]嘉增官愍貧窮憐孤

弱年宜感及[illegible]等以來消[illegible]豊瞻子孫繁熾方應訓導宗鄉間永爲高則昊天不弔春

秋九十有一遘疾不損年於家遂以延昌二年歲次癸巳十月壬午朔廿八日己酉窆

荊山原去長安城北十五里人[illegible]痛惜莫不[illegible]是以尋述平[illegible]辭立銘焉

【誌文】

魏故建威將軍扶風太守清河張君墓志銘

君諱永，字萇命，冀州清河人也。其先盖是漢文成之苗胄，晉司空華之瓊裔。英謨朝禁，寄之典史，更不要辨。高祖稅，仁愛溫和，与物無逆。苻朝為綏遠將軍，武鄉太守。曾祖滿，雅操天端，不從眾曲，為建威將軍，羽林左統苻子護軍。考柳，稟性剛勇，忿不顧命。值皇化初開，宇宙未清，波栖戎陳，在敵亡沒。君年在幼沖，母子孤弱，遂共泠人，不強得生理，以自營濟。暨年長大，目染濫役，何嘗不抱屈行吟，仰悕照雪。天遂誠願，遇孝文皇帝澄簡六合，詺究士類。君逕上申訴，特蒙□□，可谓当世之難能拔悴之奇者。先皇巡雍，引接士流，華璧変曲，得蒙土豪，賜賫衣杖，假建威將軍、扶風太守。君敬勝己，慕婚宦，愍貧窮，憐孤弱，平直感天。立年以來，資產豊澹，子孫繁熾。方應訓導鄉閭，永為高則，昊天不弔，春秋九十有一，遘疾不損，卒於家庭。以延昌二年歲次癸巳十月壬午朔廿八日己酉，卜葬荊山原，去萇安城北十五里。人□痛惜，莫不泣戀。是以尋述平意，詳立銘焉。

【校記】

❶誌未記卒年，暫以葬年為卒年。

二　王鍾兒（比丘尼統清蓮）墓誌

（五二四）

【解題】

清蓮（四三九—五二四），俗名王锺兒，北魏太原祁人。正光五年葬洛陽北邙山。

誌高六三、寬六二点五釐米。銘文二六行，滿行二六字。魏體正書好，結構工整。

誌主父王虔象，宕渠太守。丈夫恒農楊興宗，豫州主薄、行南頓太守。

誌主十來歲時隨宗父王坦之寓豫州時遇亂被掠，為太子元晃即恭宗景穆皇帝之昭儀斛律氏所養。太和中在宮中出家，護衛孝文帝子孫宣武、孝明兩代皇帝。正光五年死，肅宗孝明帝傷悼，追贈比丘尼統。

魏故比丘尼統清蓮墓誌銘
尼俗姓王氏字鍾兒太原祁人宕渠太守虔象之女也稟氣淑真資
神休烈理懷貞粹志識寬遠故温敏之度發自齠華而柔順之規邁
于成德矣年廿有四適故豫州主簿行南頓太守恒農楊興宗諧襟
外族執禮中饋女功之事既緝婦則之儀惟允于時宗父坦之出宰
長社率家從職爰寓豫州值玄瓠鎮將汝南人常珎奇據城反叛以
應外寇王師致討掠没奚官遂為恭宗景穆皇帝昭儀斛律氏躬
所養恤共文昭皇太后有若同生太和中固求出家即居紫禁尼
之素行爰協上下秉是純心弥貫終始由是忍辱精進德尚法流仁
和恭懿行冠椒列侍護　先帝於弱立之辰保衛　聖躬於載誕之
日雖劬勞密勿未嘗懈其心力衰年暮莫敢辭其事寔忠直之所
依歸慈誠之所感結也正光五年僧之春秋八十有六四月三日忽
遘時疾出居外寺其月廿七日車駕躬臨省視自旦達暮親監藥
劑逮于大漸餘氣將絶猶獻遺言以費政道五月庚戌朔七日丙辰
遷神于昭儀寺　皇上傷悼乃垂手詔曰尼歷奉　五朝崇重
三帝英名耆老法門宿首并復東華兆建之日朕躬誕育之初每被
恩勑委付侍守昨以晡時忽致殞逝朕躬悲悼用傷於懷可給墓具
一依別勑中給事中王紹鑒督喪事贈物一千五百段又追贈比丘
尼統以十八日窆于洛陽北芒之山乃命史臣作銘誌之其詞曰
道性雖寂淳氣未離沖凝異揆緒素同規於謐淑敏寔粹光儀如雲
出岫若月臨池帮閑家難屯亶世故信命安時初睽末遇孤影易影
窮昏難曙投迹四禪邀誠六渡直心既亮練行斯敦洞闚非想玄照
無言注荷眷渥茲負隆恩空晚落景徒勤告存停坐不久徂舟無舍
氣阻安般神疲旦夜延狩翠儀淹留鑾駕減彩還撫表襟從化悲纏
四衆悼結兩宫哀數加厚窆禮增崇泉幽閟景龍首捿風揚名述始
勒石追終　征虜將軍中散大夫領中書舍人陳景富文王守民書

【誌文】

魏故比丘尼統清蓮[一]墓誌銘

尼俗姓王氏，字鐘兒，太原祁人，宕渠太守虔象之女也。稟氣淑真，資神休烈，理懷貞粹，志識寬遠。故温敏之度發自齠華，而柔順之規邁于成德矣。年廿有四，適故豫州主薄、行南頓太守恒農楊興宗。諧襟外族，執禮中饋，女功之事既緝，婦則之儀惟允。于時，宗父坦之出宰長社，率家從職，爰寓豫州。值玄瓠鎮將汝南人常珍奇據城反叛，以應外寇。王師致討，掠沒奚官，遂為恭宗景穆皇帝昭儀斛律氏躬所養恤，共文昭皇太后有若同生。太和中，固求出家，即居紫禁。尼之素行，爰恊上下，秉是純心，弥貫終始。由是忍辱精進，德尚法流，仁和恭懿，行冠椒列。侍護先帝於弱立之辰，保衛聖躬於載誕之日。雖劬勞密勿，未嘗懈其心；力衰年暮，莫敢辭其事。寔亦直道之所依歸，慈誠之所感結也。正光五年，僧[二]之春秋八十有六，四月三日忽遘時疹，出居外寺。其月廿七日車駕躬臨省視，自旦達暮，親監藥劑。逯[三]于大漸，餘氣將絕，猶獻遺言，以賛政道。五月庚戌朔七日丙辰，遷神于昭儀寺。皇上傷悼，乃垂手詔曰：尼歷奉五朝，崇重三帝，英名耆老，法門宿齒。并復東華兆建之日，朕躬誕育之初，每被恩勑，委付侍守。昨以晡時，忽致殞逝，朕躬悲悼，用惕於懷。可給葬具，一依別勑。中給事中王紹鑒督喪事，贈物一千五百段。又追贈比丘尼統。以十八日窆于洛陽北芒之山。乃命史臣作銘誌之，其詞曰：

道性雖寂，淳氣未離。沖凝異揆，續素同規。於詔淑敏，寔粹光儀。如雲出岫，若月臨池。契闊家艱，屯亶世故。信命安時，初睽末遇。孤影易影，窮昏難曙。投迹四禪，邀誠六渡。直心既亮，練行斯敦。洞闕非想，玄照無言。往荷眷渥，茲負隆恩。空嗟落晷，徒勖告存。停壑不久，徂舟無舍。氣阻安般，神疲旦夜。延竚翠儀，淹留鑾駕。滅彩還機，夷襟從化。悲纏四衆，悼結兩宮。哀數加厚，窆禮增崇。泉幽閟景，隴首悽風。揚名述始，勒石追終。

征虜將軍中散大夫領中書舍人陳景富文，王守民書[四]

【校記】

[一]《漢魏南北朝墓誌彙編》清蓮作慈慶。

[二]《漢魏南北朝墓誌彙編》僧作尼。

㊂逯當為逮。

㊃《漢魏南北朝墓誌彙編》陳景富作常景，王守民作李寧民。史有常景其人，傳见《魏书》卷八二。

【跋】

此誌與據北京圖書館藏拓本錄的《漢魏南北朝墓誌彙編·北魏》中慈慶墓誌實為同一誌，但文字有如校記所示的三處不同，顯然其中有一在複刻時作偽。因為常景在《魏書》和《北史》有傳，正光年間的任職也對，此誌存疑。因見不到原石，暫不遽判彼真此偽。作此說明后還是收入此誌，提示讀者注意辨別墓誌真偽的問題，并了解作偽時多改誌主和撰書者名字的特點。又，《北魏墓誌二十四品》十一亦为《比丘尼统清莲墓誌》，評價此墓誌書法『人力天工已臻神妙』。

魏故比丘尼統清蓮墓誌銘
尼俗姓王氏字鍾兒太原祁人宕渠太守安
神俅烈理懷貞粹志識寬遠故温敏之度發
于成德矣年廿有四適故豫州主簿行南頓
外族執禮中饋女功之事既緝婦則之儀惟
長社率家從職爰寓豫州值玄瓠鎮將汝南
應外寇王師致討掠没奚官遂爲恭宗景
所養恤共 文昭皇太后有若同生太和中
之素行爰恊上下秉是純心弥貫終始由是
和恭懿行冠掖列侍護 先帝於弱立之辰

三 杜祖悅墓誌（五二四）

【解題】

杜祖悅（四七三—五二四），北魏京兆山北人。正光五年葬雍州京兆郡山北縣鴻固鄉疇貴里，在今西安市長安區韋曲鎮。

誌高六一、寬六一釐米。銘文二四行，滿行二五字。魏體工整，秀麗。《中国書法》二〇一一年第六期有關於書法的評介，稱是『魏碑正書的傑出代表』。

誌主為晉杜預後人。父祖在魏皆曾任中書博士。杜悅年十八，除大將軍府參軍事。熙平年中為仇池太守，治平一方。後歷任王府諮議參軍事。正光五年病故于洛陽勸學里。

【誌文】

魏故鎮遠將軍太尉府諮議參軍前行南秦州事杜使君墓[一]誌銘

君諱祖悅，字仕豁，京兆山北人也。其先陶唐氏帝堯之苗裔。自虞夏商周，世橱名氏。降始成宣，班華眾族。大夫以清方著魯，御史用明法署漢。折錦千榮，馢蘭百茂。十世祖晉丞相，司隸校尉，尚書僕射。[二]六世祖秦材冠將軍，梁州刺史。祖魏中書博士。[三]父中書博士，給事中，寧朔將軍，五郡太守，行南徐州事。君英姿雅懿，魁顏儁尚。矛猛兩舒，溫恭再譽。年十八，除大將軍府參軍事，後除員外散騎侍郎，司空府皇子清河王騎兵參軍。後除南秦州長史，帶天水郡。撫化未旬，羌戎變俗。後仇池不靜，氐民遘逆，跋扈一隅，不賔王化。時刺史曹公，以君雍州岳望，聲高閑隴，至熙平年中，表君為仇池太守。君奉命先駈，庶陳義節，不集徧師，單馬詣郡，敷導未周，元凶改德。昔魯公之莅中牟，寇生之寧河內，蔑以過也。至神龜二年，除徐州安豐[四]王府諮議參軍事，後除鎮遠將軍，太尉府皇子汝南王諮議參軍事。君在官沈亮，懃猛兼仁，朝廷異訪，無不詢焉。春秋五十有二，以魏正光五年，歲次壽星，六月十四日奄疾卒于洛陽勸學里。用十一月遠旬塟于雍州京兆郡山北縣鴻固鄉疇貴里。歲言暮矣，日往時侵。松菌漸密，邃影方深。非德可忘，土木易沈。勒之玄石，冀賞韶音。其詞曰：

英明氏祖，灼略群公。稟禪玄徽，睿爽神聰。在商霸業，歷夏御龍。瓊枝玉布，星溢蘭宗。華蹤宜緒，紹茲令君。廣容菴思，外武內文。雄通朗決，儒達九瀆。芳成夙曙，德義早陳。招搖列儁，綠綬紅彰。述而悅古，日知所亡。和以愛弱，茹不吐罔。坐恭禮訓，義見戎鄉。業也有運，去矣常因。所恨不淑，殲此良人。玄門永噎，幽席方塵。痛心莫表，鏤石揚薰。

【校記】

[一]原文墓作暮。

[二]杜預，《晉書》有傳。《魏書·杜銓傳》稱杜祖悅父杜銓為『預五世孫』，則杜祖悅為六世孫，不是十世孫。

[三]據《魏書·杜銓傳》，杜祖悅祖父杜嶷。

[四]魏有安豐王和安豐王，豊或當作豐。

【跋】

《魏書》卷四五《杜銓傳》有杜祖悦附傳，稱誌主最後『出除高陽太守，卒于郡』。與墓誌所載卒於洛陽家中不一。杜銓，字士衡，京兆人。晋征南將军預五世孫也。祖冑，苻堅太尉長史。父嶷，慕容垂秘書監，仍僑居趙郡。銓學涉有長者風，与盧玄、高允等同被徵为中書博士。杜銓子杜振，族子杜洪太也都是中書博士。杜洪太即誌主之父。韋氏三代人四個是中書博士。《中国書法》二〇一一年第六期有薛海洋的《新發現北魏杜祖悦墓誌銘》，称是『魏碑正書的傑出代表』，『書寫極為嫻熟自如，清雅俊秀，充滿了中和之气……既有南帖之溫文爾雅，又保留着北碑的俊邁之氣』，并稱『该誌的刻功也是十分精湛』。

除大将軍府參軍事後除員外散騎侍
兵參軍後除南秦州長史帶天水郡揔
不靜丞民藩逢跋扈一隅不賓王化時
聲高開隴至熙平年中表君為仇池太
不集偏師單馬詣郡敷導未周元凶斂
之寧河内藂以過也至神龜二年除徐

四　王琳墓誌（五五五）

【解題】

王琳（四八一—五四二），西魏京兆杜人。廢帝二年葬父塋之南，其地當在今西安市長安區。墓誌銘文一八行，滿行二二字。楷體字好。

誌主祖父治中、新平太守。父車騎大將軍，儀同三司，鄯州刺史。

誌主辟舉出身，官至華山太守，有民懷威惠的政績。

【誌文】

魏故車騎大將軍儀同三司定州刺史王公墓志銘

公諱琳，字玉賢，京兆杜人也。其先姬姓，漢丞相陵之後。世詳碑碟，可得而略。本州治中、新平太守之孫，車騎大將軍、儀同三司、鄯州刺史之子。君稟自天質，克誕英明。學行淹雅，京輔攸稱。少辟本州主簿，仍奉朝請，大將軍倉曹參軍，尚書儀曹郎中，臨淮王征南府司馬，雍州安西府長史，司空諮儀，平秦、華山二郡太守。頻繁省府，首贊盛蕃，助宣條政，譽穆台揆。及蒞專城，民懷威惠。故老所傳，遺愛未已。稍遷至衛大將軍，左右光禄大夫。降年不永，春秋六十二，以大統八年五月十四日終於位。越以二年十一月戊寅月七日甲申，以舊□不便，遷葬於鄯州使君神塋之南。朝野追傷，冊贈車騎大將軍、儀同三司、定州刺史。若夫天長地久，舟壑驟遷。式播玄石，万古攸傳。乃作銘曰：

□歟之子，迪德不踰。世傳青紫，冠盖舊都。情敦孝敬，業尚文儒。擢自州后，駿足長衢。一任握蘭，再事剖苻。諷流台席。贊重蕃隅。遊談王瑱，化等還珠。秩亞公輔，賢稱大夫。如何不叔，哲人斯組。寵增禮鼓，文物駢紆。鐃聲啟路，遽掩黄壚。柏縈寒隴。風切松區。陵谷有徙，式炤泉途。

【校注】

❶誌主死於大統年後的『二年』，西魏無年號的有廢帝二年（五五三）和恭帝二年（五五五），王琳葬年十一月戊寅朔，七日為甲申的是恭帝二年（五五五）。

【跋】

雖如柳芳所說，不同地域的唐人，有尚婚婭、尚人物、尚冠冕、尚貴戚的區別，但是實際處在升降沉浮變動中的氏族門閥，最根本的還是依冠冕官位論。業師汪篯教授曾回答我的問話說，連續三代做到刺史，就可列入門閥。王琳祖孫三代，均官至太守、刺史，所以這一門京兆王氏，已是門閥。王琳一出仕就辟本州主簿，做到相當於副廳級的高官，也是後來後門閥時代的唐代不可想象的。

此墓誌對認識門閥時代政治有價值，但拓片製作粗劣，尺寸亦失記，無奈只有這一張照片，姑且使用。

六 韋公夫人裴氏（頓丘郡君）墓誌（五六二）

【解題】

裴氏（？—五五三），魏至北周的河東人。保定二年十二月廿六日遷葬樂遊里，約在今西安市南郊曲江池北。

誌高四〇、寬三九釐米。銘文一五行，誌石左側還有三行，滿行一八字。魏體，結體較工整。

誌主父裴宣明，魏河内郡守。丈夫韋公，雍州刺史。裴氏撫稚育孤，卒於魏保定二年。詔贈相州頓丘郡君。

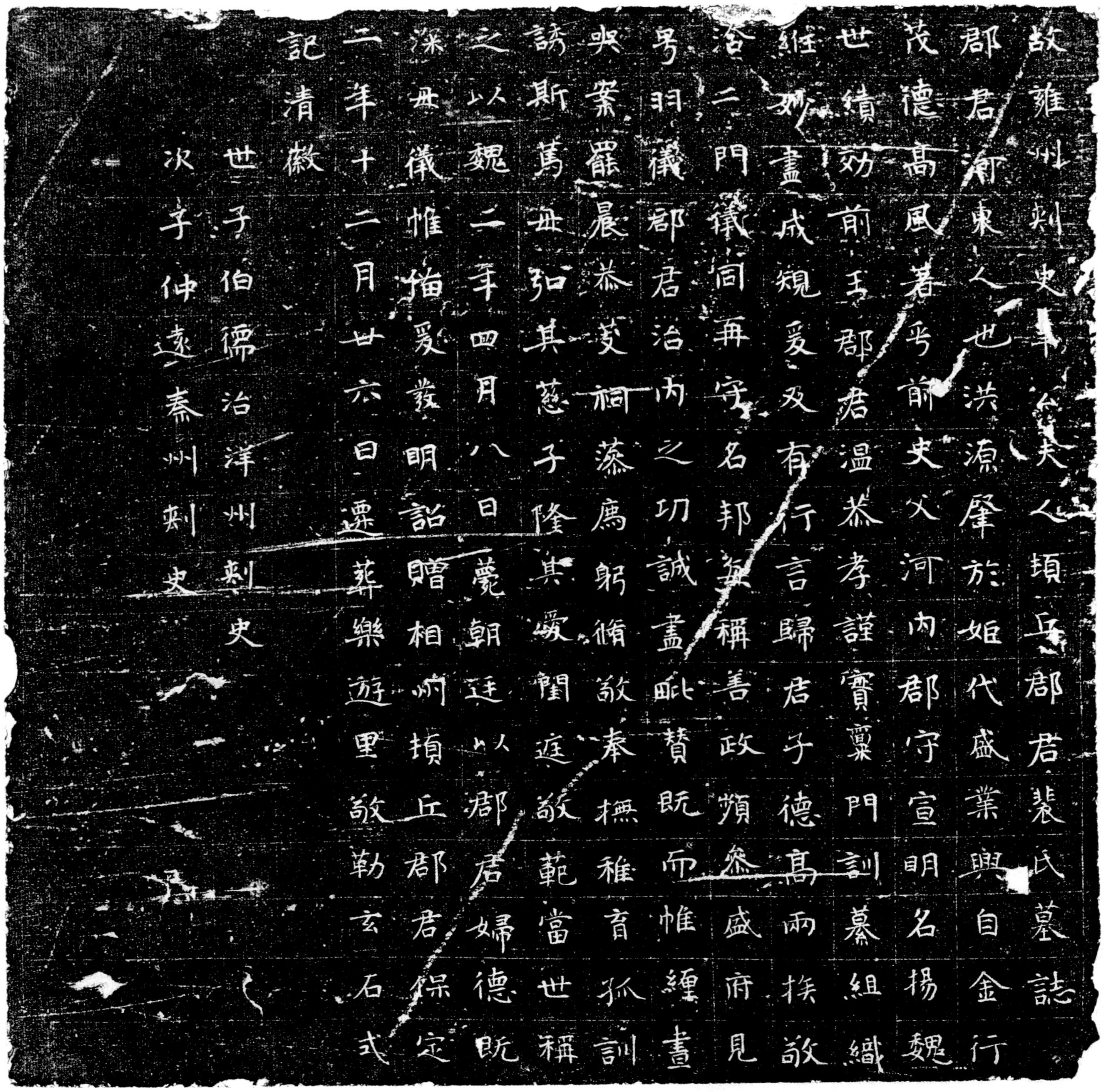

【誌文】

故雍州刺史[韋]公夫人頓丘郡君裴氏墓誌

郡君河東人也。洪源肇於姬代，盛業興自金行。茂德高風，著乎前史。父河內郡守宣明，名揚魏世，績効前王。郡君溫恭孝謹，實稟門訓。纂組織紝，妙盡成規。爰及有行，言歸君子。德高兩族，敬洽二門。儀同再守名邦，每稱善政。頻參盛府，見号羽儀。郡君治內之功，誠盡毗贊。既而帷絰晝哭，案罷晨恭。芰祠藻薦，躬修敬奉。撫稚育孤，訓誘斯篤。母弘其慈，子隆其愛。閨庭敬範，當世稱之。以魏二年四月八日薨。朝廷以郡君婦德既深，母儀帷備，爰發明詔，贈相州頓丘郡君。保定二年十二月廿六日，遷葬樂遊里。敬勒玄石，式記清徽。

世子伯儒，治洋州刺史。

次子仲遠，秦州刺史。

七　宇文斌（萬年子）墓誌（五六七）

【解題】

宇文斌（？—五六六），魏至北周的河東解人，本姓柳，北周賜姓宇文氏。天和二年附葬於小陵原東其父墓次，在今西安市長安區。

誌高四三点五、寬四三点五釐米。銘文一五行，誌石左側還有三行，滿行一八字。魏體，字較方正，刀口稍欠清。有蓋。誌主祖宇文僧習，潁川太守。父宇文檜，東梁州刺史。夫人河東裴氏。岳父裴纂，沧州刺史。

宇文斌襲爵萬年子，柱國府記室。天和元年薨於長安永貴里。

【誌蓋】萬年子故宇文斌墓誌

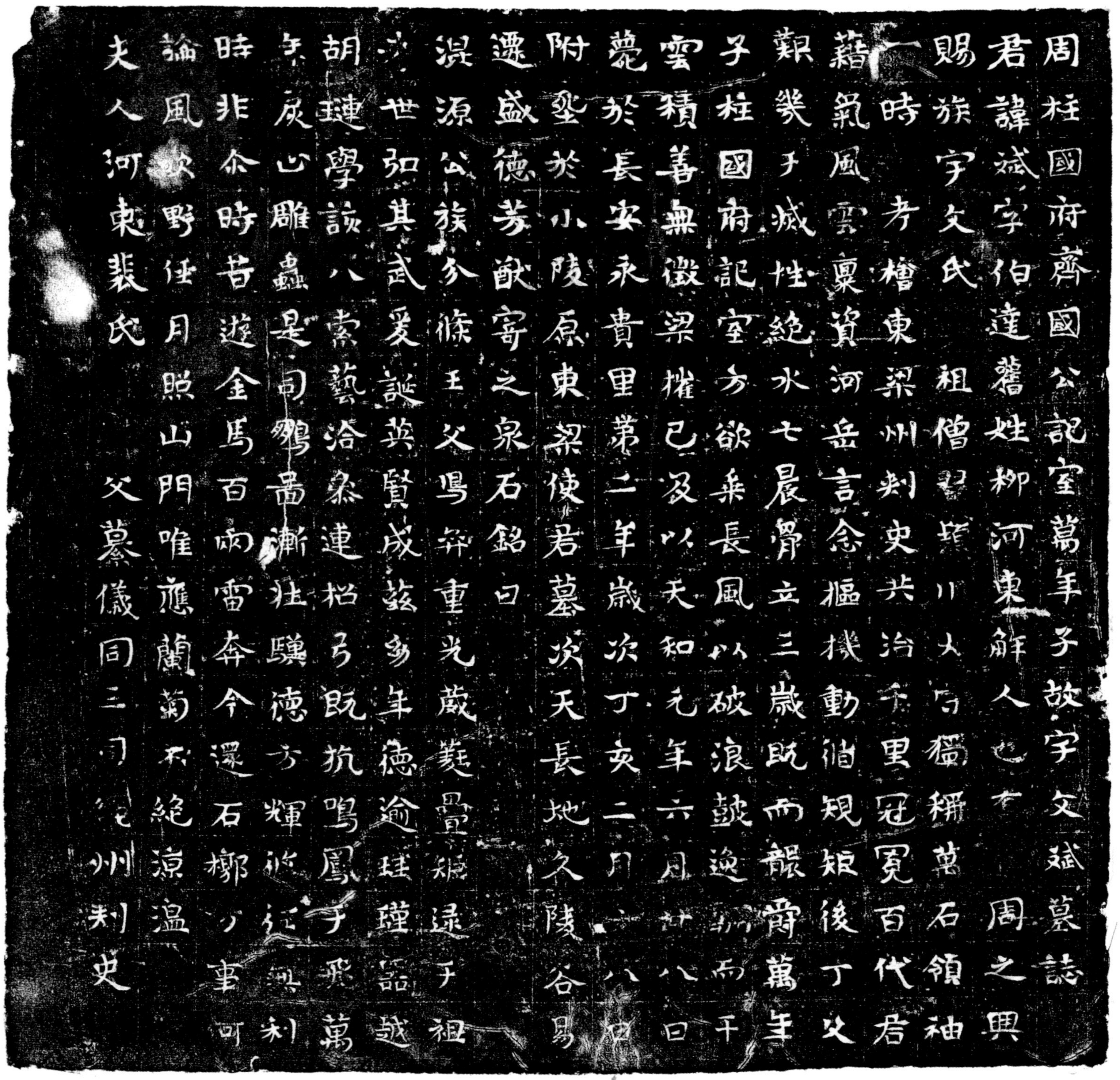

【誌文】

周柱國府齊國公記室萬年子故宇文斌墓誌❶

君諱斌，字伯達，舊姓柳，河東解人也。有周之興，賜族宇文氏。祖僧習，潁川太守，獨稱萬石，領袖一時。考檜，東梁州刺史。共治千里，冠冕百代。君藉氣虱雲，稟資河岳，言念樞機，動循規矩。後丁父艱，幾于滅性。絕水七晨，骨立三歲。既而襲爵萬年子，柱國府記室。方欲乘長風以破浪，皷逸翮而干雲，積善無徵，梁摧已及。以天和元年六月廿八日薨於長安永貴里第。二年歲次丁亥二月十八日附葬於小陵原東梁使君墓次。天長地久，陵谷易遷，盛德芳猷，寄之泉石。銘曰：

混源公族，分條王父。舄弈重光，葳蕤疊矩。逮于祖考，世弘其武。爰誕英賢，成茲幼年。德逾珪瑾，器越胡璉。學該八索，藝洽參連。招弓既抗，鳴鳳于飛。萬年戾止，雕蟲是司。鵬啚漸壯，驥德方輝。攸□無利，時非尒時。昔遊金馬，百兩雷奔。今還石槨，万事何論。風吹野徑，月照山門。唯應蘭菊，不絕涼溫。

夫人河東裴氏。父蓁，儀同三司，滄州刺史。

【校記】

❶北周又有江陵總管刑獄曹宇文斌墓誌，非此人。

八　宇文廣墓誌（五六八）

【解題】

宇文廣（五五〇—五六八），西魏北周的河南洛陽人。天和三年窆於宇文導山次，其地在上邽城西無疆原❶，今甘肅省天水市。

誌高五一点五、寬五一点五釐米。銘文一五行，誌石左側還有三行，滿行一八字。魏體，字稍欠工整。有蓋，高五二、寬五二釐米。

誌主曾祖宇文肱，是宇文泰的生父，追謚德皇帝。祖邵惠公宇文顥，宇文泰的長兄。父章武公宇文導，卒葬上邽城西無疆原。

宇文廣為宇文導第三子。五五七年北周建立，以皇侄賜爵西陽縣開國公。天和三年拜河州刺史，出征途中病故。《北史》卷五七《周宗室邵惠公顥傳》有宇文廣（翼）附傳。

【誌蓋】周故大將軍西陽昭公墓誌銘

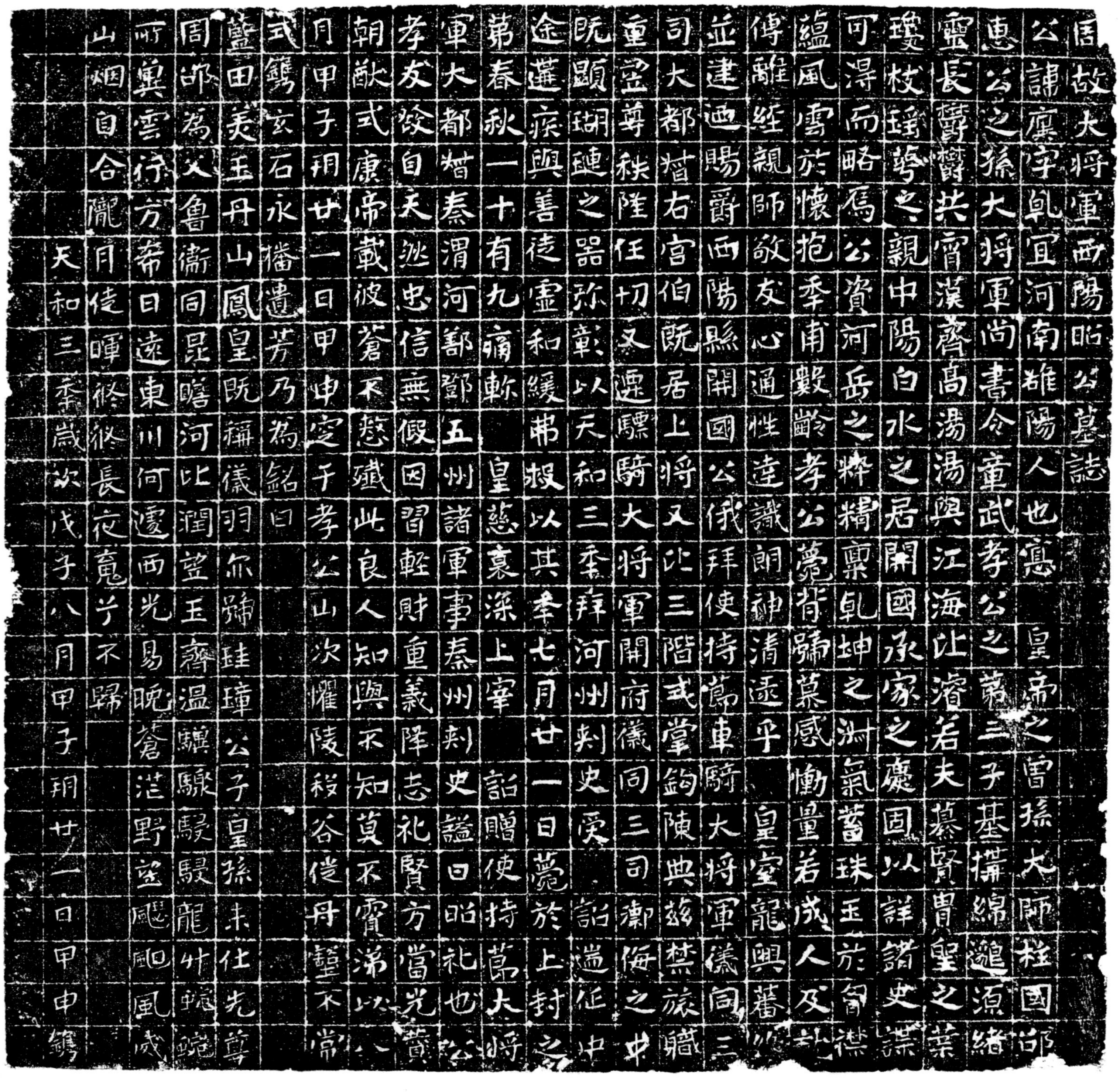

【誌文】

周故大將軍西陽昭公墓誌

公諱廣，字乾宜，河南雒陽人也。德皇帝之曾孫，太師、柱國邵惠公之孫，大將軍、尚書令章武孝公之第三子。基構綿邈，源緒靈長。鬱鬱共宵漢齊高，湯湯與江海比濬。若夫纂賢胄聖之葉，瓊枝瑤萼之親，中陽白水之居，開國承家之慶。固以詳諸史諜，可得而略焉。公資河岳之粹精，稟乹坤之淑氣，蓄珠玉於胸襟，蘊風雲於懷抱。年甫數齡，孝公薨背，號慕感慟，量若成人。及就傳離經，親師敬友，心通性達，識朗神清。逯❷乎皇室龍興，蕃[维]並建，迺賜爵西陽縣開國公，俄拜使持節車騎大將軍，儀同三司，大都督，右宮伯。既居上將，又比三階。式掌鈎陳，典茲禁旅。職重望尊，秩隆任切。又遷驃騎大將軍，開府儀同三司。御侮之才既顯，瑚璉之器弥彰。以天和三年拜河州刺史，受詔遄征。中途遘疾，與善徒虛，和緩弗救。以其年七月廿一日薨於上封之第，春秋一十有九。痛軫皇慈，哀深上宰。詔贈使持節大將軍，大都督，秦渭河鄯鄧五州諸軍事，秦州刺史，謚曰昭，礼也。公孝友發自天然，忠信無假因習，輕財重義，降志禮賢。方當光贊朝猷，式康帝載，彼蒼不慭，殲此良人。知與不知，莫不霣涕。以八月甲子朔廿一日甲申窆於孝公山次。懼陵移谷徙，舟壑不常，式鐫玄石，永播遺芳。乃為銘曰：

藍田美玉，丹山鳳皇。既稱儀羽，亦號珪璋。公子皇孫，未仕先尊。周邵為父，魯衛同昆。瞻河比潤，望玉齊溫。驥騄駸駸，龍升蜿蜿。所冀雲行，方希日遠。東川何遽，西光易晚。蒼茫野望，飂飅風威。山烟自合，隴月徒暉。修修長夜，魂兮不歸。

天和三年歲次戊子八月甲子朔廿一日甲申鐫

【校記】

❶據《周書·邵惠公顥傳附導傳》。

❷原文逯，当作逮。

【跋】

《天水師範學院學報》第三四卷第三期（二〇一四年）刊出此誌，殆因拓片質量不好，錄文缺錯五十處，且拓片變形難辨，故重錄刊出。

九　元壽墓誌（五六八）

【解題】

元壽（五三三—五五五），鮮卑人。天和三年遷窆於京兆郡山北縣疇貴里墓田，在今西安市長安區杜曲附近。

誌高四九、寬四九釐米。銘文一四行，滿行一七字。魏體，字稍欠工整。

誌主是北魏昭成帝拓跋什翼犍的太子、追贈獻明皇帝的拓跋寔的後人。其父是廣宗王。丈夫是宜君郡守杜府君。誌稱元壽生自蕃國，能文識禮。魏後二年病死於家。

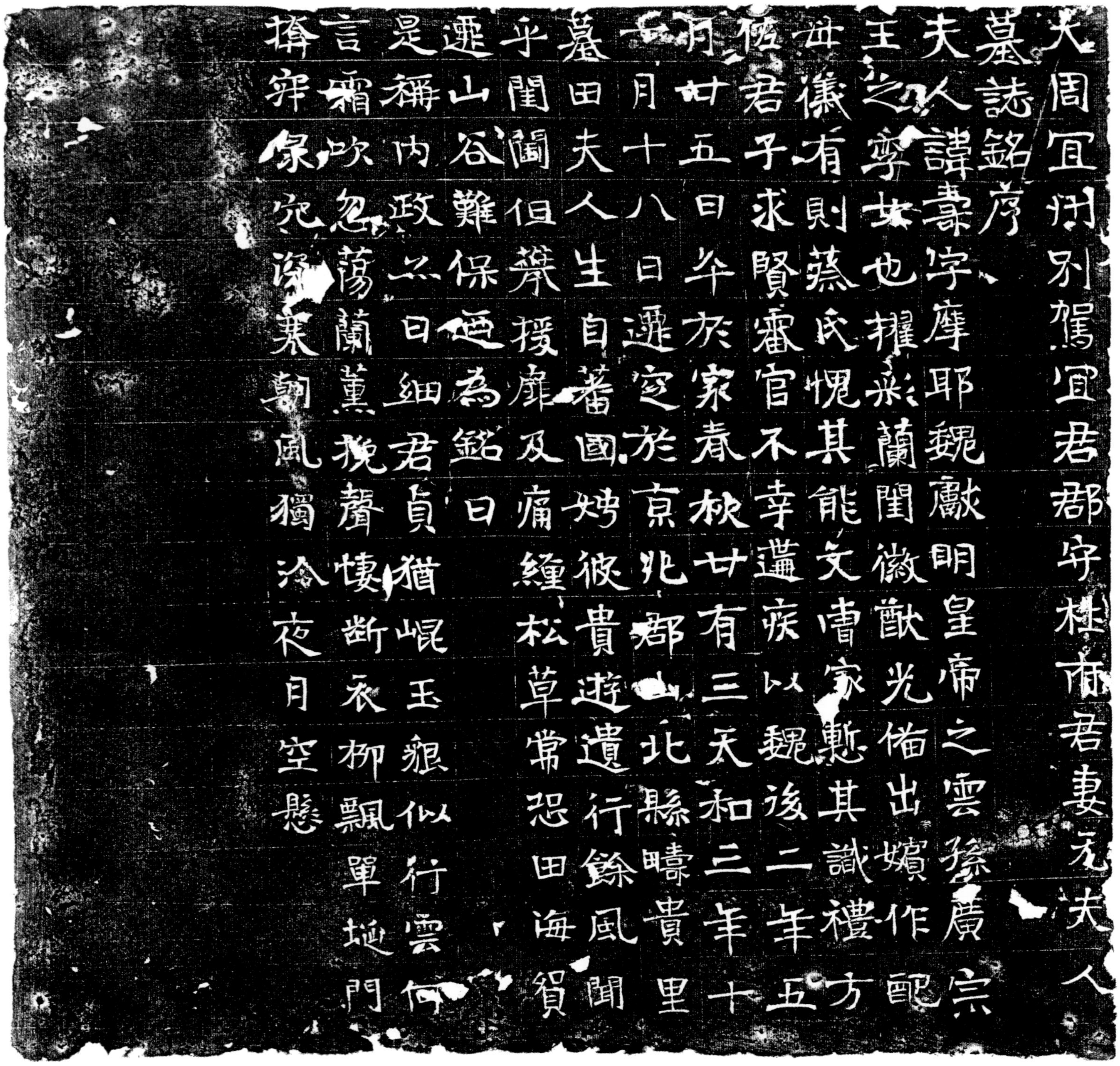

【誌文】

大周宜州別駕宜君郡守杜府君妻元夫人墓誌銘序

夫人諱壽，字摩耶，魏獻明皇帝之雲孫，廣宗王之孪[季？]女也。擢彩蘭閨，徽猷光備，出嬪作配，母儀有則。蔡氏愧其能文，曹家慙其識禮。方佐君子，求賢審官，不幸遘疾，以魏後二年五月廿五日卒於家，春秋廿有三。天和三年十一月十八日遷窆於京兆郡山北縣疇貴里墓田。夫人生自蕃國，娉彼貴遊，遺行餘風，聞乎閨閫。但攀援靡及，痛緾松草。常恐田海貿遷，山谷難保，迺為銘曰：

是稱內政，亦曰細君。貞猶崐玉，貇似行雲。何言霜吹，忽蕩蘭薰。挽聲悽斷，衣柳飄單。埏門揜寂，泉穴深寒。朝風獨冷，夜月空懸。

一〇　韓褒墓誌（五七一）

【解題】

韓褒（四九八—五七〇），燕州昌平苦水人，柔然族。天和六年葬萬年縣堺羊牧原，在今西安市長安區。

誌高五六点五、寬五五釐米。銘文二七行，滿行二七字。楷體，字較工整。有蓋。

誌主曾祖魏北平公韓斤，祖魏安定公韓瓌，父魏長鄉子韓演。

韓褒起家奉朝請，强弩將軍。永熙三年（五三四）隨宇文泰入關，任大行臺左丞，大丞相府録事參軍。沙苑之戰有功，官至少保。天和五年病故於位。

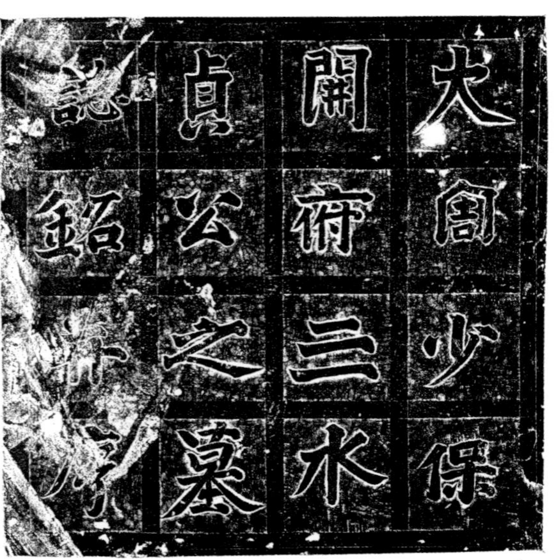

【誌蓋】

大周少保

開府三水

貞公之墓

誌銘并序

【誌文】

公諱褒，字弘顯，燕州昌平苦水人也。㊀侯呂陵國姓出自漠北，㊁匹也頭辱紇酋長之冑焉。魏并州刺史、北平公斤曾孫，魏涇州刺史、安定公瓌孫，魏大都督、河州金城郡守、長鄉子演仲子，魏靈涇東秦三州刺史、儀同三司、彭城伯惠公悅長弟。公起家奉朝請，強弩將軍。大昌年中授前將軍，大中大夫。永熙三年入關，任大行臺左丞、大丞相府錄事參軍，賞三水縣開國男，邑一百戶轉屬。大統元年授中軍將軍、銀青光祿大夫，增邑二百戶，進男為子。二年授鎮南將軍，相府從事中郎，轉左府司馬。三年孟冬，高歡渡河，連陣沙苑，飛鋒競進。公時預策，先登進計，勸治軍渭北，置兵死地，占風候氣，隨機摧破。其後日輕使公入夏州，矯稱已擒元首焉。鎮城許和，斬其刺史歸附。沙苑制陣，詭服夏州，從容談咲㊂立功，公之功焉。增邑三百，通前合六百戶，進子為伯。授衛大將軍，北雍州刺史。五年徵入，任給事黃門侍郎。九年遷侍中。十年任大僕卿。十二年授使持節都督西涼州諸軍本將軍、西涼州刺史。十六年授大都督，行涼州事。㊃魏廢帝元年，授使持節車騎大將軍，儀同三司，大都督，會州諸軍事，會州刺史。周二年，授驃騎大將軍，開府，增邑五百，合一千一百戶，進伯為侯。武成元年追入，授大吏部。三年轉大御伯。保定二年任司會。三年授汾州諸軍事，汾州刺史。四年大軍東行，轉防河州三州六防諸軍事，河州刺史。天和二年增邑五百，合一千六百。其年授鳳州刺史，增邑三百，合一千九百戶，進侯封公。五年九月，授少保。其月構疾，春秋七十三，十月廿四日薨於位。詔贈本官，燕歧泾三州諸軍事，燕州刺史。封如故，謚貞公。六年正月廿三日葬萬年縣堺羊牧原。世子恒貴㊄兄弟緾悲霜露，流動風枝。家号德門，居為孝里，朝野同哀。乃為之銘曰：

署功立節，名建身榮。兢兢敬上，荐輅振纓。文有奇策，武奮敵平。入讚二代，出牧七蕃。職兼內外，稱諭無偏。嗚呼哲人，構疾緾綿。醫療無降，奄喪良賢。悲廢朝市，哀停農田。龜𠠇交易，卜宅占墳。遇卦膺乾，其後將忻。金玉寶璧，積潤唯派，窆房埏隧。上仞百尋，華表人虎，羊砫如林。堂寓一彤，鎊石門冥。謐幄帳幃，衾明器滿。謚乎！嗟少保塋安此室。

【校記】

㊀《北史》卷七十有《韩褒傳》，稱是『颍川颍阳人』。

㊁《北史·韩褒傳》『賜姓侯呂陵氏』之『侯』，當依此誌為『俟』。

㊂咲，即笑。

㊃《北史·韩褒傳》稱韩褒在涼州任上，『每西域商货至，又先尽贫者市之。于是贫富渐均，户口殷实。』

㊄韓恒貴事見本書二三其女韓惠昭墓誌。

一一　于儀與廣寧公主墓誌（五九〇）

【解題】

于儀（五三三—五八九），恒州桑乾人。開皇十年與夫人廣寧公主（五四三—五九〇）合葬於華池之陽渠里，其地約在今甘肅慶陽。

誌高八二、寬八二釐米。銘文四四行，滿行四四字。隸書好，已近楷書筆意，字秀麗。

誌主祖于提。父于謹，西魏八大柱國之一，關隴集團的核心成員，平江陵，北周太傅，傳見《周書》卷一五。于儀娶魏文帝第三女廣寧公主。于儀先後封相州平恩縣公，安平郡公，歷任建州諸軍事、建州刺史，晉州諸軍事，晉州刺史，使持節驃騎大將軍。為周武帝大候正。周宣時為趙州諸軍事，趙州刺史。开皇九年薨于京師。

【誌文】

大隋使持節大將軍趙州諸軍事趙州刺史安平郡開國謚曰平公并夫人廣寧公主元氏合葬墓誌銘

公諱儀，字子禮，[一]恒州桑乾人也。[二]魏世將軍，以威名而見重；漢時廷尉，爲德器而高門。盛烈徽猷，遐哉邈矣。祖簡公，[三]在魏步兵校尉，隴西鎮將。於周太保，柱國，建平郡公。不以官能隔仕，乃阮嗣宗之令德；不以弼諧為貴，實呂尚甫之清高。考文公，[四]歷位宰輔，則三槐九棘；尊崇德行，則元老三師。總戎秉鉞，四部將軍；理務治繁，再經司隸。刺舉者十餘州，諸軍事者廿所。胙土漁陽之前，錫珪常山之後。北說勑勒，[五]則功高賜樂；南征鄢郢，則績滿雲臺。呼韓内附，匈奴盡拜受降之城；孫皓即擒，江東自然藴息於是。功成而請退，懸車而告老。天子慈旨慇懃，優詔重疊，誕割盡於事親，執饋形於孝敬。雖歷代光華，曠世無擬，而文公志在清虛，非所願也。豈直楊伯起之歷葉三公，韋玄成之累世丞相而已哉。惟公體純和之氣，則辰宿麗天；挺沖粹之精，則山嶽鎮地。湯谷之波莫測，扶桑之幹難尋。暎五星之聯珠，聚藍田之寶玉。岐嶷出自生知，淹潤由乎天性。故知豐城寶劒之氣，其本維深；汾脽神鼎之光，其源實遠。高陽之里，爲今譽而移名；日蝕之疑，藉幼童而始悟。魏文皇帝見而奇之，遂尚以廣寧公主。主即帝第三女也。魯元之適張敖，榮華族里；平邑之歸馬防，滿室生光。時以公勳賢貴胄，分裂山河，封相州平恩縣公，邑千戶。尋授直閤將軍，散騎常侍，增邑二百戶。縱容青瑣，爲戚里而逢恩；出入丹墀，以貴遊而被進。又除車騎大將軍，儀同三司。馬江平之鼓吹，建節威邊；鄧昭伯之鳴笳，羌胡服馭。以公方之，其能劣矣。既而獄訟遷移，謳歌變革。國雖異政，人實同榮。伯益之子，還仕虞朝；梁道之兒，功臯晉爵。改封安平郡公，主亦隨例而授夫人。除司門大夫，下楊濮移關之書，統終軍裂帛之所。又除左武伯。羽林之士，上應天官；鉤陳之位，還臯戎職。華蓋正對紫徽之宮，武曲纔臨北斗之柄。時以東寇未平，華夷尚隔。六條刺舉，本藉賢能。御侮邊亭，唯資英傑。除公爲建州諸軍事，建州刺史。俄遷晉州諸軍事，晉州刺史。攀轅抱轂，民懷戀故之心；詠歌來暮，百姓誦新人之德。匪直都水使者，勒石記其當官，遂使尺壺詔書頒下，傳爲永式。就拜使持節驃騎大將軍，開府。張幕祁連之下，月氏亡魂；出據烟支之山，匈奴歎息。周高祖武皇帝，有苞括宇宙之心，有平壹海内之志。軍謀祭酒，每訪陳琳；畫策論奇，多咨荀彧。漢祖以陳平爲監察，魏主用辛毗爲軍司。膺時之選，進公爲大候正，營軍細柳之前，置陣常山之側。以公觀古，彼何人哉。荀攸之計孟德，官渡遂平；張良之謀劉季，烏江即定。策從事則仲華爲司徒，不論勳則公孫居大樹。自退奇拔之功，直受依常之賞。除大將軍，封壹子爲壽安縣公，候正如故。漢王齋戒，獨拜才高；幕府論功，榮兼孺子。俄而武帝登遐，宣皇嗣位。送往事居，無踰禮則。以公先朝貴齒，不可久居劇任，除趙州諸軍事，趙州刺史。藂臺之下，舉袂成幃；邯鄲之鄉，無非英儁。朝廷既讚賢能，而公實膺斯舉。公夙經軍旅，早涉戎行。有賈膠東之瘡痏，積而弥篤；居汲淮陽之疹疾，臥職治官。屬世道□危，王猷有故，以大象二年還届京師。自此宿疾弥留，迄于大漸。馬相如之消渴多年，張子房之纏痾累歲。緩和之妙不治，桑田之期奄及。以开皇九年八月廿二日薨于京師之正寢，春秋五十有七。齊侯以晏嬰而罷朝，漢主爲祭遵而行哭。邻人致匍匐之哀，知己有主蒭之祭。謚曰平公，賻絹布等物壹千段，粟壹千石，禮也。供喪之具，壹以官辦。公體道淵凝，風神爽儁，誠奉六尺之孤，孝感能啼之馬。言論縱横，類懸河之霪水；應對如流，似商人之玉環。皎皎與秋月齊明，懔懔共寒霜俱肅。高峯百刃，巖谷千重。冠帶仰其風猷，縉紳挹其氣岸。若乃汲郡破冢之書，恭王壞宅之典，讀誦則五行俱下，歷覽則寓目皆知。神情朗徹，懸識碑文；學藝明通，諳知華表。借箸而論封建之謀，聚米而定山川之勢。魚麗鶴迥，背亭亭而向白姦；曲月横雲，據正正而臨潢鳥。六甲之符，聞於玄女；三略之説，受自黄公。長楊柳葉，以百發而全枯；巫峽猨吟，爲彎弧而聲□。良辰麗景，不廢琴書；青竹流泉，無停雅韻。仁可依焉，藝可遊焉。世祖登封鄧禹，倍雲亭之禮；秦皇致敬李斯，奉玉撿之書。有志不遂，何爽如之。夫人霜露先侵，恆娥掩色。亦以次年四月廿五日薨於私第，春秋卌有八。□性外融，貞心内敏。輔佐君子，思任賢才。曹大家之針縷，不以荷禮爲貴；蔡文姬之筆硯，豈直即世稱奇。積善餘慶，何期謬哉。馬援之愛兄子，恩情不□；王沉之憶叔父，舉目潸然。孝武等有何曾之毀，見者不覺傷心，慟吴隱之悲；聞之莫不流涕，痛先王之盛。則嗟卜遠之難移，以今歲次庚戌四月戊午朔廿七日甲申，合葬於華池之陽渠里。盧山壹閉，無復再見之期；秦壁沉河，寧希更還之日。仲文以猶子之情，何能已已。嗚呼哀哉！乃爲銘曰：巖巖山嶽，滔滔江漢。申甫降生，維周之□。冠冕蟬聯，高門粲爛。萬里洪波，千尋聳幹。其一。乃祖乃父，爲龍爲光。恭参佐帝，業盛匡王。仁踰春雨，節邁秋霜。終登老□，身退名歇。其二。挺生君子，唯德之禎。誠能奉上，孝感天經。漁獵典藉，談論纵横。如玄之嚜，如照之明。其三。禀質自天，豈關雕琢。無假絃□，非因舉燭。居滿懷沖，處僥抱朴。澄之不清，撓之不濁。其四。猗歟明哲，封神卓絕。行美溫恭，志陵霜雪。無愧四科，不慙三傑。在漢則強，居殷豈滅。其五。世路紛紜，王猷遂寡。衛尉輸兵，將軍墜馬。趙璧秦求，虞途晉假。函谷渥封，聊城箭下。其六。積歲沉痾，頻年滯疾。秦緩不治，華陀無術。陽信亡夫，宣平喪室。雖振金聲，長埋玉質。其七。黄帝論墳，青烏占墓。馬礙滕公，車藏季布。隴月昏雲，悲風慘樹。歎歲敘之遄流，嗟人生之無住。

【校記】

❶《周書·于謹傳》稱其子『義弟禮，上大將軍、趙州刺史、安平郡公。』誌主原名于儀，又名于禮。

❷《周書·于謹傳》稱『河南洛阳人』，是南下中原后改籍。

❸祖簡公于提。

❹考文公于謹。

❺勒，原文誤作勤。

心訴歌來暮百姓誦新人之德匪亶都水使者勒石記其當官遂使尺壹詔書須
將軍開府張幕祁連之下月氏亡魂出擄烟支之山匈奴歎息周高祖武皇帝有
軍謀祭酒毐訪陳琳畫策論奇多咨荀彧漢祖以陳平爲監察魏王用辛毗爲軍
細柳之前置陣常山之側以公觀古彼何人哉荀攸之計孟德官渡遂平張良之
爲司徒不論勳則公孫居大樹自退奇拔之功直受依常之賞除大將軍封壹子
獨拜才高幕府論功榮兼鴻子俄而武帝登遐宣皇嗣位送往事居無踰禮則以
州諸軍事趙州刺史蕞臺之下舉袂成幃邯鄲之鄉無非英儁朝廷既讃賢能而
亓有賈滕東之瘡痏積而弥篤居汲淮陽之疢疾卧職治官屬世道屯危王猷有
亦弥留迄于大漸馬相如之痟渴多年張子房之經痾累歲緩和之妙不治桑田
日薨于京師之正寢春秋五十有七齊侯以晏嬰而罷朝漢主爲祭遵而行興隣
謚曰平公賻絹布等物壹千段粟壹千石禮也供喪之具壹以官雜公體道淵凝
啼之馬言論縱橫類懸河之霔水應對如流似商人之玉環皎皎與秋月齊明懍
重冠帶仰其風猷縉紳挹其氣岸若乃汲郡破冢之書恭王壞宅之典讀誦則五
徹懸識碑文學藝明通諳知華表借箸而論封建之謀聚米而定山川之勢魚麗

一二　裴使君墓誌（五九二）

【解題】

裴使君（？—五九二？），籍貫不詳。開皇十二年葬，葬地不詳。姑以葬年為卒年。

誌高五〇點五、寬五〇點五釐米。銘文七行，滿行七字。楷書好，字舒朗自然。

誌主任宋、海二州諸軍事，海州刺史，封吉陽公，其餘籍貫、名字、生卒年等墓誌不載，失考。

大隋開皇十二年
歲次壬子十月癸
酉朔十二日甲申
使持節上開府儀
同三司宋海二州
諸軍事海州刺史
吉陽公裴使君墓

【誌文】

大陏[一]開皇十二年，歲次壬子，十月癸酉朔，十二日甲申，使持節上開府儀同三司，宋、海二州諸軍事，海州刺史，吉陽公裴使君墓。

【校記】

[一]陏當作隋。

一三　梁脩芝（華陽襄公彥光）墓誌銘（五九三）

【解題】

梁脩芝（五三四—五九三），安定烏氏人。開皇十三年厝於小陵原零泉鄉黃渠里。小陵原當即少陵原，權德輿《姚南仲神道碑》（載《全唐文》卷五百）有『合祔于少陵原黃渠里』，在今西安市長安區。

誌高五七、寬六〇釐米。銘文三六行，滿行三五字。楷書很好，字體工整，清麗整潔。

誌主曾祖梁茂，魏鎮西大將軍，秦州刺史，臨涇郡開國公。祖梁育，平西將軍，華州刺史。父梁顯，東雍州刺史，大鴻臚卿。

誌主初補大學生，周元年，除舍人中士。保定三年，稍遷小縣伯下大夫。建德三年，除御正下大夫。六年，參與平北齊，以功授御正中大夫，封并州陽城縣開國公，食邑一千戶。宣帝時任華州刺史。隋建，為岐州刺史、趙州刺史、相州刺史。莅任九載，風化大行，是治績卓著的地方官。十三年六月九日因病薨於位。《北史·循吏傳》和《隋书·循吏傳》有《梁彥光傳》。

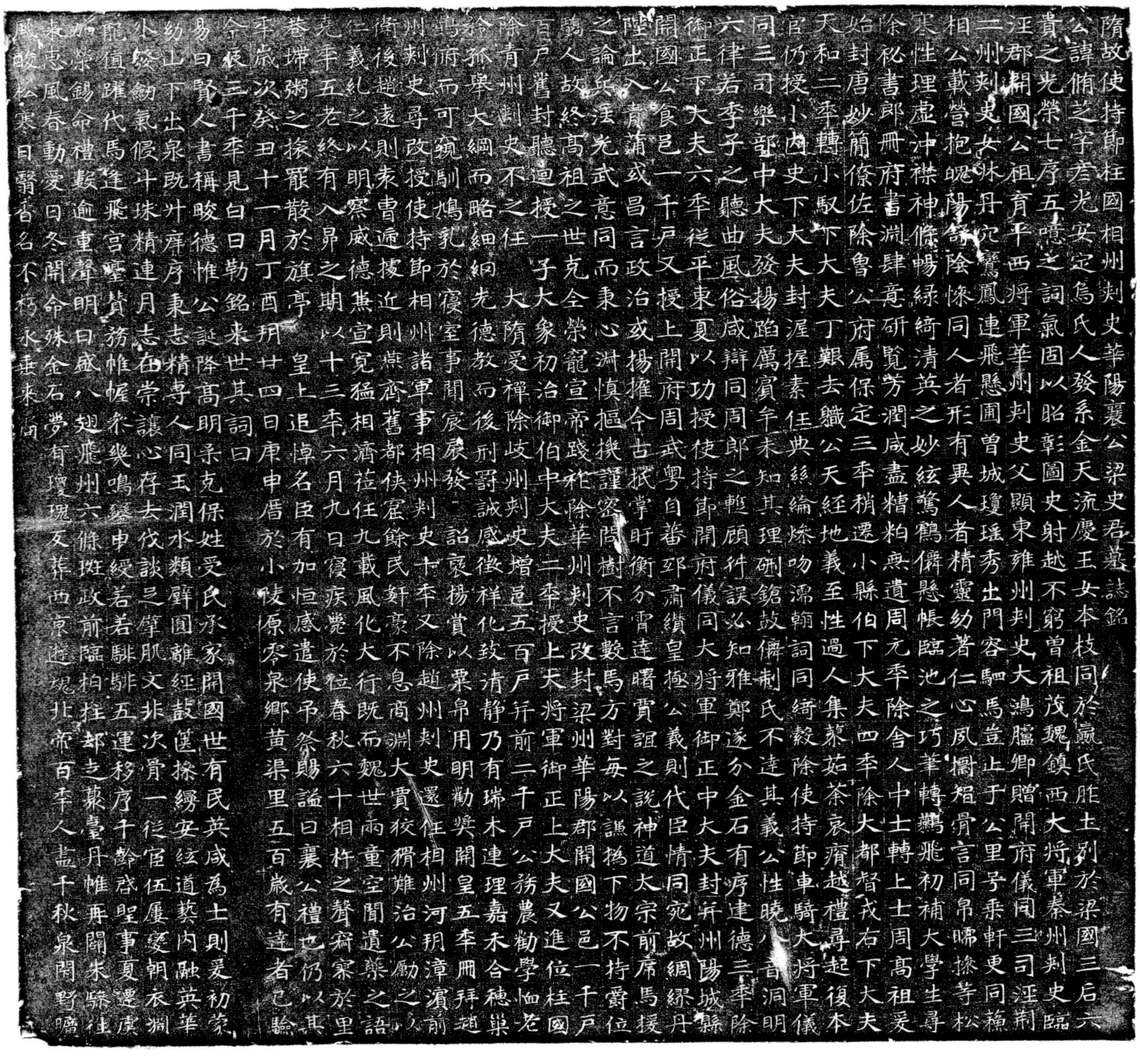

【誌文】

隋故使持節柱國相州刺史華陽襄公梁史君墓誌銘

公諱脩芝，字彦光，●安定烏氏人。發系金天，流慶玉女，本枝同於嬴氏，胙土别於梁國。三后六貴之光榮，七序五噫之詞氣，固以昭彰圖史，射越不窮。曾祖茂，魏鎮西大將軍，秦州刺史，臨涇郡開國公。祖育，平西將軍，華州刺史。父顯，東雍州刺史，大鴻臚卿，贈開府儀同三司，涇、荊二州刺史。●女牀丹穴，鸞鳳連飛。懸圃曾城，瓊瑶秀出。門容駟馬，豈止于公。里号乘軒，更同藴相。公載營抱魄，陽舒陰慘。同人者形有，異人者精靈。幼著仁心，夙標智骨。言同帛嚅，掾等松寒。性理虚沖，襟神條暢。緑綺清英之妙，紘驚鶴儛；懸帳臨池之巧，筆轉鸞飛。初補大學生，尋除祕書郎。册府書淵，肆意研覽。芳潤咸盡，糟粕無遺。周元年，除舍人中士，轉上士。周高祖爰始封唐，妙簡僚佐，除魯公府屬。保定三年，稍遷小縣伯下大夫。四年，除大都督，戎右下大夫。天和二年，轉小馭下大夫，丁艱去職。公天經地義，至性過人。集蓼茹荼，哀瘠越禮。尋起復本官，仍授小内史下大夫，封埿握素，任典絲綸。燦吻濡翰，詞同綺縠。除使持節車騎大將軍，儀同三司，樂部中大夫。發揚蹈厲，賔牟未知其理；硎鎗鼓儛，制氏不達其義。公性曉八音，洞明六律。若季子之聽曲，風俗咸辯；同周郎之暫顾，舛誤必知。雅鄭遂分，金石有序。建德三年，除御正下大夫。六年，從平東夏。以功授使持節開府儀同大將軍，御正中大夫，封并州陽城縣開國公，食邑一千户。又授上開府。周武粤自蕃邸，肅纘皇極。公義則代臣，情同宛故，綢繆丹陛，出入青蒲。或昌言政治，或揚搉今古，抵掌盱衡，分宵達曙。賈誼之説神道，太宗前席；馬援之論兵法，光武意同。而秉心淑慎，樞機謹密，問樹不言，數馬方對。每以謙撝下物，不持爵位驕人。故終高祖之世，克全榮寵。宣帝踐祚，除華州刺史，改封梁州華陽郡開國公，邑一千户。百户舊封，聽迴授一子。大象初，治御伯中大夫。二年，授上大將軍，御正上大夫，又進位柱國，除青州刺史，不之任。大隋受禪，除岐州刺史，增邑五百户，并前二千户。公務農勸學，恤老矜孤，舉大綱而略細網，先德教而後刑罰。誠感徵祥，化致清靜，乃有瑞木連理，嘉禾合穗，巢鵲俯而可窺，馴鳩乳於寢室。事聞宸扆，發詔褒揚，賞以粟帛，用明勸奬。開皇五年，册拜趙州刺史，尋改授使持節相州諸軍事，相州刺史。十年，又除趙州刺史，還任相州。河朔漳濱，前衛後趙，遠則袁曹遞據，近則燕齊舊都。俠窟餘民，奸豪不息。商淵大賈，狡猾難治。公勵之以仁義，糺之以明察，威德兼宣，寬猛相濟。莅任九載，風化大行。既而魏世兩童，空聞遺藥之語；堯年五老，終有入昴之期。以十三年六月九日寢疾薨於位，春秋六十。相杵之聲，寂寥於里巷；墆粥之旅，罷散於旗亭。皇上追悼名臣，有加恒感，遣使弔祭，賜謚曰襄公，禮也。仍以其年歲次癸丑十一月丁酉朔廿四日庚申，厝於小陵原零泉鄉黄渠里。五百歲有達者，已驗今辰；三千年見白日，勒銘來世。其詞曰：

《易》曰賢人，《書》稱畯德。惟公誕降，高明柔克。保姓受氏，承家開國。世有民英，咸為士則。爰初蒙幼，山下出泉。既升庠序，秉志精專。人同玉潤，水類璧圓。離經鼓篋，摻縵安絃。道藝內融，英華外發。劒氣侵斗，珠精連月。志在崇讓，心存去伐。談足擘肌，文非次骨。一從宦伍，屢變朝衣。淵龍值躍，代馬逢飛。宮臺賛務，帷幄參幾。鳴鑾申綬，若若騑騑。五運移序，千齡啓聖。事夏遷虞，加榮錫命。禮數逾重，聲明日盛。八翅飛州，六條斑政。前臨柏柱，却走蒙臺。丹帷再闢，朱驂往來。惠風春動，愛日冬開。命殊金石，夢有瓊瑰。反葬西京，遊魂北帝。百年人盡，千秋泉閇。野曠風酸，松寒日翳。香名不朽。永垂來裔。

【校記】

❶《北史》和《隋書》的《梁彥光傳》皆是：『梁彥光，字脩芝。』名、字與墓誌所記相反。

❷《北史》和《隋書》的《梁彥光傳》皆是：『祖茂，魏秦、華二州刺史。父顯，周荊州刺史。』可按此誌補正為曾祖茂，祖育，父顯。

夫丁艱去職公天經地義至性過
封涯握素任典絲綸燦吻濡翰詞
揚蹈厲賓年未知其理硎鎗鼓儛
俗咸辯同周郎之輕顧件誤必知
東夏以功授使持節開府儀同大
授上開府周武粤自蕃邸肅纘皇
治或揚搉今古抵掌盱衡分霄達
秉心淵慎樞機謹密問樹不言數
全榮寵宣帝踐祚除華州刺史改
大象初除御伯中大夫二年授上
大隋受禪除岐州刺史增邑五百
先德教而後刑罰誠感徵祥化致
寢室事聞宸扆發　詔褒揚賞以

一四　薛寶墓誌（五九四）

【解題】

薛寶（？—五八九？），夏州人。開皇十四年還葬於長安縣豐浩鄉浩碑里，在今西安市長安區。

誌高四二、寬四二釐米。銘文二十行，滿行二十字。楷書好，結體工整，清麗。有蓋，高四四、寬四三釐米。

誌主祖薛萇生，夏州主簿，第一領民酋長，雲州刺史。父薛岳，使持節，儀同三司，定州刺史，房陽公。

誌主開皇九年參與平陳，其年十月，奉使送廣州首領入京，又充九州慰勞大使，到安州遇疾薨。

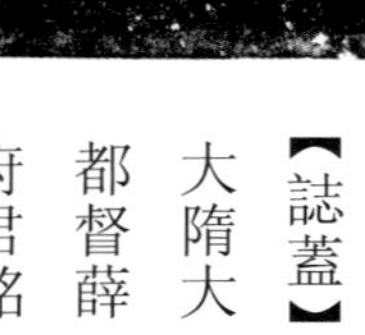
【誌蓋】

大隋大
都督薛
府君銘

君諱寶字僧陁夏州義豐人也其先周諸侯任姓之
後自樂安歸命枝㧾派流遂得籍地金明世居河湄
夙興温清恒聡孝巳之心履行謙恭每遵循墉之節
周天和六年襲爵房陽公邑二千户彎弓馬上即日
大樹將軍傑劔長楊或謂曹公刺客加授右親衛大
都督祖萇生夏州主薄第一領民酋長雲州刺史父
岳使持節儀同三司定州刺史房陽公自爲陳内化
餘燼未賓開皇九年慕從柱國襄陽公柙伏江左翟
蒲之盜自此歸仁陜陋日南道路無艱其年十月奉
使送廣州首領入京又奉　勑令陁還送桒梓達至
嶺南即充九州慰勞大使到安州遇疾薨於治下心
隨兩鶺鴒同羸慱之魂氣逐秋霜無復三春之日十
三年十月屍柩至家荆山朗玉定絶彫椂之工漢水
明珠豈雜和鸞之響嗚呼哀哉惟大隋十四年歲次
甲寅正月丙申朔十四日己酉塟於長安縣豐浩鄉
浩碑里右瞻鄠鄗對渌水之楊波左眺星橋見酆山
之斷絶嗚呼哀哉乃爲銘曰
梪〻隴樹永謝春光窱〻蘭燈長辤風月寒松曉凍
落影催年一匆白日俳佪九泉千載一名刊之金石
歲往月来空留古跡

【銘文】

君諱寶，字僧陁，夏州義豐[一]人也。其先周諸侯任姓之後，自樂安歸命，枝族派流，遂得藉地金明，世居河朔。夙興溫清，恒聯孝巳之心；履行謙恭，每篤循墻之節。周天和六年，襲爵房陽公，邑二千戶。彎弓馬上，即曰大樹將軍；儛劒長楊，或謂曹公刺客。加授右親衛大都督。祖萇生，夏州主簿，第一領民酋長，雲州刺史。父岳，使持節，儀同三司，定州刺史，房陽公。自為陳內化，餘燼未賓。開皇九年，募從柱國、襄陽公，押伏江左。萑蒲之盜，自此歸仁。郊阯日南，道路無擁。其年十月，奉使送廣州首領入京，又奉勑令陁還送桑梓，達至嶺南，即充九州慰勞大使，到安州遇疾，薨於治下。心隨兩雁，飜同羸慱之魂；氣逐秋霜，無復三春之日。十三年十月，屍柩至家。荊山朗玉，定絕彫採之工；漢水明珠，豈雜和鸞之響。嗚呼哀哉！惟大隋十四年歲次甲寅正月丙申朔十四日己酉葬於長安縣豐浩鄉浩碑里。右瞻酆部，對滂水之揚波；左眺星橋，見酈山之斷絕。嗚呼哀哉！乃為銘曰：

修修隴樹，永謝春光。寂寂蘭燈，長辭風月。寒松曉涷，落影催年。一分白日，徘徊九泉。千載一名，刊之金石。歲往月來，空留古跡。

【校記】

[一]夏州屬縣無義豐。

一五　趙榮墓誌（六一一）

【解題】

趙榮（五五〇—六一〇），秦州天水人。大業七年葬於京兆郡武功縣教義鄉菩薩之原，在今陝西省咸陽市武功縣。

誌高三四、寬三四釐米。銘文二十行，滿行二十字。楷体，字較工整。

誌主祖趙伏，周蕩寇將軍。父趙樂，州都從事。誌主建德五年，選為壯士，從周武皇帝平齊有功。開皇十三年加授大都督，仍領本兵。大業二年，授黃壚鎮將。六年遘疾，薨於官舍。

【誌文】

大隋朝請大夫黄櫨鎮將故趙府君之墓誌銘

君諱榮，字士建，秦州天水人也。三卿居晉，天賜曠樂之□；□駿御周，城分得姓之邑。亦有寶符察智，家有令童。青綸居□□求才，國稱賢相。蘭芬松茂，可略而言。祖伏，周蕩寇將軍。父樂，州都從事。並以績著司庸，名高雅俗。匪□沼之貴，朱黻盛龍章之寵。君世載餘祉，資靈降生。機神內湛，符采外暢。孝友之性，稟之於自然；仁恕之風，統留於積習。州閭之內，聲實斯遠。建德五年，選為壯士，從周武皇帝，東討平齊。力戰有勳，蒙授都督，即於本鄉，領禁兵。開皇三年，尋轉授帥都督。十三年，又加授大都督，仍領本兵。仁壽四年，晉陽展効，蒙授儀同三司。大業元年，改授朝請大夫。二年，蒙授黄櫨鎮將。六年六月廿□日，遘疾薨於管❶舍，春秋六十有一。粤以七年歲次辛未二月丁巳朔廿八日甲申，葬於京兆郡武功縣教義鄉菩薩之原，礼也。世子子雅等，至性荼毒，躃踴哀號，悲□泉以痛心，踐霜露何增感。思樹風長，世以播芳，猶齊□菊於山川，庶無絕於終古。乃為銘曰：

□□餘慶，峻極降神。有一於此，所謂伊人。熊羆之士，爪牙之臣。萬夫是役，□□絶塵。終風未落，寒露摧芳。□物□尔，人亦殲良。□□□滅，高名轉香。獨悲泉下，此夜何長。

【校記】

❶管通館。

一六　王裕墓誌（六二七）

【解題】

王裕（五六七—六二五），太原祁人。貞觀元年改窆于雍州萬年縣之小陵原，在今西安市長安區杜曲鎮。

誌高五七、寬五七釐米。銘文三二行，滿行三二字。楷書很好，字體工整、清秀。有蓋，高五八、寬五七釐米，四周卷草紋，四側四神紋。

誌主祖王思政，周侍中，河南道太行臺尚書左僕射，荊州刺史，太原忠公。父王兼，侍中，使持節襄州總管，襄州刺史，上柱國，太原公。隋高祖以王裕為新衛，尋轉千牛。大業九年，勅授始平縣令。娶唐高祖李淵胞妹同安長公主，授上儀同三司。武德八年，詔除隋州諸軍事，隋州刺史。勸以農桑，咸歸南畝。風化之美，藉甚當時。武德八年五月十二日遘疾薨於官舍。

【誌蓋】

大唐故隋州刺史上開府王使君之墓誌

【誌文】

大唐故隋州刺史上開府儀同三司王使君墓誌之銘

公諱裕，字長弘，太原祁人也。自郤邑道源，用光配天之業；岐山肇構，載興累德之基。世祀所以克昌，分枝所以增茂。太運告終，司徒抗忠貞之節；土德云季，太尉顯仁義之風。台鉉相望，英賢繼踵。祖思政●，周侍中，河南道太行臺尚書左僕射，荊州刺史，太原忠公。懿德清徽，邁憂龍高。元功懋績，躡伊呂而齊蹤王佐，人傑於斯為盛。父兼，侍中，使持節襄州總管，襄州刺史，上柱國，太原公。雅量弘深，兼資文武。擁旄杖節，家聲克嗣。公承世載之美，應川嶽之靈。孝友居心，寬行成性。雖復公門卿族，繫鍾陳鼎。朱輪結駟，軒盖成陰。而公雅素爲懷，沖虛在志。寵辱兩忘，名利俱遣。值周歷將改，霸道初基。相府肇開，羣賢畢集。爪牙之任，於斯爲重。隨高祖藉甚高名，虛心引納，乃以公為新衛，尋轉千牛，以家艱去職。公至性通神，哀情過禮。頊伏苫廬，殆將毀滅。自是閑居養志，多歷□所。脫略簪纓，栖遲衡泌。三旍九辟，莫得而干也。大業九年，勑授始平縣令。屈此上才，治斯下邑。曾未朞月，仁風遠被。太上皇雖龍德未昇，而帝啚先兆。肅雍爰適，妙簡才良。公以華胄高名，允膺時選。乃尚同安長公主。●既攀附風雲，騁其智力。宣平結援，佐汜水以立功；固始連姻，知春陵之應讖。投誠効命，竭心推奉，蒙授上儀同三司。武德八年，詔除隋州諸軍事，隋州刺史。此地漢東大國，水陸衿帶。值隨鼎將遷，兵飢荐及。皇運之始，流散稍還，而疲惰成俗，彫弊猶甚。公寬猛相濟，威德兼行。乃勸以農桑，省其傜賦。危冠長劍，竝龍儒衣，帶牛佩犢，咸歸南畝。風化之美，藉甚當時。以此聲績，方期遠大。豈謂水激龍門，尺波逝而無及；光沉鳥次，寸陰馳而不續。未變中階，遽違昭世。以武德八年五月十二日遘疾薨於官舍，春秋五十有九。惟公少懷節槩，不群於俗。澄陂澹遠，奉高莫辯。其涯虛室窅然，端木不窺其奧。及濯纓入仕，盛府嘉招。凡厥同叔，無非貴戚。莫不邀名借譽，以祈榮顯。唯公晦跡銷聲，蕭然無累。文皇弥以嘉楫，顧眄逾深。暨親地兼隆，任遇弥重。而謙撝儉素，始終如一。加以妙達苦空，深思迴向。運心攝念，晨宵無怠。信施殷重，薰脩不絕。豈非明識哲人，篤行淳深者也。粵以今貞觀元年二月甲寅朔十九日壬申，改窆于雍州萬年縣之小陵原。贈物二千叚，禮也。惟壑變而舟移，信天長而地久。播德音而無絕，傳芬芳於不朽。乃作銘云：

姬水開源，岐山聳攝。掩暎遙緒，蟬聯華胄。累葉公才，繼蹤民秀。龍光鳳彩，桂貞松茂。積善必昌，篤生君子。汪江雅量，昂昂高軌。顯晦語嘿，卷舒行止。濯纓膺務，彈冠入仕。結姻帝室，佐命興王。禮崇名器，時逢會昌。擁旄杖節，仁風載揚。允光多士，寔曰惟良。智効克宣，徽猷方遠。將陪廛玉，向叔華衰。風燭難駐，崦暈遽晚。潤掩連城，芳銷九畹。兩楹已撤，玄扃戒期。卷舒丹旐，容申靈輀。野霧晨合，松風夜悲。永矣遺愛，方留去思。

一七　裴寂墓誌（六三二）

【解題】

裴寂（五七三—六三二），河東聞喜人。貞觀六年葬於蒲州桑泉縣三疑之南原，其地在今山西臨猗西。●

誌高九〇、寬九〇釐米。銘文四八行，滿行四八字。楷書，一般字尚好，有些字欠嚴整。

誌主高祖裴會，魏秘書監。曾祖裴韜，集州刺史。祖裴融，周蜀道行軍總管。父裴瑜，周驃騎將軍。誌主年十四，召爲本州主簿。仁壽二年，應詔舉，除齊州司戶參軍事，左遷為晉陽官監。預謀興唐，為大將軍府長史。克長安，盡收圖籍。市無改肆，李淵引為相府長史，進爵魏國公。武德元年，冊拜尚書右僕射，領京兆尹。六年四月，轉授尚書左僕射。九年，冊拜司空。貞觀之初，以公事免。六年六月應徵召，薨于路。

【誌文】

大唐故司空魏國公贈相州刺史裴公墓誌銘

夫地绝天傾，齊聖以斯濡足；飈迴霧塞，通賢由此沃心。若蛟龍之得雲，喻鯤鯨之縱壑。是故軒營載路，翼七佐以增飛；周曆膺期，馭十亂而長騖。推昏亡如反掌，取寰區猶拾遺。若乃經啓睿圖，宣調氣序。陶甄稷契，囊括蕭曹。反黔首於羲皇，致我君於堯舜者，其在司空魏國公乎？公諱寂，字真玄，河東聞喜人也。汾陰瑞彩，五色雲披；砥柱榮光，千里波屬。稟其靈者人傑，摽其秀者國楨。貫三古以開基，綿百代而繁祉。故能清通著目，天下歸其識鑒；領袖馳聲，海内挹其模楷。儒雅之風潛被，鍾鼎之祚遐宣。高祖會，魏秘書監。曾祖韶，歷左民郎，尚書□丞，散騎常侍，集州刺史。並垂仁扇俗，邁德成風。外含文而抑華，内處静而懲躁。宣柔嘉以憲物，陳宏謩以佐時。祖融，周司木中大夫，蜀道行軍摠管，贈康、成二州刺史，謚曰哀貞。蹈節為基，懷忠植性。忘身徇烈，千金與蟬翼同輕；蹈義如歸，七尺共鴻毛齊致。父瑜，周齊御大夫，驃騎將軍，贈绛州刺史，賜謚曰康。德宇虛凝，道風清穆。飾忠信而形國，懷冰霜而澡身。升降廟堂，神遊江海之上；勤勞周衛，志逸雲霄之表。公以岳靈降祉，昂精垂貺。丕承緒業，振動家風。文梓纔生，有識知其構夏；明珠始育，僉議歸其照車。許之遠大，彰乎髫髮。適年數歲，便處內艱。一溢冥心，非有由於聞禮；孺慕成性，寔暗合於天經。從祖黄門，當朝藻鏡，見而稱異。因謂人曰：此兒志力，天挺自然。迺崐山之一片，必吾家之千里。由是四海拭目，嗟其老成；五宗引領，佇其光覆。及登志學，神解藝文。羽陵汲冢之叢殘，鴻寶圯橋之隩秘。連山十翼，玄首四重，莫不窮神索隱，因心朗照。加以沉機先物，望景知微。籌千變於桓晨，籠万象於方寸。清衿映俗，威容绝人。凌景山而獨高，涵巨壑而逾濬。鸞皇比質，自表仁義之文；虬□兼資，素韞風雲之氣。登高攬控，志澄天壤。擁膝長吟，思逢啓聖。年十有四，召爲本州主簿。雖復英髦解褐，用表清階；世胄高蹤，蓋遵常轍。若乃青衿之歲，首應焚林；紈袴之年，超登製錦。辟強入侍，疋此非奇。子晋遊仙，方之已老。逮乎十八，郡察孝廉。例以門資，授左親衛。位頒執戟，寵冠期門。譬鳴鳳之將翾，由丹穴而儀阿閣；類鶤明之翩舉，起沮澤而負高旻。尺木濫觴，斯之謂矣。仁壽二年，應詔舉，除齊州司戶參軍事。職効一官，聲高百郡。嶫閒化其文教，稷下議其廉平。考績居多，遷侍御史。豸冠在位，百辟聳其威風；驄騎出遊，九有傾其震電。雖漢皇之褒鄭據，晋弼之啓孫綝，弗能加也。尋屬時網頹綱，迴耶撓棟。惡直成侶，同闞高明。膚受既行，竟庇文雅。由是左遷為晉陽官監。伊尹五就，於此長辭；尚父六韜，兹焉未遇。于時有随二世，遷播三江，躭澤國以忘歸，樂水鄉而不反。王梁策馬，已告亡徵；蚩尤建旗，先彰亂兆。祲稽天而莫悟，虹貫日而無悛。封豕長虵，因機電發；共巾青犢，候隙風馳。万乘於此土崩，九縣由斯幅裂。惵惵黎首，轉深溝而莫救；蠢蠢生靈，與焚原而共盡。太上皇沉迹列位，韞慶靈圖。摠戎式遏，韜光勿用。公迺綢繆潛德，崎嶇草昧之間；紛紜外攘，獻替經綸之始。既齊未濟，等同舟之一心；非亡追亡，猶共身之二手。翼在田而或躍，匡納麓而不迷。響應玄功，謀符聖作。既復丹書告慶，赤伏呈祥，而天睠不迴，謗然首沉。緊賴元宰，潛起聖懷。是用奉天，肇膺靈命。義師爰集，蒙授金紫光祿大夫；霜朝初建，擢為大將軍府長史。諒由唐年元愷，委質虞庭；漢代賈荀，當官魏幄。譬以石而投水，喻濡舟而濟川。於是白旄南驁，朱旗西指。行屆霍邑，乃遇隨師。猶且吠堯，莫知謳舜。聖情仁惻，不忍戰民。欲偃伯於炎墟，異夙沙之自縛。公又扣馬切諫，必請乘黎。揮刃断鞅，固爭迴旆。遂奮威略，一鼓就擒。愍眾通行，万里無累。念功疇賞，進授光祿大夫。前次绛州，迩於桑井。迺馳一札，喻此百城。老幼相携，如歸景亳。繦負俱至，若就岐陽。是用賜冊為聞熹縣開國公，邑一千戶。而蒲州負阻，情未反迷。獨為匪民，尚嬰窮壘。武臣爭奮，志在攻屠。公乃請箸為籌，引衣獻策。緩前禽而趍牧野，縱困獸而赴咸陽。既克鎬京，盡收圖藉●。市無改肆，民有息肩。道致升平，並公之力。太上皇負扆臨朝，光膺曆試。乃復引公為相府長史，進爵魏國公，加邑三千戶，別賜甲第一區，公田千頃。桓珪傳瑞，照里光衢。儛籥充庭，化家為國。含天憲於王室，運神樞於宰朝。武德元年，皇唐受命。六月一日，冊拜尚書右僕射，領京兆尹。自晉魏作故，事歸臺閣；文昌首席，務總阿衡。百工請决，神無滯用；万邦酬抗，筆不停毫。復大禮於維新，致勝殘于伊始。故以蹈夔龍之閫域，掇孔壘之菁華。豈直桓範留臺，魏帝還而絕奏；謝琰高選，晉后謂其無准，若斯而已哉。二年，授汾州道行軍大都督。三年，有詔特免再死。六年四月，轉授尚書左僕射。歷居端揆，允釐庶政。譚思舊章，弥綸彝典。冕旒穆而垂拱，巖廊肅而無事。以聖得賢，驗於茲矣。尋授尚書令，固辞不拜。九年，冊拜司空。公上摠九奎，下均七賦。帝道以之熙載，台耀於是楊輝。前後累增邑七千戶，別食益州封一千五百戶。貞觀之初，以公事免。尋降勑召，載病就徵，以六年六月，奄薨于路，春秋六十。神襟振悼，追贈相州刺史。粵以其年龍集庚辰十一月庚辰朔十一日庚寅，還厝於蒲州桑泉縣三疑之南原。惟公智含神契，命偶天飛。作相升陑，嘉猷不世。隱如敵國，元切絕倫。揭日月以增華，造區夏而宣用。洎乎倒戈赤縣，推轂紫宸，職參百揆，望隆三事。規模寄其弘遠，神化仗以丹青。故可方駕韋彭，齊蹤風力。孰與夫申屠齪齪，胡廣容容，度長絜大，同年而語也。庶當乞言辟水，養齒虞庠。乘安車於介丘，定升中之大典。何謂藏舟從壑，朽壤頹峯，去千祀之昭世，與萬化而同往。第二子律師，切風樹之無及，痛斡流之若馳。將恐陵谷貿遷，徽猷方遠。敢旌幽壤，乃勒銘云：

湯武格天，伊周翊聖。風雲冥感，允恭靈命。於惟我皇，登期比盛。錫茲良弼，光前無競。爰初匿景，體道攸尊。身隨遠牒，心王丘園。適時舒卷，應物飛翻。藏用不測，韫智難源。否泰迭興，昏明相復。天聰厭乱，神謀改卜。順動相時，轉危激福。思附鱗羽，規清墋黷。風馸雲擾，景燭雷屯。宣功啓睿，叶算幾神。偃兵猶草，造物如鈞。皇基所仗，帝迹斯因。翼風參墟，從龍渭汭。長馸凌險，皷動摧脆。重立乾巛，再寧華裔。君臣叶力，首肱齊契。朝端具美，時令資和。高臨山魏，下眄荀何。傍抽石室，府定今科。爽憩無翦，旦藝壍多。照灼槐庭，雰霏露冕。經文業暢，通幽化闡。道致休明，聲諧御辯。如何不慭，翻乖與善。泉途黝黝，玄夜沉沉。風來楊嘯，霧結松深。壯志安往，營魂莫尋。

式刊真宅，方昭德音。

【校記】

❶《元和郡縣图志》記載，裴寂墓在臨晉縣东北十七里。《太平寰宇記》卷四六蒲州臨晉縣亦記：故司空裴寂墓，在縣東北十七里，墓碑即秘書虞世南之文，率更令歐陽詢書。桑泉縣天寶十三年改為臨晉縣，三嶷山在其東北三十里，三嶷山南原之裴寂墓在今臨猗西。貞觀六年的裴寂墓誌，是否書碑的歐陽詢所書，待考。與他所書的蘭亭序，字有些相像。

❷藉當為籍。

【跋】

裴寂墓誌記載了李唐晉陽起兵和唐朝建立之初歷史的一些細節，殊為可貴。不知為何殊少研究。

一八　戴龍墓誌（六三四）

【解題】

戴龍（五三五—六〇七），譙郡譙人。貞觀八年，遷葬於長安之神和原，在今西安市长安區。

誌高五〇、寬五〇釐米。銘文三一行，滿行三〇字。楷書工整，字好。

誌主曾祖戴導，祖戴隆之，代為譙郡主薄。父戴景珎，司州從事，清都郡功曹。其子戴胄，其孫戴至德，父子為相，忠直敢言，有名於時。

誌主隋代徵為汲令，謝病歸田。大業三年三月六日病故于安陽里第，瘞於汲縣之樂山里。追贈瀛州諸軍事、瀛州刺史，謚曰良。貞觀八年改葬长安。夫人信都氏合葬。

【誌文】

隋故汲縣令大唐贈瀛州刺史戴君墓誌銘

君諱龍，字承伯，譙郡譙人，其先微子之亂也。崇德降靈，象賢貽貺。名標大禮，斑史載其通儒；光動少微，吳人慕其高節。道兼語默，可不懿歟。曾祖導，祖隆之，代為譙郡主薄。父景玠，司州從事，清都郡功曹。並據德依仁，懷方履順，家世雍睦，州閭以為美談。君遠派清瀾，丕承素緒。温和之質，表載弄之辰；柔粹之容，彰克岐之歲。自少及長，以端潔立身，世皆以清為難，而君處之為易。事親至孝，色養無違。祗服訓典，敦崇友悌。閨門之內，盡和理矣。在於鄉黨，似不能言。雖遇卑賤，與之均禮。至於爭訟得失，則讜言正議。其詞厲，其色温，爽若秋旻，暖如冬景。恂恂善誘，時人比之王烈。而堅白之操，足以厲天下；敬忌之誠，無媿於屋漏。開皇之季，大道不行。孝般歌於碩人，生蒭歎於空谷。於是栖遲偃仰，遠迹人間，遊心釋典。有休法師者，明解空義，君每從容法會，探賾玄宗。必將思入重虛，理符靈契。西京折角，未云竊比；北海操矛，詎可同日。是以芳聲秘譽，洋溢于河右。俄微為汲令。于時政綱頗急，不得已遂之官。乃誡僚屬曰：古者不易民而治，在安而已矣。既而仰觀俯察，齊鑒於林宗；謝病歸田，有懷於長孺。遂稱疾卜居於共山之陽，立義為地，不祈多積。築塲圃於前，樹菓園於後。雖非纓紱之貴，實有讓爵之高。不以屏退為尤，唯以沖虛為樂。方遊息其潁，高谢風塵，以大業三年三月六日遘疾終于安陽里第，時年七十三。瘞於汲縣之欒山里。嗣子胄●，夙稟義方，早標令問。韞珪璋之美，挺竹栢之心。水潔起於源清，道生由乎本立。用能盡忠事主，揚名顯親。爰誓山河，任重舟檝。方于門之待封，類陳鄉之甏長。永惟欲報，痛切終身。至誠所感，乃迴天睠。有詔追贈瀛州諸軍事、瀛州刺史，謚曰良。禮也。飾終之寵，澤被於千齡；追遠之榮，恩隆於二代。庶將降尒遐福，歸美聖朝。未申同極之情，奄及云亡之慟。世子至德，親受顧命，奉崇先旨。以貞觀八年歲次甲午正月甲戌朔廿四日丁酉，遷葬於長安之神和原。南望商山，遵園綺之跡；東瞻華岳，詠松僑之風。幽宅既安，此□攸託。豈止臺鄉之藏●，置延陵之賓；伯鸞之隴，對要離之墓。乃為銘曰：

於穆芬懿，時惟戴侯。降祥居亳，纂系賔周。弈世載德，仰弘徽猷。振策貞軌，濯纓清流。養氣浩然，居心獨悟。峻節外朗，沖襟潛裕。升降虛玄，優遊道素。□無可擇，□惟温故。栖神恬曠，混迹光塵。貞不絕俗，隱不違親。議道自已，濟物以仁。猗歟高行，俾也可遵。日往月來，世變朝市。身沒前代，魂榮在始。備物虛陳，生涯已矣。敬勒幽石，傳芳嚴趾。

夫人信都氏合葬。

【校記】

❶戴胄（？—六三三），貞觀名相，執法無私，直諫不諱。《舊唐書》卷七十有傳，記唐太宗稱讚：『戴胄於我無骨肉之親，但以忠直勵行，情深體國，事有機要，無不以聞。』《新唐書·王珪傳》載王珪稱讚：『濟繁治劇，眾務必舉，臣不如胄。』

❷蔵，藏之異體。

隨故汲縣令大唐贈瀛州刺史戴君墓誌銘
君諱龍字孫伯譙郡譙人其先微子之胤也崇
史載其通儒光動少微吳人慕其高節道兼語
爲譙郡主薄永景珎司州從事清都郡功曹並
州閭以爲美談君遠派清瀾丕承素緒溫和之
岐之歲自少及長以端潔立身世皆以清爲難
無違祛服訓典敦崇友悌閨門之內盡和理矣
與之均禮至於爭訟得失則讜言正議其詞厲
恂善誘時人比之王烈而竪白之操足以厲天
之季大道不行考槃歌於碩人生芻歎於空谷
釋典有任法師者明解空義君每從容法會探

一九　韋長詮墓誌（六四〇）

【解題】

韋長詮（五五四—六三九），京兆杜陵人。貞觀十四年歲遷葬於杜陵原，在今西安市三兆村南。

誌高五二点五、寬五三釐米。銘文二六行，滿行二六字。楷書，結體工整，清麗。有蓋，高五三、寬五三釐米，誌蓋上所刻夫人二字或應為大人。

誌主曾祖韋文壽，北魏太和中，假思安令，南陽郡太守，平西將軍，成州刺史。祖韋宗慶，南陽郡太守，石州刺史。父韋儒，字脩賢，魏右光禄大夫，周千金、陸渾二郡守，蔡州刺史，臨貞縣開國侯。誌主幼失怙恃，起家徵周宣皇帝挽郎，除利州總管府戶曹，唐檀州密雲縣令。貞觀十三年病故于舘宇。

大夫人張氏，南陽白水人。岳父張光，周萬、巴二州刺史。夫人吳氏，勃海人。岳父吳明，陳朝吏部侍郎，合葬杜陵。

【誌蓋】

大唐故密
雲縣令夫
人韋府君
之墓誌銘

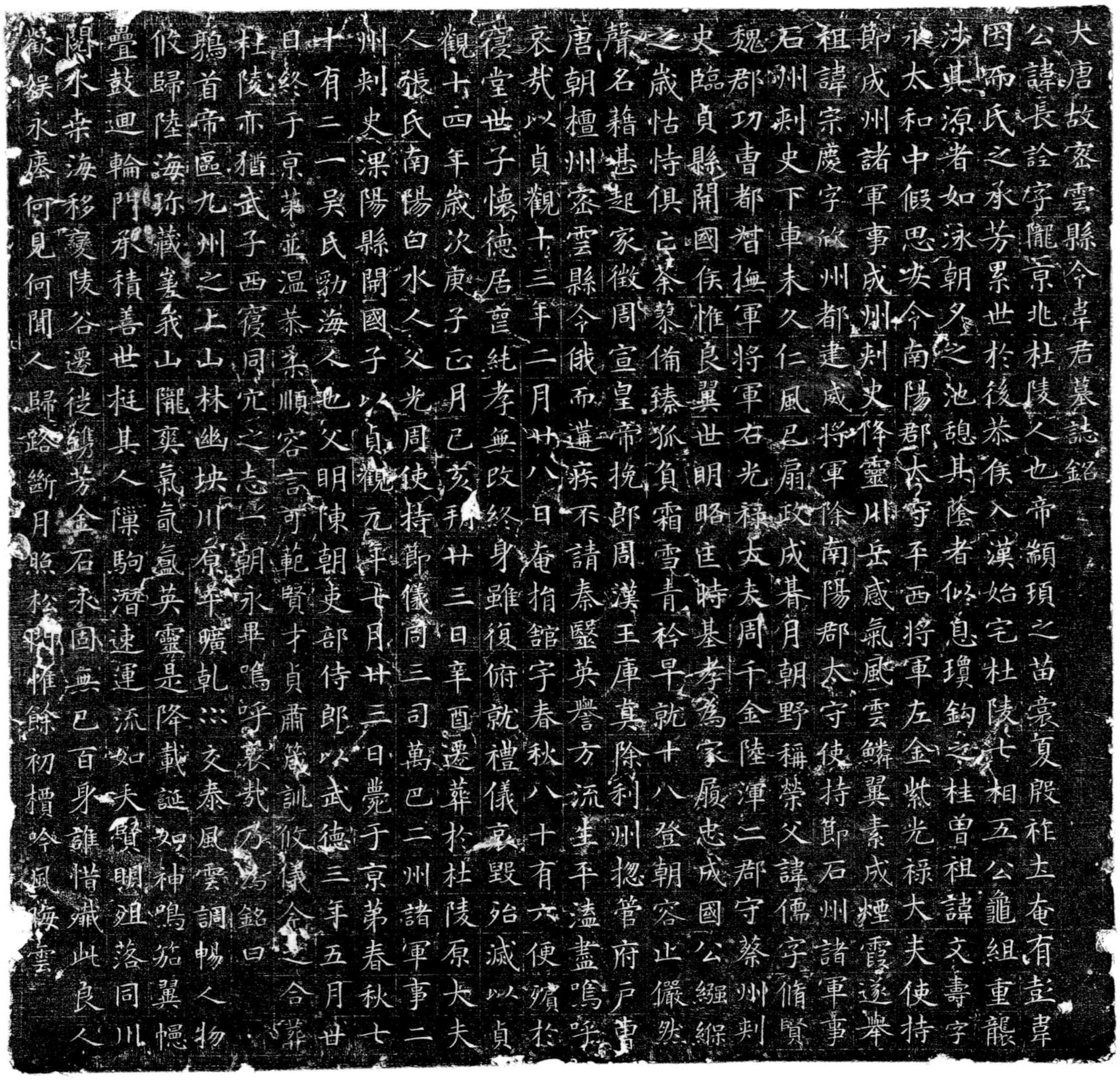

【誌文】

大唐故密雲縣令韋君墓誌銘

公諱長詮，字隴，京兆杜陵人也。帝顓頊之苗裔，夏殷祚土，奄有彭韋，因而氏之。承芳累世，於後恭侯入漢，始宅杜陵。七相五公，龜組重襲。涉其源者，如泳朝夕之池；憩其蔭者，似息瓊鈎之桂。曾祖諱文壽，字永，太和中，假思安令，南陽郡太守，平西將軍，左金紫光祿大夫，使持節成州諸軍事，成州刺史。降靈川岳，感氣風雲，鱗翼素成，煙霞遂舉。祖諱宗慶，字欣，州都，建威將軍，除南陽郡太守，使持節石州諸軍事，石州刺史。下車未久，仁風已扇。政成朞月，朝野稱榮。父諱儒，字脩賢，魏郡功曹，都督，撫軍將軍，右光祿大夫，周千金、陸渾二郡守，蔡州刺史，臨貞縣開國侯。惟良翼世，明略匡時。基孝為家，履忠成國。公繦緥之歲，怙恃俱亡。荼蓼備臻。孤負霜雪，青衿早就。十八登朝，容止儼然，聲名藉甚。起家徵周宣皇帝挽郎，周漢王庫真，除利州總管府戶曹，唐朝檀州密雲縣令。俄而遘疾，不請秦醫。英譽方流，生平溘盡。嗚呼哀哉！以貞觀十三年二月廿八日奄捐舘宇，春秋八十有六，便殯於寢堂。世子懷德，居喪純孝，無改終身。雖復俯就禮儀，哀毀殆滅。以貞觀十四年歲次庚子正月己亥朔廿三日辛酉，遷葬於杜陵原。大夫人張氏，南陽白水人。父光，周使持節，儀同三司，萬、巴二州諸軍事，二州刺史，溧陽縣開國子。以貞觀元年七月廿三日薨于京第，春秋七十有二。一吳氏，勃海人也。父明，陳朝吏部侍郎，以武德三年五月廿日終于京第。並溫恭柔順，容言可範。賢才貞肅，箴訓攸儀。今之合葬杜陵，亦猶武子西寢，同穴之志。一朝永畢，嗚呼哀哉！乃為銘曰：

鶉首帝區，九州之上。山林幽坱，川原平曠。乹坤交泰，風雲調暢。人物攸歸，陸海珎藏。嵳峩山隴，爽氣氤氳。英靈是降，載誕如神。嗚笳翼幰，疊鼓迴輪。門承積善，世挺其人。隟駒潛速，運流如□。賢明殂落，同川閱水。桑海移變，陵谷遷徙。鐫芳金石，永固無已。百身誰惜，殲此良人。歡娛永瘞，何見何聞。人歸路斷，月照松門。惟餘初櫝，吟風晦雲。

二〇　王贇墓誌（六四〇）

【解題】

王贇（五六六—六一五），天水城紀人。貞觀十四年，遷厝於雍州萬年縣東廿五里少陵原，其地在今西安市長安區興教寺北。

誌高五五、寬五五、厚一三釐米。銘文三一行，滿行三二字。四周十二生肖紋。楷體，字跡清楚，筆意靈活，有些字結構稍欠嚴整。

誌主曾祖王仁，魏大將军，疊州諸軍事，疊州都督。祖王绍，周使持節河州諸軍事，河州刺史。父王綱，隋驃騎將軍，襲爵蘭香縣開國公。

誌主開皇十九年，從楊素伐突厥，其年授儀同三司。廿年，受右車騎將軍。大業四年，轉左衛道源府鷹揚郎將，尋轉左武衛順政府鷹揚郎將。十一年，授左衛武賁郎將。是年八月，薨於方州。王贇永徽六年再葬少陵原時，又鐫新誌，有：『人雖身沒王事，忠不上聞；名為國傷，賞不下逮。竟闃褒贈，時論冤之。』應是死於隋煬帝北巡的雁門之役，而未得褒賞。

王贇二誌，永徽六年誌附於後。

【誌文】

隋故武賁郎將王君墓誌

公諱贇，字世静，天水城紀人也。將軍受脤，鐘鼎銘功。安國建侯，山河勒誓。况復司空懿德，藉甚竹林。龍驤茂積，謳謡星紀。然則布濩前哲，涣汙後昆。靈根祉葉，有自来矣。曾祖仁，魏大將军，疊州諸軍事，疊州都督，蘭香縣開國公。伯寧持譽，淮海方其總戎；君久無伐，膠東同其昨●士。祖绍，周使持節河州諸軍事，河州刺史，略陽郡開國公。慱陽剋讓，倫類少卿；荊衡致治，踵武叔子。父綱，隨驃騎將軍，開府儀同三司，襲爵蘭香縣開國公。去病暉焕，異代同風；玄成弈葉，殊时共貫。公笠抽嶰谷，即有宫商；質挺崐山，自然琬琰。范宣幼志之歲，六藝允文；仲昇棄筆之年，七德允武。彎由基之繁弱，落鴈吟猨；跳延壽之亭樓，拔距投石。既而風驚紫塞，塵暗白羊。擊鳴鏑於河南，列穹廬於北假。公纔聞烽燧，即憤雄啚；始命偏裨，便參戒律。隨開皇十九年，從尚書左僕射越公楊素，薄伐玁狁，致果八陣。隨將軍而臨瀚海，卷穣千里；從車騎而上燕然，籌預帷幄。功參介胄，書勳王府，其年授儀同三司。若乃關張攘袂之材，孫吳鞠旅之述。俱未厥角，咸揔牢籠。廿年，受右車騎將軍。三春蘭茂，既曰斯馨；九睾鶴唳，終聞於野。大業四年，轉左衛道源府鷹揚郎將，尋轉左武衛順政府鷹揚郎將。熊羆搏噬，勇逸孟賁；鵰隼鷙擊，義冠行父。十一年，授左衛武賁郎將。仲躬之與文舉，伯昭之與桓階，以此設官，同彼分職。况復上封削稾，昔嗣張純；遇直含毫，曾忝潘岳。鶡冠旌德，銀章表容。異御武之桓桓，顯扞城之赳赳。洎炎精不競，區宇板蕩。天網失紐，地綱絕維。公推轂八川，任留四輔。識三靈之改卜，知九鼎而將遷。猶抱葛瞻之誠，卒亡西蜀；仍握臧洪之節，终淪東郡。大業十一年八月，薨於方州，春秋五十。公猗猗勁竹，藹藹貞松。不落寒彫，詎暄暑茂。貪泉攸酌，與處默而連衡；膏腴載處，共君魚而方駕。雖叔節而去三惑，伯起而慎四知。譬此徽猷，豈得同年而語矣。有子文度，使持節廓州諸軍事，廓州刺史，少居方伯。既有荀羨之姿，久治專城；固邁喬卿之譽，六條攸寄。雖罄忠貞百行，居躬猶先孝德。所以聞王裦之風什，譬攸永懷；想蕤韶之疇昔，於焉改葬。粤以貞觀十四年庚子十月乙丑朔廿一日乙酉，遷厝於雍州萬年縣東廿五里少陵原。恐兩宫挾壙，終成樗里；千年見日，卒遇滕侯。庶百世之可知，冀万古而無沫。式鐫徽烈，用紀幽泉。嗚呼哀哉！乃為銘曰：

安國佐漢，將軍翼秦。邦家髦彥，社稷宗臣。既铭鍾鼎，永扇芳塵。丘陵雖古，遺烈猶新。鴻源浚流，鄧林竦榦。高枝必茂，昌波自遠。渥洼驥馭，嶰谷竹斷。定有龍媒，非無鳳管。乃祖乃父，或季或昆。公侯之裔，將相之門。照曜珠玉，芬馥蘭蓀。君之祉葉，即此靈根。三略遊藝，七德允武。戒律贊務，雄啚匡輔。介鍇軌躅，銀章規矩。亭伯莫蔵，亞夫載覩。逝川弗息，隟駟難留。薤露一及，窀穸千秋。恐同樗里，慮属滕侯。勒銘泉壤，用紀徽猷。

【校記】

㊀原字日字旁，当为胙。

【附】王贇墓誌（六五五六　又一方）

【解題】

王贇（五六六—六一五），天水城紀人。永徽六年葬於少陵原，其地在今西安市長安區興教寺北。

誌高五七、寬五七釐米。銘文三五行，滿行三五字。字體工整秀麗，行氣整齊美觀，惜傷蝕嚴重。是因此誌石發現時，在建築工地砸鋼筋當砧子用，以致字跡漫漶不辨。僅憑拓片，難於卒讀。暫不做錄文。僅附拓片圖像于後。

二一　梁君冾墓誌（六六一）

【解題】

梁君冾（五八六—六一六），安定烏氏人。大業十二年窆於雍州萬年縣之鳳栖原，今西安市長安區韋曲兆余村。

誌高四九、寬四九釐米。銘文三一行，滿行三二字。楷書好，結體工整，清麗。無蓋。

誌主曾祖梁禦，後魏鎮西將軍，益州刺史，尚書右僕射，廣平郡開國公。祖梁睿，襲封廣平郡開國公，尚周太祖女宜都公主，駙馬都尉，驃騎大將軍，益、涼、邵三州總管，益州道元帥，襲封蔣國公。父梁洋，隋使持節嵩、息、沂、邳、商、信六州諸軍事，六州刺史，巴東郡太守，襲爵蔣國公，改封戴國公。

誌主起家隋文帝挽郎，襲封蔣國公，尋遷定州毋極縣令。大業十二年三月廿二日終於縣廨。

【誌文】

随故定州毋極縣令蔣國公梁君墓誌銘并序

君諱君洽，字訶奴，安定乌氏人也。原夫丹鷗集社，發慶緒於窮桑；素獸摛祥，濬㊀洪源於曲阜。策名帝室，接秦境以分疆；委質霸圖，叶軒臺而得姓。河西建策，挹至德以推先；薊北尋盟，企皇華而歸美。自斯已後，代著名焉。曾祖禦，㊁後魏鎮西將軍，益州刺史，金紫光禄大夫，驃騎大將軍，尚書右僕射，開府儀同三司，廣平郡開國公，贈太尉、尚書令、雍州刺史，謚武昭公，食邑二千戶。董司戎政，則萬里肅清；述職褰惟，則百城振恐。犯顏獻替，上識履聲，去偽拔真，下知勵善。祖睿，㊂襲封廣平郡開國公，大都督，柱國，司宗，司會，尚周太祖女宜都公主，駙馬都尉，驃騎大將軍，儀同三司，益、涼、邛㊃三州總管，益州道元帥，上柱國，襲封蔣國公，食邑五千戶。參平邦國，協賛天官。授土賞功，超冠軍之勇略；疏封袞德，邁平津之克儉。考洋，随使持節嵩、息、沂、邳、商、信六州諸軍事，六州刺史，左翊衛武賁中郎將，巴東郡太守，襲爵蔣國公。入為直閤將軍，改封戴國公。六條宣理，五袴興謠。美化傍流，威風遠暢。司階執戟，琈含章之挺生；襲宇承基，叶無雙之忠愛。君稟前脩以自勗，履端操而不虧；軼後進以居貞，厲斯言之靡玷。詞含秋水，跨濛谷以飛清；筆麗春華，掩芳林而絢彩。起家随文帝挽郎，襲封蔣國公，才地兼榮，方膺斯授，竭力輔緈，早効忠誠。尋遷定州毋極縣令。正身率下，明肅振於京師；遵禮導人，儀撿刑於海內。貪殘黜遣，則猛獸出疆；貧病哀矜，則蝗虫越境。仁心平恕，白鹿於是來遊；惠化斯行，青鸞以之降舞。故能誦聲載路，謍響盈朝。方當歷扇淳風，遍移澆俗，降年不永，奄謝徽猷。以大業十二年三月廿二日終於縣廨，春秋卅有一。屬大運方衰，遙途紛鯁。瞻言鄉縣，返葬無由。是知樹靡咸陽，寧止東平之隴；孤魂羈寓，匪唯溫序之靈。至大唐龍朔元年七月，君猶子定州義豐縣丞知節，奉櫬西遷，言歸舊壤。即以其年十月十一日窆於雍州萬年縣之鳳栖原，禮也。惟君宇量沉深，姿度詳遠，出言成範，立行為程。懸鏡居心，詎有疲於屢照；清瀾表性，曾不憚於惠風。及其載老之阿，請書臨畢，清閑息務，智決無寃。室資擔石之儲，門絕魚菜之饋。去思結詠，遺愛不忘。豈啚福善無徵，禍鍾積慶，存乃單孑獨立，沒則宗祀無響。天之報施，何期謬歟。嗚呼哀哉！百齡𡨥於長夜，千載閟其焉寤。素蓋轉而愁陰生，青松響而悲風度，刊貞石於玄壤，勒遺芳於泉路。嗚呼哀哉！乃為銘曰：

弈弈長源，泱泱洪族。累承冠盖，代基福禄。奇偉比肩，英髦相續。爰誕君子，溫其如玉。其一。過庭稟訓，言立斯安。怡聲候色，竭力盡歡。服膺儒行，發憤忘飡。梢雲聳幹，亘地澄瀾。其二。忠存執緈，學優而仕。化洽絃歌，仁侔馴雉。道隆志謝，時休命否。未圖驎閣，奄從蒿里。其三。昔因羈宦，淪骨殊方。今遷舊域，即窆新崗。茫茫曠野，寂寂幽堂。魂兮返室，共滯他鄉。

【校記】

㊀瀇，水在地下潛行。

㊁梁禦，家于武川，從賀拔岳鎮長安，後与謀翊戴宇文泰，是關隴軍事貴族重要成員。《北史》卷五九有傳。

㊂梁睿，《北史》卷五九《梁禦傳》有附傳。

㊃原文邳州，或即鄖州。

隨故定州毋極縣令齊國公梁君墓誌銘并序
君諱君洽字訶奴安定烏氏人也原夫丹鶡集祉發
於曲阜策名帝室接秦境以分疆委質霸圖叶軒臺
先蘭北尋盟企皇華而歸美自斯已後代著名焉曾
金紫光祿大夫驃騎大將軍尚書右僕射開府儀同
書令雍州刺史謚武昭公食邑二千戶董司戎啟則
[illegible]挹額譏措止識履聲去偽拔真下知勸善祖睿襲
司宗司會尚周太祖女宜都公主駙馬都尉驃騎大
管益州道元帥上柱國襲封蔣國公食邑五千戶祭

二二　韓忠墓誌（六六一）

【解題】

韓忠（六〇三—六六〇），隋唐南陽堵陽人。龍朔元年遷窆与夫人弥姐氏合葬於雍州萬年縣進賢鄉鳳栖之原，在今西安市長安區杜陵。

誌高四七、寬四七釐米。銘文三七行，滿行三八字。楷書好，結體工整，清麗。有蓋，高四七、寬四七釐米。

誌主曾祖韓興，齊黎州刺史，尚齊後主女，駙馬都尉，封南陽公。祖韓悅，齊龍驤驃騎，函谷道行軍大總管，周征南將軍，襲南陽公。父韓寳，隋左監門中郎將，青州刺史，齊州黜陟大使，唐右監門中郎將，安州都督府長史，檢校趙王府事，襄川公。岳父通，左領軍大將軍，鄜州一十七州行軍大總管，使持節鄜延二州都督，散騎常侍，延州刺史。

誌主隋末左勳衛，武德之始，除秦王府庫真。貞觀中由左衛率鄭邑府折衝至左衛勳二府中郎。顯慶四年拜左千牛府中郎，五年駕幸東京，躬親扈從，十二月五日薨於洛陽龍門之南。

夫人弥姐氏，貞觀廿二年終於雍州櫟陽縣馮翊府。

【誌蓋】

唐故左千
牛府中郎
上柱國韓
君墓誌銘

【誌文】

唐故左千牛府中郎上柱國韓君墓誌銘并序

君諱忠，字孝慈，南陽堵陽人也。其先昌黎王之苗裔。粤若在天成象，列角亢以疏●躔●；在地成形，履箕潁而開國。故亦蒼精懿戚，武穆降虹珪之封；炎運謀臣，文昌耀龍劍之賜。義深探賾，秘理翼於龜圖；誠竭匪躬，動庸暎於麟閣。千城露備乎家諜，詳諸國史者哉。曾祖興，齊黎州刺史，尚齊後主女，駙馬都尉，封南陽公。銑鑒霞明，瑤貞霜淨。千城露冤，舞清鏡以飛鸞。七夕登仙，上吹樓而策鳳。祖悅，齊龍驤驃騎，函谷道行軍大揔管，周征南將軍，襲南陽公。珥鶡冠而矯羽林，警巡紫禁；蘊豹韜而趍蘭錡，作衛丹墀。懋績方騫，英聲自遠。父寶，随朝散大夫，左監門中郎將，青州刺史，檢校青州都督，齊州黜陟大使，皇朝右監門中郎將，安州都督府長史，檢校趙王府事，上柱國，襄川公。毓智資神，日新允劭。懸衡稱物，月旦攸歸。故以德警皇華，濇川叶流星之使；道光帝子，叢臺襲曳裾之樂。豈非祕延陰慶，遽闢高門。莅仕元亨，克昭後大。惟君荊岑降祉，漢浦凝姿。孝義夙彰，仁勇早著。鳳毛題彥，學洞芸圖。猨臂馳英，藝殫楊葉。甫漸鴻陸，方矯鵬雲。屬随曆不綱，周鼎將問。爰在大業，遂授左勳衛，非其好也。既而金陵玉壘，生伏鼊以流灾；玄扈紫泉，亘長虵而肆毒。公緬懷立節，歎膠船而不歸；思預元勳，望碭雲而委質。武德之始，除秦王府庫真。驛鑾機先，馳聲幕府；功標策後，擢侍維城。貞觀二年，授右千牛。三年，授游擊將軍，行右親衛校尉。四年授左驍衛太州府別將。十七年，擢左衛率鄭邑府折衝。官當二校，折衝千里。奮鷹揚之力，克振摩霄之羽；竭汗馬之誠，式騁簫雲之足。廿二年，授左衛中郎。廿三年，授左衛勳二府中郎。永徽三年，遷太子左宗衛率。顯慶四年，拜左千牛府中郎。五年，駕幸東京，躬親扈從。其年又詔加勳，即授上柱國，賞勤王也。頻參武帳，累典戎機。榮耀兩宮，績宣三代。銀章在握，入鳳闕以晨趍；玉珮鳴腰，侍鶴關而夕警。栢梁之上，爰陪翰墨；搖山之側，式奉笙簧。賢俊光時，轢千秋而獨騖；廉孝動俗，駕五官以遐征。方期儀表鈎陳，肅恭宸極；抑揚戎律，囊括兵鈐。豈啚棲鵩興祅，泣瑰軫夢。潛功大樹，悲搖落於靈椿；克搆華堂，痛摧殘於梁木。春秋五十八，以顯慶五年十二月五日薨於洛陽龍門之南。皇上惻悼傷念，贈賻物一百五十段。惟君貞情岳峻，雅度泉澄。祕策叶於玄圖，神略窮於黃石。仗節禁府，冠子幼之清塵；倒屣賔庭，挹仲宣之風彩。瓜牙未展，羽翼斯摧。繐帳纔懸，佳城啓粤。以龍朔元年歲次辛酉十月癸亥朔廿三日遷窆，与夫人弥姐氏合葬於雍州萬年縣進賢鄉鳳栖之原，禮也。父通，皇朝左領軍大將軍，鄜州一十七州行軍大總管，使持節鄜、延二州都督，散騎常侍，延州刺史，銀青光禄大夫，上柱國，泥陽縣開國公之長女。惟夫人芳源啓冑，態水凝華。延務彩於星光，湛娥靈於月景。禮昭中饋，闡四德於閨闈；道叶蒸嘗，稟三從於閫閾。故得作嬪君子，肅展嘉容。望保彼休徵，宜其家室。豈圖嚴霜遽殞，芳樹先凋。仙嶺雲沉，吹樓簫斷。春秋卌有一，貞觀廿二年五月十日終於雍州櫟陽縣馮翊府，會葬斯原，式略同穴。嗣子懷悊，茹荼蓼於霜晨，感風枝於露夕。恐陵谷之遷貿，懼桑溟之變易，庶旌懿於黃壚，敬題芳於翠石。其銘曰：

箕山曾搆，潁汜長津。仁岳效祉，智水資神。析胤周穆，標傑漢臣。封連魏趙，仕暎荀陳。其一。舄弈英彥，葳蕤秀士。勳襲丹青，譽甄圖史。積德金玉，揚芬蘭芷。必復公侯，挺生君子。其二。性習良治，聲冠名豪。夙成麟角，早被鳳毛。藝窮飲羽，辯駕奔濤。韻諧文律，策祕兵韜。其三。周鼎將飛，隨鏡有失。鵬翼俄矯，驥足方逸。抱樂歸真，瞻烏委質。功馳草味，寵昭榮秩。其四。機禁累典，渙汗頻光。文貔警衛，蘭錡提綱。肅儀紫極，局影青方。腰鳴玉珮，握耀銀章。其五。兩榼興孽，二豎嬰疹。馮樹凋華，孔牆頹仞。空馳良執，長號孤胤。蓍莁告祥，薤歌將振。其六。蒿里烟積，松庭月皎。素車凌曙，清笳犯曉。霜墳蕭瑟，泉扃窈窱。一掩佳城，千秋杳杳。其七。

【校記】

❶原文此字為足字旁。

❷原文此字為左足右厘。

授游擊將軍行右親衛校尉四年授左驍衛太州府別
折衝千里奮鷹揚之力克振摩霄之羽竭汗馬之誠式
五年授左衛勳二府中郎永徽三年遷太子左宗衛率
駕輦東京躬親扈從其年又詔加勳即授上柱
績宣三代銀章在握入鳳闕以震趍王珮鳴腰侍鶴闕
笙黃賢俊光時轢千秋而獨鶩廉孝動俗駕五官以遐
兵鈐豈啚棲鵩興祅泣瑰軫夢奠功犬樹悲搖落於靈
顯慶五年十二月五日薨於洛陽龍門之南

二三　韓惠昭墓誌（六六二）

【解題】

韓惠昭（五七五—六六二），南陽苦水人。龍朔二年合葬夫之舊兆，其地不詳。

誌高四三、寬四二點五、厚八點五釐米。銘文二六行，滿行二七字。楷書好，結體工整，清麗。四邊十二生肖紋。

誌主祖韓褒，魏黄門侍郎，侍中，太僕卿，北雍州刺史，周驃騎大將軍，燕、涇、岐、鳳五州刺史，河、源二州總管，少保，三水貞公。父韓恒貴，隋親侍大督，三水公。丈夫張君，太府少卿。

誌主年十有五，歸于張氏。夫死，誓不再醮，貞觀五年，州上為節婦。妙究佛理，讀經無倦。龍朔二年薨于京第。

【誌文】

唐故太府少卿張君故夫人韓氏墓誌

夫人諱惠昭，字婉順，南陽苦水人也。昔壽丘載誕，構神基於極天，江水降居，泒靈源而沃日。逮乎昌姬受籙，韡華萼於韓原；隆漢膺圖，誓河山於晉野。蟬聯胤裔，可得而言。祖褒❶，魏黄門侍郎，侍中，太僕卿，北雍州刺史，周驃騎大將軍，開府儀同三司，燕、涇、岐、鳳五州刺史，河、源二州總管，御伯司會，少保，三水貞公。命世膺期，挺生秀出，便煩蘭渚，寅亮槐庭。邁德立言，既葳蕤於青篆；高勳盛烈，亦炳焕於丹書。父恒貴，隨親侍大督，三水公。器宇宏邈，風神儁爽。而唱高和寡，調下聲悲。逸翮方騫，觸四隅而夭閼；迅足方騁，繫兩絆以踟躕。夫人擢秀芝田，騰芳蘅薄。幽閑得性，溫惠自天。容色凝華，同素娥之升夕月；履行貞潔，若青女之降晨霜。六訓是經，四德斯備。為絺為紘，服習於婦功；言告言歸，尊敬於師教。年十有五，歸于張氏。肅雍內政，敬御中闈。逮下無嫉妬之心，事上盡恭勤之道。既而偕老未臻，禍延君子。夫人榮華尚茂，容色未衰，遂守志幽居，誓不再醮。寒松冒雪，未足比其貞心；勁竹凌霜，詎能方其苦節。貞觀五年，州上為節婦，加以深明至理，妙究真如，藤皮貝葉之文，寓目無倦；即色是空之義，師心獨曉。而二鼠相催，六龍不息。瓊田靈草，覆死之用終虛；玉釜神香，更生之言莫驗。以龍朔二年正月廿日薨于京第，春秋八十有八。即以其年二月廿四日合葬夫之舊兆。子慶矩，生事盡力，死事盡思。念顧復以崩心，視几筵而泣血。可謂行為人則，孝極天經者焉。悲夫日薄星迴，陵遷谷易，撰令範於彤管，勒徽音於翠石。乃為銘曰：

洧水東流，陘山南峙。舄弈華胄，蟬聯貴仕。貞公傑出，登階燮揆。畫象丹青，揚名圖史。挺茲令淑，克播徽音。幽閑自性，孝友因心。流芳蘅薄，挺秀蘭林。置圖為鏡，頋史成箴。夭桃始茂，摽梅初吉。之子于歸，宜家宜室。肅事蘋藻，克諧琴瑟。閫教聿脩，閨儀咸秩。未臻偕老，殲彼良人。陶歌姜誓，守義安貧。年催改木，命促傳薪。薤晞陽露，草落風塵。卜六其告，言從合葬。樹拱年深，墳孤野曠。離楸露泣，入松風愴。唯餘懿範，終天永暢。

【校記】

❶韓褒墓誌，見本書十，稱是『燕州昌平苦水人』。《北史·韩褒傳》稱是『潁川潁陽人』。此為『南陽苦水人』。籍貫本是門閥社會的基石，但到初唐時記敘多有混亂，是門閥制度衰落，走向後門閥時代的跡象。

二四　薛萬備墓誌（六六二）

【解題】

薛萬備（六〇二 — 六六一），河東汾陰人。龍朔二年與夫人合葬於雍州長安縣福陽鄉之高陽原，在今西安市長安區。

誌高五八點五、寬五八釐米。銘文三九行，滿行四〇字。楷體，字好。

誌主曾祖薛寧，隱居不仕，魏明帝特徵為國子祭酒。祖薛迴，周驃騎大將軍，涇州、扶州揔管，舞陰郡公。父薛世雄，隋左禦衛大將軍，涿郡留守，長江公，《隋書》卷六五有傳。誌主兄弟五人，俱有戰功。兄薛萬徹，唐太宗認為當時名將，唯李勣、江夏王道宗、萬徹三人而已。薛萬徹娶唐太宗女丹陽公主，永徽四年坐房遺愛案死。

誌主初事隱太子東宫，玄武門事變後，依例降官。後從伐高麗，歷任崑丘道行軍長史，弓月道行軍副揔管，鴨渌道行軍副揔管，官至左衛將軍。龍朔元年卒於征遼的前線基地萊州官第。

【誌文】

唐故鴨渌道行軍副揔管薛君墓志銘并序

公諱萬備，字百周，河東汾陰人也。昔奚以車正事夏，虺以左相翼商。遠系髙門，詳諸史諜。在於博約，可得略之。曾祖寧，隱居不仕，魏明帝特徵為國子祭酒。學揔丘墳，智周舒卷。始則丹山鳳戢，捿光景於瑶林；終乃碣石鴻騫，振羽儀於壁●沼。祖迴，周驃騎大將軍，開府儀同三司，涇州、扶州揔管，舞陰郡公。志略高奇，儀表魁岸。任居上將，儀比中台，功烈盛於一時，聲猷播于千載。父雄，●隋左禦衛大將軍，涿郡留守，長江公。材稱柱石，威著折衝。屬隋綱不綱，四溟鯨駭，方欲盡臣節於昏主，延天禄於衰期，而運促道長。有志不遂，豈直事光乎史錄，固亦聲溢乎氓●謠。公即長江公之第七子也。流祥二合，騰秀五行，挺磊落之材，苞深沉之量。稜稜嚴氣，與霜冰而等烈；肅肅高情，共風飆而俱上。襟神儁徹，理識淹通。馳騁百家，優遊六義。瓊敷玉藻，既紛靄於辞條；馬笛蔡琴，亦鏗鏘於文律。摇筆則鸞驚燕峙，彎弓則鴈落猨吟。固以魏帳昏臺，推工悪妙；楚尹漢將，埒美条名。炎行運否，羣凶競逐。塵飛五嶽，霧塞三精。太祖武皇帝爰創霸啚，言謀王室。建旗晉野，誓眾秦郊。隨武賁羅藝保據燕垂，未識真主。公兄弟深達天命，勸藝歸款。于時厄運初遘，盜賊方殷。黄龍白騎之徒，弥山跨谷；略地侵邊之寇，倏來忽往。公年始弱冠，即預駈馳。擐甲推鋒，所向無敵。積勳至大將軍。及謳歌異適，曆數有歸。息隱太子，登貳春坊，旁求時彦，徵為千牛備身。既而儲后虧良，自貽伊戮。凡在寮宷，咸從左降。授匡道府校尉。貞觀八年，勑授通事舍人。尋丁太夫人憂，水漿不入於口，有過禮制。并剪髪以為母髦。及葬，盧于墓側，負土成墳。孺墓嬰號，柴毀骨立。皇帝屢遣中使存問，并令旌表門閭。昔高柴泣血三年，未甞見齒；曾条絕漿七日，殆至滅性。方斯二賢，猶加一等。貞觀□□年，授朝散大夫，守尚輦奉御。高麗據有遼東，不肅王命。懷遠地居要害，境接寇戎。朝廷方事經營，弥難其選。以公文不犯順，武不違敵，勑以本官檢校懷遠鎮。公德禮既敷，權奇閒出，是以革面者猒馴於素旄，遁心者烏駭於朱旗。十八年，文帝親御戎軒，問罪遼左，公為馬軍揔管。宏謨上略，屢簡帝心。斬馘搴旗，獨高諸將。軍還，蒙授上柱國，汾陰縣公。廿二年，以公為崑丘道行軍長史。龜茲王聞官軍過磧，遂拔城西走。大揔管使公領輕騎數千，星言追躡。舉懸師以深入，策疲兵而轉戰。途將千里，日逾十合，至撥換城，其屯勢蹙道窮，嬰城自守。大軍後至，竟以擒獲。在此行也，功冠諸軍。于闐憑阻，荒遐未甞朝貢。公遂將左右卌人，便往招慰。其王遂随公入朝。蒙賞物五百段，轉左衛翊二府中郎將。頃之，遷左驍衛將軍。其年，授弓月道行軍副揔管。永徽四年，以兄犯罪，緣坐配交州為百姓。顯慶五年，恩勑追還，授鴨渌道行軍副揔管。行至萊州，忽遘時疾，以龍朔元年五月十一日卒于官第，春秋六十。惟君行為人則，孝從天經，學靡□窺，道無不洽。加以狎池，菀樂文酒，每至朝花夜月，春麗秋明，湛文舉之，罇置當時之驛。東閣聞之，躡珠芳而揔萃；北堂絲竹，迴綺席而長羅。巫嶺行雲，拂舞衣而容與；洛濱明月，映歌扇而□□。申之□□□，閒之以談謔。諒以宗黨光輝，遠近傾慕。既而兄弟相緣垂翼遠逝，戀主之情弥切，憂國之□□□。□□封表，多蒙採納。及恩勑追還，授以偏帥，方欲立奇功於希世，以答朝恩。享榮位□餘□，重[降]家祚。□懷未遂，遽與時違。人之云亡，邦國弥瘁。是以冤旒悼惜，士友[四]傷嗟。夫人楊氏，吏部尚書、觀國公恭仁之孫女也。天情婉順，率性幽閑。六行聿脩，異言告於師氏；四德斯備，非受教於公宮。洎有□□族，克恭內政。逮下無妬嫉之心，事上盡曲從之道。螽斯之祜既被於諸姬，鳲鳩之仁無偏於眾子。以顯慶元年十一月十五日薨於交州之交阯縣，春秋卌有三。粤以龍朔二年六月二日合葬于雍州長安縣福陽鄉之高陽原。將恐川竭谷虛，山飛海變，勒貞石於泉戶，庶英風之永扇。其辞曰：

靈源起夏，盛業開殷。銀黃照耀，纓冕紛綸。舞陰瓌傑，是曰偉人。長江忠毅，為國[虎]臣。惟公載德，夙標英美。志識弘深，墻宇高峙。事親竭力，徇義忘己。雅善六文，弥工四始。駿足高聘，逸羽曾逝。陪奉輦輿，典司禁衛。龍庭効績，馬韓叅計。爵賞綢繆，聲徽照晰。屬茲家□，遠播閩方。沉淪壯志，悽恨他鄉。絆麒既釋，籠鳥還翔。庶期遐舉，奄歎朝霜。猗歟淑令，蘭芬玉映。頋史為箴，陳圖作鏡。瑟琴相合，松蘿俱盛。靈釰兩沉，神龍並泳。卜其宅兆，言歸泉室。丹旐並引，素輀雙出。松愴秋風，雲沉落日。空餘芳篆，飛聲騰實。

【校記】

❶原字上辟下壬。
❷原名世雄，世字避李世民諱略去。
❸原字左亡右氏。
❹原字作犮，疑當為友。

【跋】

薛萬備，出自武將世家，初為太子千牛備身。玄武門事變中，隱太子被殺，『凡在寮宷，咸從左降』，授匡道府校尉，由從六品上降為從七品下。大唐西市博物館藏《張弼墓誌》，亦有『前宮寮屬，例從降授』，胡明曌有張弼墓誌研究一文，發表在《文物》二〇一一年第二期。講張弼後來雖有出使絲路沿線國家，『歷躬卅國，經途四萬里』的閱歷，但是玄武門事變後歷官三十年，僅升了一階。孟憲實認為：確有『降授』的情況，但絕不是『例從降授』。孟文發表在《唐研究》第十七卷，二〇一一年。上述二文，都收在《大唐西市博物館藏墓誌研究》一書中（陝西師範大學出版總社有限公司，二〇一三年）。有興趣者，可以結合這些新出土的材料，對玄武門事變後對東宮舊部的政策，做徹底的檢討。

薛萬備還參與了對周邊地區國家的多次軍事活動。貞觀八年，起用為通事舍人後，以尚輦奉御從伐高麗，貞觀十九年在今遼寧省遼陽市東北的白巖城單馬救契苾何力。貞觀廿二年，任崑丘道行軍長史，擒獲龜茲王，說服于闐王隨他入朝。還曾任弓月道行軍副揔管。顯慶五年，授鴨淥道行軍副揔管。

永徽四年，以兄薛萬徹犯謀反罪，緣坐配交州為百姓，流放七年。這牽涉王室高層皇親國戚多人的房遺愛一案，涉及官僚面廣，長孫無忌以如此大的力度懲處有關無關人員，其中隱情也可關注。武則天隨後能輕易扳倒長孫無忌，不知是不是利用他自作孽，早已不得人心有關。

二五　杜德墓誌（六六三）

【解題】

杜德（五九〇—六四七），京兆杜陵人。龍朔三年與夫人趙氏合葬於雍州萬年縣寧安鄉，在今西安曲江池南到三兆鎮。

誌高四八點五、寬四八點五釐米。銘文二七行，滿行二七字。楷書好，結體工整，挺秀。有蓋，高四九、寬四九釐米。

誌主起家為通樂府旅帥，良非好也。貞觀廿年十二月亡於平康坊之第。

【誌蓋】

大唐故

杜君墓

誌之銘

【誌文】

大唐故通樂府旅帥杜君墓誌之銘并序

君諱德，字君德，京兆杜陵人也。若夫軒帝分宗，媧皇啓胄，氏蹠萬輸，族閱千門。因地因官，事絢青史。無藉縷載，方知律系者歟。君碧澈蓬瀛，森喬杞梓。朱弓表異，曖圖篆而昭乎；汗簡流芳，括沖規而晰德。其高也，函九刃以陵霞；其深也，呑萬頃而連碧。欲摛英妙，載筆無殫。乃祖並鴻羽騰霄，言泉吐溜。含章而擅詞賦，文律獨先；累勍而譽蟬華，簪紱高步。幽狴奏誄，彩蔚卿雲；驄馬規稜，議宏尺律。水陘碑岸，猶長頌聲；海浸桑疇，未訛道素。君姿華霧豹，氣懔食牛。緯義揚名，織仁載德。忠以納肝為尚，節貫嚴松；孝以溫枕為先，感昭笋竹。馬卿學劍，終高封禪之文；阮藉司戎，竟譽陶襟之契。厨有旨酒，驩以校兵；星有鈎陳，勉而職武。起家為通樂府旅帥，良非好也。執金是慕，未光馳禁之威；掌玉徒榮，無復珥貂之貴。時命不調，有恨長岑；生崖七塞，無嗟澗底。君契深風月，賞重琴書。狎梓澤之驩陶，嘉竹林之酒德。月旦高於詞論，鑒許揚清；日下重於蘭蓀，澄黃望美。言無點累，行有堅白。磨而不磷，稽之識裕者也。洎三川隨竭，五運唐興，嗚社允於元貞，哭蚍徵於大寶。統曆之始，尚梗群妖。旄鉞未安，兵符仍用。吴山趙壘，再倦揚旌。轢長水以韜珠，職戈鋋而晦玉。閱川悲聖，既流楚於蒿泉；晞露淒亡，式緾哀於地戶。十旬嬰疹，九折乖毉。飛岱魂遙，衾耶曾子之問；留堂柩軫，車馳范式之臨。瓊草無姿，桐棺有喪。以貞觀廿年十二月廿一日亡於平康坊之第，春秋五十有七。松蓋陰丘，拱寒枝而悽月；泉黃昏隧，函鬼道而悲風。雖脫珥慟羊，罷廛哀產。比君而喻，儔古何慙。空留塵座之琴，無覩山行之玉。即以龍朔三年歲次癸亥八月壬午朔廿一日壬寅与夫人趙氏合葬於雍州萬年縣寧安鄉，礼也。陵遷谷徙無期，在壑夜舟；地久天長有晰，鎸金焕字。用啚芳篆，乃作銘云：

清源注碧，長猗馳翠。爰貞風幹，載華腴地。青綬飾衣，銅章表翼。輕丹羽化，式傳芳懿。樂天達性，推運排憂。拓落官効，髣髴箕裘。黃壚永瘞，朱鷹長秋。將歸岱嶺，魂亦何幽。

二六　韋整墓誌（六六五）

【解題】

韋整（六〇三—六六五），京兆杜陵人，夫人京兆杜氏（六〇七—六三七），麟德二年合葬於神和原之新城，其地在西安市長安區香積寺一帶。

誌高五九點五、寬五九點五釐米。銘文三四行，滿行三五字。楷書好，結構較嚴謹，端莊挺拔，較有神采。

誌主曾祖韋孝寬，魏尚書右僕射，周大將軍，大司空，雍州牧，太傅，鄖國公。祖韋揔，周納言，京兆尹，河南郡開國公。父韋匡伯，隋尚衣奉御，襲爵鄖國公，改封舒國公。謚曰懿公。夫人京兆杜氏，周大將軍、河內太守、豐卿公杜徽之孫，唐御史大夫、吏部尚書、安吉襄公杜淹之女。貞觀十一年薨于京第。後夫人博陵崔氏，沔州刺史崔奉賢之女，亦同瘗此塋。

誌主起家為秘書郎，歷任大僕少卿，將作少匠，內府少監，檢校司農少卿，太府少卿，兼檢校尚書右丞，司稼正卿。麟德二年正薨于永寧里之私第。

【誌文】

大唐故司稼正卿韋公墓誌之銘并序

公諱整，字思齊，京兆杜陵人也。聞夫電影開祥，軒丘聳其華構；霓光孕祉，若水導其昌瀾。曁乎商郊錫壤，襲黼衣而動映；漢相全經，藴金籯而振業。分珪列鼎之盛，華纓麗組之榮。故已掩靄神畿，紛綸帝輔，可得而略也。曾祖孝寬，魏尚書右僕射，周大將軍，大司空，雍州牧，太傅，上柱國，鄖國公，食邑一万户，謚曰襄公●。祖揔，周开府儀同三司，大將軍，御伯，納言，京兆尹，上柱國，河南郡開國公，謚曰貞公●。並器隆時棟，位極朝班。或燮輔攸資，佇元宰於槐路；或循良是寄，膺盛尹於枌京。父匡伯，随尚衣奉御，襲爵鄖國公，真食江夏封三千户，又改封舒國公，食封如故。謚曰懿公。崇班縟賦，禮重於當年。大行循名，聲流於歿代。公中南藴秀，翠嶽降其英靈；大液灊禎，璜川薦其淑氣。清襟已肅，寫風韻於嵇松；貞節不渝，擬霜筠於稽箭。起家為秘書郎，又遷魏王属，尋除諮議參軍，又除蒲州長史，尋轉定州司马，兼檢校恒州長史。俄徵為大僕少卿，又除將作少匠，又轉內府少監，檢校司農少卿，又遷太府少卿，兼檢校尚書右丞。大泉之府，地切於珎藏；右轄之任，道峻於仙臺。公體妙具才，寄隆兼務，故能下括河海，上膺台辰。至龍朔元年，丁憂去職。甫沉苫葈，未革槐檀。爰紆必行之詔，載佝有為之典。奪情，拜外府少卿，又除司稼正卿。公亟延宸紼，歷登卿寺。金穀爰司，楊箴述而靡及；紅庾斯積，姬頌論而不窮。方期仙閤陪禮，介餘休於景福。誰謂天京夢樂，掩貞魄於冥區。以麟德二年正月十九日薨于永寧里之私第，春秋六十有三。惟公佝忠資孝，道極於君親；循身踐言，譽宣於邦族。况乎秉操貞白，寓懷沖素。雖積潤高門，承榮腴室，而粤自紈綺，爰逮簪裾。外無犬馬之娱，內靡姬姜之欲。斯所謂鎮静流俗，摽牓彝倫者焉。而神聽方冥，莫騐於純嘏；靈心已酷，徒傷於殄悴。嗚呼哀哉！夫人京兆杜氏，即周大將軍、河內太守、豊鄉公徽之孫，皇朝御史大夫、吏部尚書、安吉襄公淹之女。靈系攸開，嚴壐分其茂緒；慶源斯發，沉石演其層泒。仙姿含麗，臨蕣景而分妍；淑問流芳，掩蘋風而薦馥。自言歸台室，作儷公宮，道茂閨儀，聲華媛則。瑶琴方奏，叶飛鳳以和鏘；寶鏡俄空，与祥鸞而㓕彩。貞觀十一年八月廿三日薨于京第，于時春秋卅有一。即以其年十月窆於少陵原之舊塋。長子陝州芮城令綱，次子周王府參軍紀，集蓼緾悲，匪莪凝慕。趨遅之訓，號屚旻而不追；徙宅之慈，叩玄壤而何及。爰謀嘉兆，式建高封。乃以麟德二年歲次乙丑二月癸酉朔十日壬午，合葬于神和原之新城，禮也。將恐鰲峯褫峻，鯷壑驚埃。圖令範於銘典，誌遺芬於夛臺。銘曰：

商丘靈趾，姬滋遥源。靈枝已蔚，神萼攸繁。叅差丹衮，照灼瑶軒。慶隆冠族，榮高鼎門。其一。家祉斯延，朝英秀出。早茂聲采，夙騰賔實。月艶瓊篇，雲驚綵筆。焫紆縟禮，累居崇秩。其二。驚川不息，飛谷俄傾。奄辞棘路，方愴松扃。悼深宸扆，恨切簪纓。寵兼今昔，禮洽哀榮。其三。流鐸驚晨，縈葮咽路。指飛旍而委欝，儼悲驂而顧慕。黯寒色於平蕪，落嚴飆於宰樹。恐佳城之或啟，庶他山之可固。其四。

後夫人博陵崔氏，

皇朝[沔]州刺史奉賢之女，亦同窆此塋。

【校記】

❶韋孝寬，北周名將，《北史》卷六四有《韋孝寬傳》。

❷韋揔，年廿九戰歿，《北史·韋孝寬傳》有附傳。

國郡國公食邑一万户謚曰襄公祖揔周開府儀同三
河南郡開國公謚曰貞公並器隆時棟位極朝班式寬
齊盛尹於杉京父迮伯隨尚衣奉御襲爵鄖國公真食
知故謚曰懿公崇班縟賦禮重於當年大行循名聲流
大液潛禎璜川薦其澍氣清襟已肅寫風韻於嵇松貞
郎又遷魏王屬尋除諮議參軍又除蒲州長史尋轉定
僕少卿又除將作少匠又轉內府少監檢校司農少卿
泉之府地切於珎藏右轄之任道峻於仙臺公體妙具
辰至龍朔元年丁憂去職甫沉苫菓未草槐檀爰紆泛
尚有為之典奪情拜外府少卿又除司稼正卿公熙延

二七　薛元貞墓誌（六六九）

【解題】

薛元貞（六二九—六六九），河東汾陰人。總章二年窆於高陽原，在今西安市長安區郭杜鎮。

誌高五〇、寬五〇釐米。銘文二五行，滿行二五字。楷書，結體工整，挺秀。有蓋高五〇、寬五〇釐米。

誌主曾祖脅，魏中書舍人，□州刺史，東宫左右庶子，淮南縣開國子。祖愔，周蔡王府記室，畢王府諮議，又遷長史。父道旻，唐汾陰本縣令，禮部員外，貝州別駕，朝散大夫，舒、吴二王府諮議，濮、滑、安、梁等四州司馬。

誌主永徽、顯慶間入仕，龍朔三年，授雍州參軍事，總章元年，授乾封縣尉。二年卒於通義里第。

【誌蓋】

大唐故

薛君墓

誌之銘

【誌文】

唐故乾封縣尉薛君墓誌銘并序

昔畢萬後大，筮者識其流謙；于叟高門，史臣旌其毓德。與夫漸陸雖遠，方矯翰於青冥；鳴垤在卑，行貢響於丹闈。曈中位屈，抑惟薛少府乎？君諱元貞，字元貞，河東汾陰人也。若乃蓬軔飛禎，苴芋溽既。象賢開國，幹蠱承家。故乃緜瓞增芳，珠翹積藹。曾祖脊，魏中書舍人，□州刺史，東宮左右庶子，淮南縣開國子。祖愔，周蔡王府記室，畢王府諮議，又遷長史。父道旻，唐汾陰本縣令，禮部員外，貝州別駕，朝散大夫，舒、吳二王府諮議，濮、滑、安、梁等四州司馬。或漸翼鵷池，飄聲鶴禁。或崇蘭結珮，披拂大王之風；偃桂臨鑣，維縶小山之樹。公資靈震象，授景台文，璧望凝華，冰姿吐艷。滔滔性國，隱隱情都，外澡身於九流，內嬰心於六藝。將翹驥足，且馭想於駘軒；試擁鸞光，聊黐儀於鸞宇。永徽之末，祗召蘭臺。顯慶之初，恭參軍事。譽宣綸骮，聲耀簪裾，遷任神京，得人斯在。龍朔三年，授雍州參軍事。尋以瑤光正縣，玉扆思才。言賞帝難，用埤王澤。膺茲茂選，高視等夷。總章元年，蒙授乾封縣尉。毗風輦轂之下，翊政絃韋之際。紊繩裁直，利器標鋒。盈庭之詞，各忘懷於執競；堆案之札，獨解慮於澄繁。將奠遊聖上天，幸延期於京兆；豈悟陪仙下地，奄促召於修文。總章二年五月廿六日，卒於通義里第。春秋卌一，即以其年六月十三日，窆於高陽原，禮也。絕絃之悼嗟，銜於寮庶；破瑟之悲歎，深於士友。嗣子孤藐，未奉鑿楹之書；良執遺哀，將驚宿草之隧。式昭泉帳，用紀玄臺，銘曰：

汾河紀地，絳水涵天。祥流孕實，瑞影分躔。爰題茂族，載迪英賢。柳楊時令，風摽秀軏❶。心洽薛蘿，跡兼朝市。詞驚電照，筆飛霞起。佇□槐路，言躋棘庭。奄歸泉室，遽覿佳城。惜埋玉於蒿里，空懸劍於□扃。

【校記】

❶軏，原字左車右儿。

二八　李端墓誌（六七〇）

【解題】

李端（？—？），上黨壺關人。總章三年葬壺關縣城西北五里之原。其地不詳。

誌高四八點五、寬四八點五釐米。銘文一九行，滿行一九字。行楷，行筆靈活，稍欠秀美。有蓋，高四八、寬四八釐米，四周波浪團花紋，四側纏枝花紋。男李懷策立。

誌主祖李遵，齊定遠將軍。父李順，隋監門校尉。

誌主年七十有七，卒於私第。大男李懷式，殉身遼左，總章三年與其父李端合葬。

【誌蓋】

大唐故

李君

之墓誌

【誌文】

君諱端，字正，上黨壺關人也。著族承基，焞煌狄道。剖竹分苻，官於斯邑。朱輪華轂，歷周秦而爵槃；青紫貂蟬，遞漢魏而逾茂。門傳閥閱，可略言焉。祖遵，齊任定遠將軍。父順，隨任監門校尉。董□元戎，上將之名弥遠；胤裔連域，英奇之譽斯在。君乃器宇深沉，規模莫測。千尋聳榦，萬頃澄波。歛迹榮慶之途，放志囂塵之外。武勇迄迄，射御不違。然四序環周，五紀更代。年催矢勁，時速急弦。春秋七十有七，卒於私第。大男懷式，風儀愸峻，獨冠時倫。偏思汗馬之功，勒石丸都之外。慕霜戈於南海，橐横劍於東州。飛旌滅鹹之奇，頻獲返琛之賚。郵頒列職，重驛樹勳。遺醜漏賔，志當弥滅。中塗叛蔓，長戟被春。名節遂虧，殉身遼左。誰其宋玉，空見招魂。囑此哀哉，實成罔極。以總章三年歲次庚午二月甲辰朔廿九日壬申，合葬壺關[一]縣城西北五里之原。東望馬駒之祠，西瞻沙嶺之崗，南極锺阜之崇，北眺壺川之谷。土極膏腴，地多形勝。慮恐天長地久，海變陵遷。勒石流芳，貽諸後葉。嗚呼！乃為詞曰：其一盛序環周，逝川不息。家傳餘慶，代承遺則。　男懷策

【校記】

[一]關，原文作開。

二九　柳敬則墓誌（六七六？）

【解題】

柳敬則（六一七？—六七六？）●，河東聞喜人。卒年與夫人元氏合葬於雍州乾封縣之高陽原，其地在西安市長安區郭杜鎮。

誌高五七、寬五六釐米。銘文二八行，滿行二七字。字好，整齊而飄逸，筆劃挺拔有力而有秀氣，章法清朗可觀。

誌主曾祖柳懿，後魏汾州刺史。祖柳敏，周大宗伯，隋太子太保，武德郡開國公。父柳逵，隋會寧公，通事舍人，謁者臺丞。

誌主即文德聖皇后之甥。貞觀十年，以皇后蔭調補朝散郎，累轉會州會寧縣令，泉州長史。儀鳳中詔除邵州諸軍事，守邵州刺史。終於邵州之官舍，春秋六十。夫人元氏，後魏陳郡王之曾孫，隋駙馬府君之女。

【誌文】

大唐故邵州諸軍事邵州刺史柳府君墓誌銘并序

君諱敬則，字□，河東聞喜人也。昔柳莊為社稷之臣，衛國賞賢人之□。展禽即行能之士，魯邑傳君子之風。家聲非一日所談，懿跡則千□□泜。曾祖懿，後魏汾州刺史。祖敏，周大宗伯，本郡河東太守，隨上大夫，□太子太保，武德郡開國公，贈晉邵懷黎衛五州諸軍事，晉州刺史，謚曰穆。父逵，隨會寧公，通事舍人，謁者臺丞。象賢種德，高陽之才子八□；□識英詞，丞相之通儒累葉。既遷虞而事夏，疊耀蟬銀；能翼子而謀孫，□腰龜鈕。君地惟垂棘，含四彩之光輝；曲奏仙匏，會八音之宮呂。顏□□篋，即對杏壇之書；劉阮連襟，自是桃源之客。君即文德聖皇后之甥也。貞觀十年，以皇后蔭調補朝散郎。呂須之子，位不接於時旄；邢□之姨，地本慙於我貴。尋授晉州司士，又轉荊州功曹，兼荊王府法曹□，俄轉會州會寧縣令。展吏能於晉壤，毓才華於楚甸。竹園遊兔之日，□侍梁王；桑下馴翬之年，齊名魯令。尋轉河州司馬，仍加朝散大夫。□□合州長史，又改泉州長史。寄股肱於千里，資羽翼於三州。王長史□□沂，名歸半刺；陳別駕之臨汝，人為題□。以君方之，彼多慙德。儀鳳□□，詔除邵州諸軍事，守邵州刺□。□□照日，竹使馳風。隼旆乘春□惠，克宣而坐嘯鹿；轓隨雨乢，吏有□□□歌。方冀永錫芝泥，去六條□登三事；豈謂奄扃松户，墜五色而□□□。嗚呼哀哉！粤以□年□月□日終於邵州之官舍，春秋六十。夫人河南元氏，即後魏陳郡王[二]之曾孫，隨駙馬府君之女也。[三]金辤桑陌，□□□閨。九日栽銘，方傳麗則；百年同穴，永閟佳城。嗚呼哀哉！即以其年□□五日，合葬於雍州乹封縣之高陽原，礼也。有子□等，並鄰嫗助悲，□人稱孝。寒能薦笋，獸不傷松。以為陵谷有遷，勒金石而無改；幽明雖□，覽詞翰以如存。其銘曰：

道德之門，公侯之胤。業授詩禮，人唯忠信。蟬影臨冠，龜文轉印。地靈飛祉，天爵更臨。為龍為武，如玉如金。載誕明哲，光我衣簪。化以仁開，廉由義取。佇逢五色，俄驚二豎。桂嶺何歸，竹林誰主。于嗟素冠，棘人欒欒。衢分二旐，遂下雙棺。彩雲無色，暄谷生寒。送客悽涼，行驂超忽。烏降蒿里，劍懸松闕。春夜秋宵，唯餘明月。

【校記】

[一]墓誌中記誌主生卒年字有缺殘，他最後的任職是儀鳳年在邵州，終於邵州之官舍，春秋六十。姑以儀鳳元年卒計，生卒年約為六一七 — 六七六年。

[二]後魏陳郡王當是常山王元遵之子元玄。

[三]隋代駙馬未見有姓元者，待考。

三〇 高真行墓誌（六八五）

【解題】

高真行（六二八—六八四），渤海蓚人。垂拱元年歸窆於伊川孝子之原，在今河南省洛陽市南郊。

誌高一〇一、寬一〇二點五釐米。銘文四四行，滿行四四字。楷書，結體工整，秀麗。太子中允周思茂撰，給事中盧獻書，上騎都尉萬寶□鎸。

誌主曾祖高岳，東魏清河郡公，齊改清河王，拜尚書令，京畿大都督。祖高勵，徙封樂安王，入隋，為楚、光、洮等州刺史。父高士廉，即文德聖皇后之親舅，封許國公，尚書右僕射，太傅，太師，改封申國公。

誌主年四歲封公，後拜通事舍人。貞觀十七年，加朝散大夫，尋授左衛率府郎將。永徽初，為沁州刺史。顯慶三年，改授延州刺史。表兄長孫無忌被貶殺，受牽連貶為文州刺史。後歷任德州、貝州、代州、幽州刺史。上元三年，恩詔追入，授右驍衛將軍，俄拜右衛將軍。又因長子東宮典膳高岐卷入章懷太子事，被降為睦州刺史。文明元年，為潮州司馬。其年死於虔州之旅舍。

【誌文】

大唐故前□□□□□安公高府君墓誌銘

朝請大夫太子中允汝南縣開國男周思茂[一]撰

朝散大夫給事中容城縣開國男盧獻書

□夫龜□□天，必孕暉山之寶；驪泉紀地，恒產照車之珎。所以載德之門，珪璋疊暎；象賢之室，杞梓交芳。公諱真行[二]，字處道，渤海蓨人也。昔望雲開籙，伯夷分四嶽之緒；大風建侯，高奚裂一匡之胄。彪著書於東觀，道邁寰中；鳳誨□□西唐，聲馳天下。曾祖□[三]，□□武之堂弟，東魏侍中，太尉，清河郡公。齊國初建，改封清河王，拜尚書令，京畿大都督，太保，宗師，假黃鉞，太□，□□昭武。功參練石，翊龍戰於九天；禮冠齋壇，運鵬圖於四海。祖□[四]，自 清河王徙封樂安王，渤海太守，北朔道行臺武衛大將軍，侍中，開府儀同三司，尚書右僕射。入隨，為楚、光、洮、□□□刺史。皇朝贈定州都督，總定、恒、趙、并四州諸軍事。居獻替於掖垣，總儀形於端揆。良玉六美，既殊時而共□，□□十德，迺異代而齊重。□士廉，即文德聖皇后之親舅，皇朝大將軍，太子右庶子，吏部尚書，侍中，封許國公，拜安、洪、廣、高、循五都□，□□二州諸軍事，安州刺史。除特進，尚書右僕射，太傅，太師，開府儀同三司，上柱國，改封申國公，贈并州大都督，司徒，詔謚曰文獻。公預祀太宗廟庭，以叶大蒸之典。亮采凝績，契風力於黃神；配享鎊終，邁簫曹於赤運。□□靈嶽宇，宅粹河圖。總八絕而孤騫，苞四神而獨遠。王夷甫之瓊樹，早□風塵；孔文舉之金精，先摽領袖。年四歲封□安公，食邑一千戶。蕭延建邑，荀惲開封，並謂沖年，匹此多愧。公神凝履素，道照參玄。雖承驩於濯龍，每標奇□□鶴。于時高宗初辭鳳掖，始闢猿巖，置碣館而邀賢，授玳筵而佇彥。情踰膀道，義切焚林。有詔擢□，特參藩事。俄而銅樓正位，鏤牓登春。公出雁沼而騰鱗，攀鳳條而振翼，遂拜通事舍人。揚簪青陸，屢奉搖山之□，肅帶畫堂，頻承少海之渥。貞觀十七年，加朝散大夫，仍行通事舍人。尋授左衛率府郎將。司階啓務，藻雞戟之仙□；警夜崇規，清鶴關之禁旅。時公長兄駙馬都尉，[五]先為率更令，又詔公兩弟，並事春宮。朗潤交彩，翊三善之貞猷；金玉重暉，符四友之芳譽。既而禍纏松劍，釁結楹書。□形深卞邑之哀，剡思切寅門之毀。尋除尚乘奉御。策名六尚，未展代工之績；布政千里，方資共化之規。永徽初，以公為沁州刺史。時年廿二。荀羡北府之歲，謝晦南荊之年。少貴則彼有餘慙，成功則此稱多裕。顯慶三年，改授延州刺史。尋屬表兄太尉趙國公，以薄昭戾起，家延素服之辜；□駿灾興，室遘丹門之禍。由斯左授，轉為文州刺史。麟德元年，加中大夫，兼德州刺史。榮移剖竹，地即惟桑。朝開衣錦之恩，化靜亂繩之俗。乾封元年，加通議大夫，守貝州刺史。此地莎題舊俗，碧陵餘壤。鄰星街而劃野，總河冀而開郊。家慕從橫之竒，人多詼誕之逸。公探六條之祕術，採四誡之良規。霽之以威明，文之以禮讓。推賢進善，山林空五色之雲；勸稼務時，里閈盈九農之蓄。名馳課最，政簡宸衷。總章元年，遷都督代、忻、朔、蔚四州諸軍事，代州刺史。二年，檢校單于大都護府長史。材光禦侮，德蘊懷戎，李牧愧其和邊，任延慙其靜塞。咸亨元年，加正議大夫，都督幽、易、嬀、檀、平、燕六州諸軍事，幽州刺史。□臨碧海，蜃氣之樓臺千仞；卻瞻玄塞，龍沙之風塵萬里。公威懷並馭，□猛兼資。桂婁薦款以占雲，柳室韜謀於□月。上元三年，恩詔追入，授右驍衛將軍，俄拜右衛將軍。心膂之任，□賢是託。天睠特隆，故有斯授。公早承鳳扆，夙奉龍顔。每入對紫宸，必光移白日。同賈生之重謁，前席[而]訪謨猷；若吳子之來朝，接坐而申疇昔。時今上龍田未躍，歷試同星將之司；儲后鳳璋初誕，扆慶□□孫之位。高宗緬懷貽厥，展宴申驩，爰發天章，命公宣諷，紫庭凝漏，翠醴浮宵。星稀月明之詞，披□□於七耀；風起雲飛之韻，寫帝詔於八音。調旨淹通，賞遇隆洽。對揚之美，獨冠當時。公長子岐，先任東宮典膳，□□少海沸流，前星悖道，緣斯負譴，遂賓嚴科。公以方回暮年，更累郗超之罪。子真潔己翻，嬰劉夏之愆，降為睦□□史。尋以桂林夐服，荔浦遐陬。貳彼要荒，是資舊德。文明元年，以公為潮州司馬。摽銅未勒，方懷功於百代。去□□[還]，奄沉□於千里。其年九月二日薨於虔州之旅舍，春秋五十七。悲深埋玉，恨結招綏。惟公器總中和，神□□□。□□山水，□□□□。蘊裴玉而光景照人，懷衛珠而風神不雜。台階佇德，捧日之路方遙；辰巳悲年，乘星之遊□□。□以垂拱元□□□□□十月癸酉朔卅日壬寅，歸窆於伊川孝子之原，禮也。山分二室，水帶三川。松檟鄰□，□□□風。煙□□□，□□□□□□□□□□□□之期，千載凜然，徒有猶生之慕。嗣子前湖州司倉嶠等，痛結曾岵，悲□訴昊，□而裂骨，□□□□□□□□□□□□□沉石，其詞曰：

□承東表，□□□□。□□□□，□□□芳。業傳戈鼎，□□旗常。靈根慶葉，玉質金相，其一。星辰降彩，瑚璉摽器。□□□□，□□□□。□□三语，□□□□。□茂開封，榮光作吏。其二。出撫朱傳，入綜青巾。威霜振俗，惠露凝春。道泰身□，□□□□。□□□□，遺愛在人。其三。□移北朔，虞遷南鄣。無復生還，空餘歸葬。地[開]梓澤，泉埋松帳。敬沉蘭菊之□，□□□□□□。其四。

□□□監作，上騎都尉京兆萬寶□鐫。

【校記】

❶周思茂，武則天北門學士，《舊唐書》卷一九〇中有傳。

❷墓誌上誌主名字缺損，據《舊唐書·高士廉傳》補。

❸據《舊唐書·高士廉傳》當為高岳。

❹據《舊唐書·高士廉傳》當為高勵。

❺高真行長兄高履行，尚唐太宗女東陽公主。

【跋】

高氏與長孫無忌為表親，其一家在唐高宗武則天時期境遇，可見當時政治狀況。西泠印社出版社《新出唐墓誌百种》（二〇一〇年版）收有高真行墓誌。

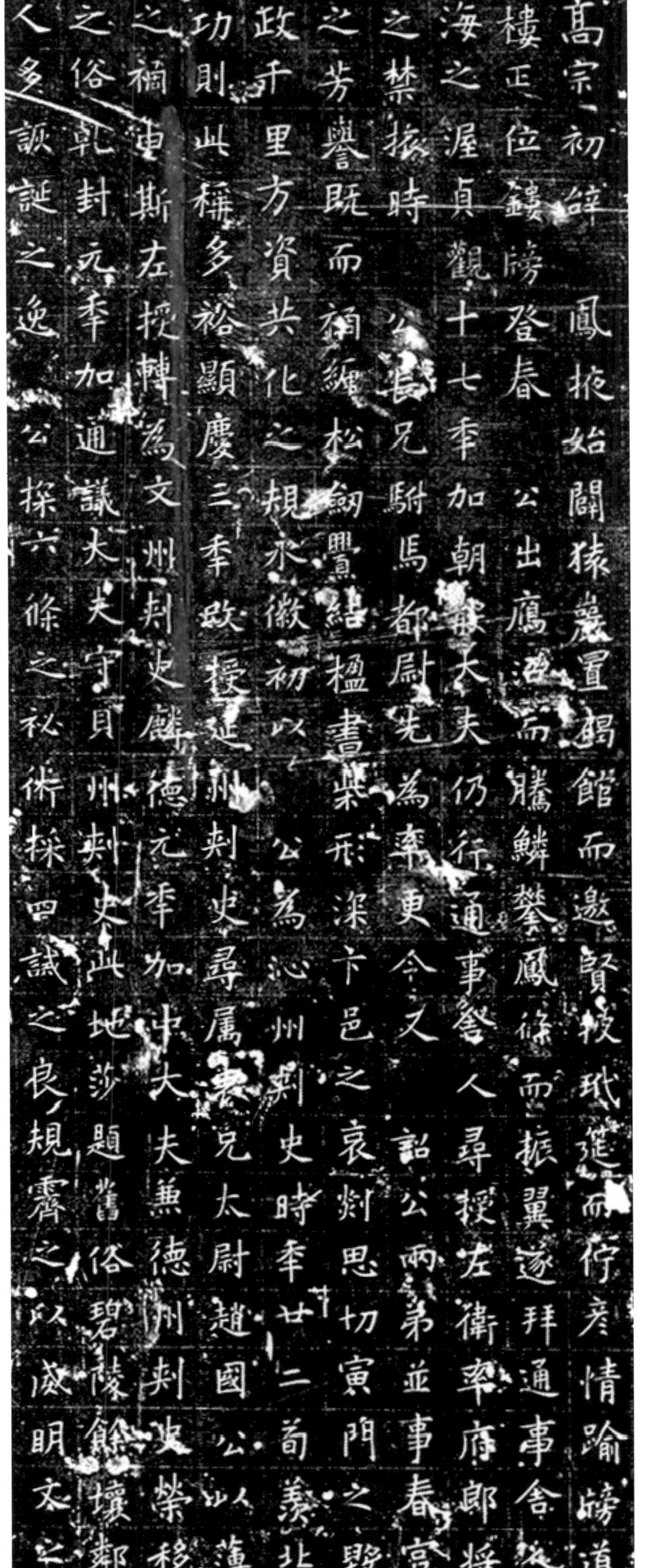

三一　王守真墓誌（六九二）

【解題】

王守真（六二二—六九一），琅耶臨沂人。天授三年遷窆於雍州明堂縣神禾鄉興盛里舊塋，在今西安南樊川華嚴寺一帶。

誌高八一點五、寬八一點五釐米。銘文五六行，滿行五六字。楷書，結體工整，清秀，惜一些字欠清晰。守鳳閣舍人□□韋承慶撰。

誌主曾祖王琰，陳中書侍郎，廷尉卿，度支尚書，侍中。祖王休宗，陳秘書郎，中書舍人，隋魯州別駕，唐王屋縣令，太子舍人，東宮學士，國子監丞。父王約，唐太子洗馬，尚書吏部郎中，博州刺史。

誌主貞觀十八年，以弘文館明經擢第，授太子右虞候率府兵曹參軍。歷任太府寺主薄，太子桂坊司直，蘭臺郎，奉別制於北門修書。咸亨二年，勅授尚書祠部員外郎，歷檢校兵部員外郎，行太廟令，歷任渝州、萊州、博州、潤州、滄州等刺史。天授元年，改授都督洪、袁等七州諸軍事，洪州刺史。天授二年病死於州館。所著文藻，有集十卷。

夫人范陽盧氏，曾祖盧德基，隋井陘縣令。祖盧萬石，御史。父盧文勵，唐尚書膳部郎中。夫人年十有九歸於王守真。總章三年終於京師崇義里第，春秋四十五。

【誌文】

大周故使持節都督洪袁等七州諸軍事洪州刺史輕車都尉臨沂縣開國男王府君墓誌銘并序

朝議大夫守鳳閣舍人□□韋承慶●撰

夫體上哲而生者，才也；抱中和而立者，德也；履信順而周於天下者，行也；飛英聲而播於海內者，名也。斯盖士君子之令圖，卿大夫之□業。在國則可以開物成務，皇王託其股肱；在家則可以翼子謀孫，世載襲其規矩。淼遂初而極睇，竟下葉而傍求，今古悠悠，一二而已。是以六經稱首，莫先於臧晏史蘧；百代人宗，莫重於荀孟黄郭。譬諸草木，松桂與蘭芷稱珍；如彼禽魚，鸞鳳與龜龍為長。其有踵斯風烈者，則我王公之謂焉。公諱守真，字元政，琅耶臨沂人也。鄖都啓聖，神烏隆流火之精；緱嶺登仙，靈鶴矯浮雲之駕。離翦悝其茂緒，吉駿峙其昌基。翰苑●宏才，蔡邕由其倒屣；台階盛德，呂虔於是贈刀。洎乎地涌雙鵝，江浮五馬，開紫宸於業水，建黄屋於蕪臺。締構經綸，聿憑於上宰；衣冠禮樂，並出於高門。浩浩焉，若九滑之括地輿；巍巍焉，猶八柱之扶乾棟。玉衣霞振，婺姒繼入於椒闈；金牓星開，湏婺疊歸於蘭闠。雖復時逢鼎革，運距屯蒙，而珪組蟬聯，亨自天之福禄。公侯弈葉，於輿世而推遷。曾祖琰，陳散騎常侍，中書侍郎，廷尉卿，度支尚書，侍中。英彩電飛，清儀雪映，彯纓騎閣，貂珥晨暉。懸鏡禮闈，熏鑪夜馥。于定國為廷尉，冠冕九卿；張茂先為度支，儀刑八座。祖休宗，陳秘書郎，中書舍人，隨魯州別駕，唐王屋縣令，太子舍人，東宫學士，國子監丞。志氣如神，清朗若鏡。牛心廣宴，伯仁降賔席之儀；麈尾高談，彦輔戢詞鋒之辯。輟亨鮮而遊漢苑，翊奉天儲；移展驥而躡虞庠，典司邦胄。父約，唐太子洗馬，尚書吏部郎中，博州刺史，贈潤州刺史。王佐英材，忠臣雅操。玉杯覃思，下繁露於儒林；銀鈎落豪，擁游雲於筆陳。鯉扃司藉，導三善之温文；鷄署持衡，澄九流□小選。紫臺分於竹使，早扇仁風；玄隴秘於桐闈，仍延寵命。公稟淮沂之淑靈，降蒙羽之純精，履嘉會而元亨，保大和而利貞。門設桑弧，見奇姿於在褓；佩垂蘭葉，覩秀質於勝衣。臨長風而迴嘯，逸氣超遠；乘朗月而孤遊，清襟獨王。為仁由己，食舊德而成尊；藏器於身，蓄前言而取潤。貞觀十八年，以弘文館明經擢第，授太子右虞候率府兵曹參軍。濯纓儒館，孫弘董相之明科；俄翼士林，賈誼終童之富齒。永徽元年，改授左監門衛兵曹參軍。三年，轉左驍衛録事參軍。漸儀鴻陸，懷響鶴陰。雖位屈於才，而道申於量。均諸展季，安貞白於士師；取類伯陽，守沖玄於藏史。尋丁內憂去職。服闋，授太府寺主薄，遷太子桂坊司直。提樞棘寺，猶士行之處郡曹；操網桂闈，若方進之居相府。鈎繩糺覈，沉浮靡亂於括河；風准激揚，清濁自分於重海。丁父憂解任。大帝降璽書弔祭，以申哀榮之禮。銜冤刻骨，茹痛崩魂。觸地靡容，仰天何訴。何穎考之哀疚，率由斯極；和長輿之貶瘠，殆不勝喪。服闋，授蘭臺郎。天禄崇深，石渠清秘。弘度之區分四部，載陟蓬山；更生之網絡九流，且遊蘭閣。周陵蠹簡，涉靈府而定雌黄；魯壁科書，就鴻筆而分朱紫。尋奉別制，於北門修書。又奉勑判東臺群書事。公專司汗簡，兼事懷鉛。詳万籍於麟圖，煙披霧□；課六書於鳳篆，鵲及鸞驚。魚魯用絕於傳疑，陶陰並從於酌實。梓廚黃卷，累若丘山；芸笥青編，懸諸日月。咸亨二年，勑授尚書祠部員外郎。尋奉□檢校兵部員外郎。文昌會府，清覽仙臺。分官應垂象之文，取士極周行之選。公以名馳日下，道合天衷。握彤管而奏丹墀，振青緗而開粉壁。上元二年，制授朝散大夫，行太廟令。載司嚴祏，肅奉仙祊。殷栢夏松，損益之宜有裕；父昭子穆，尊卑之序不差。儀鳳二年，制轉尚書倉部郎中，尋遷膳部郎中，兼檢校左司郎中。三入承明，十年臺閣。幼安擅奇於二妙，伯始兼綜於兩曹。故事如觀於掌中，堆桉不留於筆下。朝廷進止，天子特賞□田郎；章奏規模，羣公每詢於龔遂。既而堯咨四岳，擇俞往於僉諧；漢守百城，寄帷良於共理。遽輟賢於起草，俾從政於班條。遷授渝州刺史，封臨沂縣開國男，食邑三百戶。尋除萊州刺史，賨渝漢壤，巴濮是通；海岱齊墟，濰淄其道。黑水汶江之路，月峽西分；青丘大壑之涯，日門東敞。爰去岠峽之境，近遵□攝之區。垂拱二年，授博州刺史。公之顯考，昔莅此州。公以良能，復膺斯授。清規勵俗，胡伯不替於家聲；雅望光時，韋康重升於父位。合浦黎庶，喜驪珠之更開；穎川吏人，欣鳳鷄之再集。東平梓樹，還符嗣德之賢；北郡桑枝，仍詠良弓之子。奏課居最，恩勑賜物一百段。徙授潤州刺史。永昌元年，授滄州刺史。若乃斗牛標分，三江會彭蠡之川；畢昴開躔，兩河控照餘之藪。龍盤虎據，天塹統於金陵；鴈塞狐開，地險苞於碣石。吳□之封□□，遠南北之襟帶，並殷公疊應紫書，頻紆絳節。世英循吏，移天水而鎮廣平；景遠能官，歷安豐而撫新蔡。於是惠之春露，威以秋霜。化偃風區，鼓翔飆而拂纖草；明通日路，煥流景而爍輕冰。察豪右而鋤姦，□□□□；□廉平而勵己，唯補葛袍。蘆渚雙鴻，望庭宇而翔集；芊郊二鹿，隨輜□而去來。璽誥頻繁，天獎遄及。恩賞稠疊，時輩罕齊。天授元年，改授都督洪、袁等七州諸軍事，洪州刺史。豫章故郡，豊城舊壤。九派長江，□□之濤沃日；七星雄劍，青龍之氣屬天。閭井萬家，冠水鄉而為大；舳艫千里，洞雲海而無涯。公按部多方，為邦有術。梟舟始届，澤先布而人懷；隼旆纔臨，言未敷而俗變。故得室有期頤，田無鹵莽。闤闠清而敖庾實，庠序盛而囹圄空。川蜮弭其流災，山虵寢其餘孽。方冀衮衣槐席，徵遠慶於三魚；寶劍蒲輪，體遐年於二鶴。豈謂白鷄霄夢，黑螘晨驚。閭壑遷舟，閱銅壺於箭水；高堂撤瑟，埋玉樹於蒿泉。以天授二年七月七日遘疾，薨於州館。春秋七十。爰降恩勑，令造靈轝，遞給人夫，優借傳乘，賻贈賜物數百段，穀粟數百石。喪事資用，咸得官供。鼓吹威儀，送詣墓所。惟公神理內融，天機外炳。九圍寥廓，開寸枹而納其□；萬化糺絲，立片言以窮其要。塞天地而橫四海，其大孝也顯於親；排風霜而駕五雲，其大材也損於國。水火與雷霆交至，正色靡渝；蓬壺與嵩岱可移，貞心不轉。信惟存諸，固無重於黃金；義則忘生，曾不愛其蒼璧。言泉鶴桂，飛辯而碎連環；學藪龍蟠，遊藝以探羣玉。以文會友，西園闢桃李之蹊；惟德有隣，東里構芝蘭之室。始賓王而就列，行簡帝而升榮。鵬圖運而九万里，軀印開而二千石。位非矜物，三命所以循墻；禄以賙窮，五宗由其舉人。康莊未□，俄稅駕於長衢；性命有涯，奄摧年於促運。靈芝歸於上京，兆魂無不之父。子從於先，大夫死而可作。公所著文藻，有集十卷，爵為麗則，貽諸後昆。粤以天授三年歲次壬辰三月一日丁卯朔六日壬申，遷窆於雍州明堂縣神禾鄉興盛里使君公之舊塋，禮也。夫人范陽盧氏，隨井陘縣令德基之曾孫，御史萬石之孫，唐尚書膳部郎中文勵之第二女也。年十有九歸於王氏。總章三年正月廿一日終於京師崇義里第，春秋卅有五。自龜靈託餌，交若士而遊北溟；熊兆開符，佐文王而表東海。漢儒弘道，聽龍笛而推賢；晉輔懷忠，賜鶴綾而服寵。夫人降靈仙魄，資慶德門。蘭性婉而含芬，苕容灼而生彩。遊心飭禮，□□內則之篇；寓目觀詩，慷慨中河之什。謝將軍之女，配凝之而作嬪；鍾太傅之孫，與玄冲而好合。浣濯無懈，服勤絺紘之工；徵幕惟恭，嚴事蒸嘗之禮。□山濤之待客，雅識弥高；追冀郤之如賓，貞規自遠。婦道光二門之族，母儀成士子之名。荀氏良嬪，早辞於奉倩；潘家淑媛，先謝於安仁。季武子之賓階，攢塗既啓；叔梁紇之防墓，泉穴方同。便以王君祖載之日，式遵周公合葬之典。二旐俱飛，雙轜並引。用吹斷而悲笳咽，嚴霜烈而客帳寒。宰樹之前，蔦羅虛挂；泉臺之下，琴瑟空張。寂寂山門，聚魂魄於誰地；沉沉隴隧，閇佳城於幾年。長子希傑，右奉裕率府錄事參軍。次子希儁，蒲州司法參軍。少子佺等，才優兩豫，名繼五之金安，□昆川流岳峙。全容返席，嚴親承啓足之言；率禮承衾，永切崩心之痛。夭夭之棘，霜露先侵；蓼蓼者莪，昊天何報。謀龜謀筮，得寧神之秘塋；如慕如疑，□慎終之孝道。滔滔逝水，□無捨於晨宵；膴膴荒原，會有遷於陵谷。已鍾亹於荼蓼，庶揚芬於蘭菊。勒貞礎而誌玄扃，騰清暉而上黃陸。乃為銘粵：

后稷封邰，曾構欝開。成王卜洛，濬源於廓。丹躍神魚，駕騰仙鶴。綿瓞疏[三]蔓，重葩布萼。其一。龍圖北喪，龜鼎南遷。振彼頹曆，憑兹大賢。英明継世，將相蟬聯。虔刀有襲，□筮無騫。其二。惟德自天，惟靈發地。生乃岐嶷，長而明粹。白璧懸心，青蓱在器。遊聖知十，隣幾得二。其三。忠為甲胄，義成干櫓。石以精開，□由孝剖。吐耀龍燭，飛音鷺鼓。文江孕潘，智囊含杜。其四。學優而仕，道在斯尊。校文麟閣，汗簡鴻門。叢豪露灑，旅藉雲屯。澄流撮要，泛略芟繁。其五。端士□珮，郎官珥筆。清陸乘春，丹墀就日。三入臺府，十移星律。待漏晨車，張燈夜室。其六。按部期德，綏人佇惠。前邦大蓄，後郡中海際。再撫河朔，兩遵江澨。鳥□恒飛，熊軒不憩。其七。化行南北，澤浸燕吴。時無往宄，俗有來蘇。擁節渝中，褰帷乎。盱謠継響，帝諾連俞。其八。望重槐棘，聲芬蘭桂。丞相虛府，□□掃第。廈棟方升，川航俟濟。神道何酷，哲人云逝。其九。河魴令疋，巢鵲柔風。黼藻六行，儀刑九宗。清暉掩月，美氣銷虹。鄒衢昔異，旦穴□□。其十。□□□□，遲遲□柳。田客歌挽，徐賓酹酒。鴛樹生墳，龍泉去斗。惟業廣而名大，與天長而地久。其十一。

【校記】

[一]韋承慶，與撰《則天實錄》，有集六十卷，《舊唐書》卷八十八、《新唐書》卷一一六有傳。

[二]菀即苑。

[三]原字足字旁。

三二 竇孝忠墓誌（六九二）

【解題】

竇孝忠（六二九—六九二），扶風平陵人。天授三年與夫人京兆杜氏合葬於雍州明堂縣鳳栖之原，在今西安市長安區大兆鄉。

誌高五八、寬五八釐米。銘文三一行，滿行三〇字。楷書字好，結體工整，挺秀。素邊。有蓋，高五八、寬五八釐米，四周四側卷草紋。

誌主曾祖竇榮定，隋洛州刺史，駙馬都尉，陳國公。祖竇抗，唐左武侯大將軍，納言，陳國公。父竇衍，唐右武侯將軍，黔州都督，陳國公。

誌主雖家襲綺紈之貴，而志絕奢靡；門承鍾鼎之榮，而體安虛澹。貞觀末，調補唐太宗挽郎，選授石州離石、兗州泗水二縣令，擢授五品正除江王友，轉夔州司馬，累遷湖、齊、兗三州長史，又遷河州刺史，拜簡州刺史。清以馭下，妻子不燃官燭。天授三年卒于洛陽景行里第。夫人京兆杜氏，父千牛將軍、安衆公。

【誌蓋】

大周故
竇府君
墓誌銘

【誌文】

大周故朝議大夫使持節簡州諸軍事守簡州刺史長清縣開國男竇府君墓誌銘并序

公諱孝忠，字進思，扶風平陵人也。自彤雲應籙，赤伏開圖，大丞相之陳金，名高西漢；舞陽侯之刻石，寵冠東京。自時厥後，英靈繼出。珪祖盛於區中，人物光於海內。曾祖榮定❶，隨洛州刺史，駙馬都尉，陳國公。祖抗❷，唐左武候大將軍，納言，上柱國，陳國公。父衍，唐右武侯將軍，黔州都督，上柱國，陳國公。並偉材盛業，見重當代，蓋國史家諜詳焉，今可得而略也。公門資累慶，地揔豐腴。孝友發於初載，聰辯彰於幼學。晦明於道，藏器於身。雖家襲綺紈之貴，而志絕奢靡；門承鍾鼎之榮，而體安虛澹。嶷然清峙，莫與爲儔。凡在宗姻，期之遠大。屬晏車厭代，遺弓□感。眷言持紼，特選貴門。貞觀末，調補唐太宗文武聖皇帝挽郎，選授石州離石、兖州泗水二縣令，聲高上蔡，化掩全椒。豈直桴鼓不鳴，絃歌流韻而已。以公歷職清勤，別制加等，擢授五品正除江王友。俄轉夔州司馬，累遷湖、齊、兖三州長史，又遷河州刺史。良能之美，列郡所推。璽書褒歎，擢拜簡州刺史。公清以馭下，簡以字人。獨坐郡曹，杜門而絕。妻子不然官燭，閨室而對賓遊。先是境多剽掠，歷政為患。及公臨郡，咸伏其辜。雖龔遂安渤海之萌，張綱清廣陵之暴，均名投實，彼固多慙。及乎奉計星臺，朝宗雲闕，頻經覲見，累沐恩私。次公伾績，方延賜金之禮；元規長逝，忽軫埋玉之悲。以大周天授三年二月九日卒于神都之景行里第，春秋六十有四。嗚呼哀哉！夫人京兆杜氏，唐故千牛將軍、安衆公之第四女。公宮誕秀，娣袂承規。肅簪珥於帷壼，擅言容於邦族。方冀克隆陰教，永播柔風。報施不誠，夙齡而殞。游川中隔，既先後而相悲；同穴俄歸，遂今古而長畢。以大周天授三年歲次壬辰四月景申朔七日壬寅，與長清府君合葬於雍州明堂縣鳳栖之原，禮也。嗣子晞，號環塋羨，纏慕終天。外絕饘溢，內殷創巨。毀疚之至，殆不勝喪。所謂哀以送之，情禮兼極者矣。恐載祀悠邈，陵谷遷貿，式資銘典，永播家聲。其詞曰：

基承大禹，胄出少康。仁深慶積，源浚流長。西都丞相，東國舞陽。衣簪赫弈，邸第相望。其一。克誕時秀，載隆天爵。胙土于陳，剖符于洛。素襟道勝，清言玄著。五餌三宮，龍韜豹略。其二。峩峩洪族，弈代有聲。誰其嗣美，我有長清。曰仁曰智，不樹不營。岱邦貳采，河郡馳名。其三。眷言叔度，人歌來暮。洗幘移藩，折轅即路。拓奬儒術，誅鉏姦蠹。運促道存，思人愛樹。其四。爰有邦媛，作嬪鼎族。德表容功，行稱才淑。澣濯斯御，衿褵惟肅。柔範方陳，降年何速。其五。容車並騖，悲挽同歸。斗城稍隱，璜川漸違。嘶驂顧慕，嚶鳥歸飛。勒銘泉室，永播餘徽。其六。

【校記】

❶竇榮定，娶隋太祖楊忠女、隋文帝姐安成公主，《隋書》卷三九有傳。

❷竇抗，《隋書·竇榮定傳》有附傳。

三三　鄒巒昉墓誌（六九四）

【解題】

鄒巒昉（六三二—六九三），南陽鄧人。長壽三年葬於城南高望之平原，祔父鄒熾之舊塋，其地不詳。

誌高七四、寬七三釐米。銘文二六行，滿行二六字。楷書字好，結體方正，挺秀，刻有筆意。

誌主曾祖鄒敬，宇文朝馮翊郡守。祖鄒賓，隋洛陽縣令。父鄒熾，唐初幕府左右，朝散大夫。家贍萬鍾，滿而不盈，積而能散。

誌主顯慶中，任許王左親事隊正。調露中，授上柱國。長壽二年終於隆政里之私第。

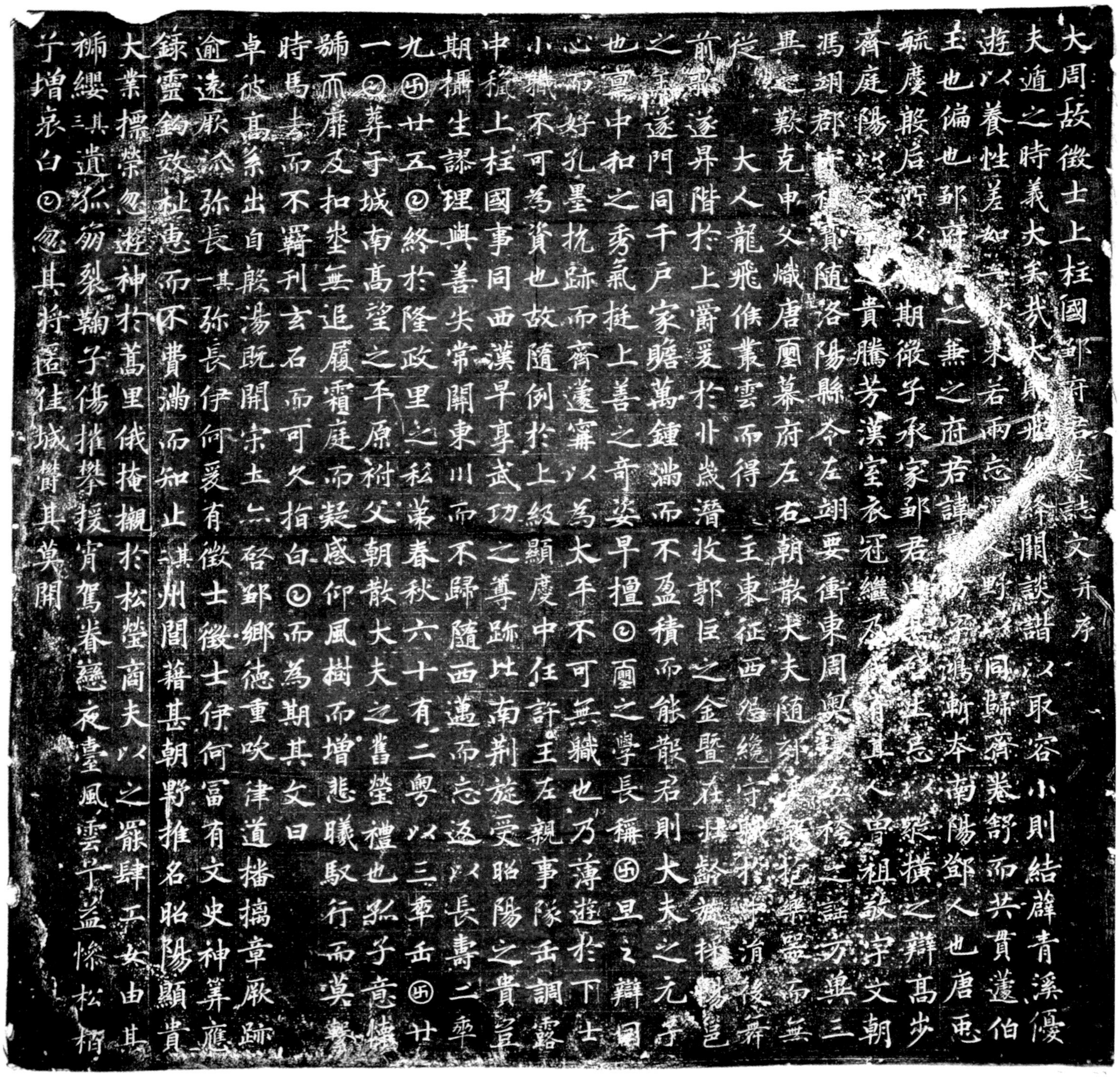

【誌文】

大周故徵士上柱國鄒府君墓誌文并序

夫遁之時，義大矣哉。大則飛纓絳闕，談諧以取容；小則結薜青溪，優遊以養性。差如一致，未若兩忘。混人野以同歸，齊卷舒而共貫。蘧伯玉也偏也，鄒府君之兼之。府君諱巒昉，字鴻漸，本南陽鄧人也。唐人毓慶，殷后所以□期；微子承家，鄒君由其啓土。忌以縱橫之辯，高步齊庭；陽以文章之貴，騰芳漢室。衣冠繼及，代有其人。曾祖敬，字文朝馮翊郡守，祖寶，隨洛陽縣令。左翊要衝，東周奧壤。五袴之謠方冀，三異之歎克申。父熾，唐初幕府左右，朝散大夫。隨郊鹿散，抱樂器而無從；大人龍飛，候叢雲而得主。東征西怨，纔守職於中涓；後舞前歌，遂昇階於上爵。爰於丱歲，潛收郭巨之金；暨在壯齡，旋採暢邕之玉。遂門同千戶，家贍萬鍾。滿而不盈，積而能散。君則大夫之元子也，禀中和之秀氣，挺上善之奇姿。早擅日初之學，長稱月旦之辯。因心而好孔墨，抗跡而齊蘧甯。以為太平不可無職也，乃薄遊於下士；小職不可為資也，故隨例於上級。顯慶中，任許王左親事隊正。調露中，授上柱國。事同西漢，早享武功之尊；跡比南荊，旋受昭陽之貴。豈期攝生謬理，與善失常。關東川而不歸，隨西邁而忘返。以長壽二年九月廿五日終於隆政里之私第，春秋六十有二。粤以三年正月廿一日，葬于城南高望之平原，祔父朝散大夫之舊塋，禮也。孤子意懷，號天靡及，扣地無追。履霜庭而凝感，仰風樹而增悲。曦馭行而莫繫，時馬去而不羇。刊玄石而可久，指白日而為期。其文曰：

卓彼高系，出自殷湯。既開宋土，亦啓鄒鄉。德重吹律，道播摛章。厥跡逾遠，厥泒弥長。其一。弥長伊何，爰有徵士。徵士伊何，富有文史。神筭應錄，靈鈎效祉。惠而不費，滿而知止。其二。州閭藉甚，朝野推名。昭陽顯貴，大業摽榮。忽遊神於蒿里，俄掩櫬於松塋。商夫以之罷肆，工女由其裭纓。其三。遺孤崩裂，鞠子傷摧。攀援宵駕，眷戀夜臺。風雲兮益慘，松栢兮增哀。白日忽其將匿，佳城欝其莫開。

三四　閻泰墓誌（六九四）

【解題】

閻泰（六二五？—六九〇？），河南洛陽人。長壽三年遷窆於京兆洪固鄉之少陵原，今西安長安區杜曲镇北。

誌高七二點五、寬七三釐米。銘文三二行，滿行三二字。楷書，清秀。第三子前弘文館學生閻安貞篹并書。

誌主曾祖閻慶，魏龍驤將軍，周司空，荊州總管，大安縣開國公。祖閻毗，周上儀同三司，駙馬都尉，隋殿內監，石保縣開國公。父閻立德，唐工部尚書，大安縣開國公。

誌主起家國子生，唐太宗挽郎。解褐許王府戶曹參軍。在尚舍奉御任上時，緣典吏犯法，別敕徙居桂州。未幾而還舍于鞏洛，閉門不預人事，唯以琴書自娛，十有餘年。武周革命，推擇舊人，起為榮州司馬，復除尚方監丞。其年遘疾而終。有孝忠仁義禮智信七德，光被百行。

【誌文】

大周故尚方監丞閻府君墓誌銘并序

第三息前弘文館學生安貞篹并書

府君諱泰，字玄道，河南洛陽人也。其先出自晉成公之後。閻鄉啓邑，因而氏焉。曾祖慶，魏龍驤將軍，周司空，上柱國，荊州總管，大安縣開國公，謚曰成。祖毗，周上儀同三司，駙馬都尉，隨殿內監，石保縣開國公，謚曰恭。父立德[一]，唐工部尚書，大安縣開國公，贈吏部尚書，并州大都督，謚曰康。並文武兼資，忠孝不匱。固以詳諸國史，可略而言焉。君即康公之第三子[二]，起家國子生，唐文皇帝挽郎。解褐許王府戶曹參軍。丁康公憂，服闋，授隆州司功參軍，洛州司兵參軍，轉符璽郎，太府丞。有制十五年清勤無負犯者，各加一階，蒙授朝散大夫。明年，除尚舍奉御，尋緣典吏犯法，別敕徙居桂州[三]。未幾而還舍于鞏洛，閉門不預人事，唯以琴書自娛。野服葛巾，怡散終日，田園獨得，未嘗至於城寺，恬澹外物，十有餘年。清高之士以為不驚寵辱。屬大周革命，推擇舊臣，起為榮州司馬。因面陳時事，聖上垂聽，旬日復除尚方監丞。勅曰：新除榮州司馬，志尚公清，幹力強舉。宜迴半刺之任，以申藝事之能。其年遘疾，奄垂弃背，春秋六十六。君行已立身，有首有止。方垂來裔，安可無述。初康公寢疾，醫云：若大便味苦，疾迺有愈。君深情懇至，遂親嘗之。暨乎居喪，殆至滅性，此孝之始也。自家形國，背私徇公，時命不俱，終始若一，此忠之原也。積而能散，和而不同。人有不及，每以情恕，仁之厚也。閨門肅雍，內外無怨，言不及利，勞而後禄，義之本也。謹身節用，先親後踈，兄友弟恭，出忠入孝，此禮之由也。疾惡遠害，防萌慮微，博考經籍，窮覽子史，此智之廣也。口無擇言，室不欺闇，潔白之操，夷險匪易，此信之弘也。總斯七德，光被百行。古人云：聞伯夷之風，懦夫知立志矣。況我府君，懿範洪烈之如是乎。皇天無親，惟德是輔。降禍于我，何其爽歟。以長壽三年五月十九日，遷窆於京兆洪固鄉之少陵原，禮也。孤子貞一等，陟岵崩心，過庭抽慟，痛風枝之不待，哀遠日之行及。永惟事跡，備諸人野，銜哀追敘。寧窮万一，非唯文不代意，亦自口不忍言。且臣子之述君父，有自來矣。詢謨故事，敢作銘云：

緬惟我祖，重規沓矩。忠孝代興，公侯踵武。晉國開邑，閻鄉胙土。因地承家，蟬聯珪組。爰暨中葉，聲芳弗嗇[四]。里為冠蓋，門嗣英賢。司空位重，尚書行全。我君襲慶，生德自天。弱冠從政，勤勞王國。慎終如始，其儀不忒。時屬休明，運遭屯塞。體茲至理，何往非得。陶潛歸去，潘岳閑居。優游譏語，蕭散琴書。林園志逸，風月情踈。異代連類，方斯蔑如。乾坤改旦，廊廟求材。我君應物，宸睠斯迴。始承天渙，未變星灰。明神何負，奄及梁摧。哀予小子，孤孑何怙。彼蒼者天，誰謂荼苦。長號靡託，永慕焉覩。我躬不死，殲我慈父。煩寃誰訴，愊抑何申。宅兆云及，蓍龜載陳。一扃泉路，永隔幽神。知我如此，不如無身。叫叫長夜，哀哀短晨。昊天罔極，空勒貞珉。

【校記】

❶閻立德，《舊唐書》卷七七有傳。

❷《舊唐書·閻立德傳》和《新唐書·宰相世系表》僅載閻立德一子閻玄邃。由閻莊墓誌和此閻泰墓誌，可知他的第二子、第三子。第二子閻莊事見臧振《西安新出閻立德之子閻莊墓誌銘》，載《唐研究》第二卷（一九九六年）。

❸『別敕徙居桂州』的處分原因，殆與上元二年太子李弘之死導致其二兄閻莊『遘禍』的案子有關。也是後來閻泰『閉門不預人事，唯以琴書自娛』消極生活的原因。墓誌中交代受處分『緣典吏犯法』，是打馬虎眼的說法。

❹譻，愆之古字。

大周故尚方監丞閻府君墓誌銘 并序

第三息前弘文館學生安貞纂 并書

府君諱泰字玄道河南洛陽人也其先出自晉成公之

慶魏龍驤將軍周司空上柱國荊州総管大安縣開國

司駙馬都尉隋殿內監石保縣開國公謚曰恭父立德

贈吏部尚書并州大都督謚曰康並文武兼資忠孝不

爲君即康公之第三子起家國子生唐 文皇帝

丁康公憂服闋補隆州司功參軍洛州司兵參軍轉符

三五　杜懷古夫人韋氏（韋城縣君）墓誌（六九七）

【解題】

杜君夫人韋氏（六三三—六九七），神功元年葬於少陵原夫懷古之墳東五步，在今西安市長安區。

誌高四五、寬四五點五釐米。銘文二六行，滿行二七字。楷書，字較靈活灑脫，但欠清晰。無蓋。

誌主曾祖韋遠，使持節岐、涇、□、秦四州刺史。祖韋冑，隋汭、鄂二州刺史，上大將軍，歸德縣開國公。父韋大寶，唐屯田郎中，饒州刺史。

誌主年卌三，適于杜氏，封韋城縣君，食邑三百户。萬歲通天二年終於洛陽私第。囑不須合葬。

【誌文】

大周故使持節瀛州刺史杜君夫人□□之[銘]并序

若夫白雲□□，王母栖淫❶木之都；丹桂飛輪，常娥偃玉蟾之魄。其有□徽帝里，□□良家，女則婉於中閨，母儀周於內壼，見之於韋夫矣。夫人名□字□。昔夏龍疏系，殷豕承家，芬茂緒而逾繁，注洪源而不竭。曾祖遠，使持節岐、涇、□、秦四州諸軍事，四州刺史。青[安]□玉，赤水玄珠。吐鳳穴之文章，射龍泉之光彩。金籯嗣業，仍傳祖德之篇；玉節宣條，累振藩臣之績。祖胄，隨沔、鄂二州諸軍事二州刺史，上大將軍，歸德縣開國公。春風起□，秋月明心。懸碧浪於文泉，摛錦霞於翰苑。榮高露冕，□漢龔之[理]繩；道極過庭，襲魏胡之問絹。父大寶，唐任屯田郎中，饒州刺史。盛德大業，□禮敦詩。為龍為光，良弓良冶。夫人虹金孕彩，□璧抽充，張箴夙洞於胸懷，斑戒不離乎掌握。既宋之子，□□之義，及乎鳴鳳開占，乘龍演慶。侯三星而出族，駕百兩而于歸。年卅三後適于杜氏。杜公□門藉甚，冠冕縱□。衣繡屢入於霜臺，握香□登於□閣。坐荊巫而浸驥，指瀛□而褰□。俄而封韋城縣君，食邑三百户。積德懋於河州，高封優於□宛。嗚呼！東陵英継，西景俄傾。泣蕙露於春園，咽閨風於秋徑。以大周萬歲通天二年三月廿日，薨於神都私第，春秋六十五。夫人平昔處分云，神道有知，豈隔泉壤。百年之後，但於大塋內□厝，不須合葬，今兒女等奉遵先旨。子知玄、知微等，並類孟子之少孤，若公孫之孝謹。即以神功元年歲次丁酉十月乙未朔廿二日，葬於少陵原夫懷古之墳東五步，禮也。漢京北闕，霸川東注。茫茫丘隴，□通玄豹之巖；烈烈風霜，已落青牛之樹。乃為銘曰：

雙珠爛爛，兩相彬彬。靈源不竭，盛德□新。爰生淑女，載詠宜人。貞逾玉石，操比松筠。其一。既齊之姜，是宋之子。易稱貞吉，詩[歌]桃李。道冠母儀，芳馳女史。[新]織不倦，□経無已。其二。浩盪基□，縱橫德□。□義無□，聲塵廻布。與善奚託，權良是寤。遂閱薤波，空嗟薤露。其三。哀哀孝子，長背慈顏。欒形蓋骨，損質號攀。[驚?]□□壞，遐勒雲關。顧瞻千載，遺烈雙般。其四。

【校記】

❶淫為瑤字之異體。

三六　樊君故妻竇氏（美陽縣君）墓誌（六九八）

【解題】

美陽縣君竇氏（六六〇—六九八），扶風郡人。聖曆元年葬於明堂縣洪原鄉少陵原，在今西安市長安區興教寺北。

誌高五八點五、寬五八點五釐米。銘文二九行，滿行二九字。基本楷書，尚有魏碑體意，字欠清晰。有蓋，拓片僅拓蓋芯。

誌主曾祖竇彦，隋工部侍郎，西平郡太守。祖竇德玄，唐御史大夫，檢校左相，鉅鹿縣開國男。父竇懷恪，守秦州都督。丈夫樊君，檢校同州長史。

誌主永昌元年封美陽縣君，從夫秩也。聖曆元年終於京師昇平坊里第。

【誌蓋】

大周故

竇夫人

墓誌銘

【誌文】

大周前中散大夫檢校同州長史樊君故妻美陽縣君竇氏墓誌銘并序

夫人諱字，扶風郡人也。其先出清河灌津。往屬炎靈失鏡，爰避難於殊方。□位握圖，竟還宗於中土。金枝疊輝，環珮与鍾鼎齊鳴；玉葉聯輝，冠盖共簪裾並色。出塞握將軍之節，代壯英雄；當朝重妃后之家，門傳軒冕。尔其棟梁宏器，盐梅重職，並亦傳諸記諜，固可略而言焉。曾祖彥，随兵部、駕部二曹郎，工部侍郎，西平郡太守。榮高綰綬，望重含香。禮闈馳簡要之芳，列岳軫去思之恨。祖德玄，唐御史大夫，司元大常伯，檢校左相，鉅鹿縣開國男。才為代出，代為才須。陰陽資爕理之功，宗廟賴弼諧之力。父懷恪，見任通議大夫，守秦州都督。地藉膏腴，鵠藏瑚璉。清規獨勵，將水鏡以齊明；勁節孤標，与松筠而等操。夫人即都督之長女也。神靈降質，月魄流祥。蕙性芬芳，蘭儀婉嫕。春衣巧製，非無針鏤之文；秋扇能裁，雅韻齊紈之詠。既而三星克正，百兩言歸。勢非倚於將軍，家已歸於小史。誡大斷織，虔恭於大帶；訓子停機，恩深於長被。外馳婦則，禮每□於如賓；內挹母儀，教必申於舉案。以永昌元年五月九日封美陽縣君，從夫秩也。鱼軒式序，雉服增暉。雖復漢邑延鄉，曾何足貴；齊封石窌，未足稱榮。方冀契若松□，□歡娛於千載；豈謂顔如桃李，遽搖落於三春。嗚呼哀哉！春秋卅有九，以聖曆元年正月一日終於京師昇平坊里第。即以其年壹月十一日葬於明堂縣洪原鄉少陵原，禮也。惟夫人端莊其行，婉順其容。曹大叔之妻，文成家誡；樂羊子之室，野有遺金。閨闈欽四德之風，娣姒慕三從之節。輔佐君子，求賢之志不乖；夤事舅姑，咸盥之勤靡怠。嗟夫積善難憑，殲良何早。胤子澄及淑等，年尚幼童，釁遽鍾於陟屺，情纏罔極哀巳。荐□老成，樊長史以伉儷情深；存亡遽隔，餘芬未歇長覃言空。傷侵奉倩之神，痛切安仁之恨。將恐桑田海變，葭灰運移。方書幼婦之文，用辯貞姜之墓。其詞曰：

高門舄弈，茂族蟬聯。横基括地，峻嶆千天。材標杞梓，代壯英賢。積善多慶，仙姬出焉。其一。

仙姬伊何，是稱令淑。文高班扇，頌逾辛菊。肇衷無違，紘綖有織。行成母範，言為婦則。其二。

采薇采蕨，言告言歸。事姑咸盥，訓子停機。松蘿契密，桃李容暉。潤同琬琰，化洽閨闈。其三。

嗚呼代事，光陰何幾。氣掩嵩丘，魂随閬水。慟深友娣，哀絰穆似。鏡掩鸞飛，帷空起鳳。其四。

殯宮宿設，奠祭虛張。轜車夕引，䮍馬晨裝。露宵啼草，風曉悲楊。庶蘭兮桂馥，与地久兮天長。其五。

三七　崔德政墓誌（六九八）

【解題】

崔德政（六四二—六九八），清河東武城人。聖曆元年與夫人張氏合葬於武功東原高望之鄉，在今陝西省咸陽市武功縣。

誌高五八、寬五八、厚一四釐米。銘文二三行，滿行二四字。字好，基本魏碑體，筆意靈活灑脱。誌石今在武功縣文化館。

誌主解褐益州唐昌縣尉，遷右鷹揚衛録事參軍，行稷州司法參軍。撫刑用欽恤之規，折獄盡哀矜之道。聖曆元年終於州公廨宇。

夫人張氏，南陽縣君。

【誌文】

大周朝請大夫柱國稷州司法參軍崔公墓誌銘并序

公諱德政，字允文，清河東武城人也。詳夫基構鬱盤，源流浚□。公侯剋復，季珪以雄使臨軒；明德挺生，子玉以高才入用。逮茲已降，風範相承。公操履堅明，神情秀拔。行光時望，材表國楨。解褐益州唐昌縣尉，俄遷右鷹揚衛錄事參軍，加朝請大夫，行稷州司法參軍。莅官弘簡，處事廉平。撫刑用欽恤之規，折獄盡哀矜之道。州寮縣寀，俱揚幹蠱之聲；錯節盤根，獨擅清貞之譽。鴻材拙用，陪承竹馬之期；龍劍難誣，即動衝牛之氣。嗚呼，降年不永，捧日中虧。彼蒼者何，殲我良士。春秋五十七，以聖曆元年二月八日終於州公廨宇。夫人張氏，即南陽縣君也。銷邛洪苗，傳鈎慶胤。七葉匡漢，列貂衮於丹墀；五代相韓，振雄聲於素諜。茂勳隆盛，基緒綿長。積善所鍾，誕茲貞媛。居為女範，出号母儀。同謝室之芳蘭，類蔡庭之真草。教成三從，訓有七章。喜鳴鳳之初和，歎神蛟之遽遠。雖一朝先異而萬化攸同。將申盖附之儀，式奉蒭靈之制。即以其年二月廿九日合葬於武功東原高望之鄉，禮也。窮鋪窅窅，長無見日之期；荒樹森森，空有悲風之響。恐天長地久，谷變陵遷。敢勒貞珉，❶庶傳徽範。其銘曰：

肅肅家風，峩峩令望。代稱軒冕，門傳卿相。舊德爰襲，高名斯賜。以善為隣，持仁作防。其一❷。成山比學，巨海均才。廉隅式視，造次無回。堅?芳物忌，明智人猜。詩吟漳浦，歌奏山頮。其二。賢乎淑媛，嬪德載彰。輔佐君子，唯禮之將。夭桃不實，夷柳摧芳。妻先夫後，身殞名揚。其三。森森隴樹，膴膴周原。悲深玉瘞，嘆切芝燔。高丘輟曉，大夜無暄。式題幽窀?，徽範長騫。其四。

【校記】

❶原字左王右氏。

❷其一误作其二。

三八　趙本道墓誌（六九九）

【解題】

趙本道（生卒年不詳），隴西天水人。先與夫人河南于氏同殯於河南縣邙山之陽，在今河南洛陽北邙山。聖曆二年合葬於京兆少陵原舊塋，在今西安市長安區。

誌高五二點五、寬五二點五釐米。銘文二八行，滿行二九字。基本楷書，個別字有隸意、魏意，字欠清晰。有蓋，高五二、寬五二釐米，四側卷草紋。行考功員外郎陽廉撰。

誌主祖趙士亮，周□陽、武陶二郡太守，聘陳使主。父趙方海，唐職方郎中，太僕少卿，申州刺史。

誌主以門籍起家晉王府執杖。沉跡下流，弗之願也，年四十一終於洛陽毓財里第。

夫人河南于氏，父于欽明，穀州刺史。年廿一，終於毓財里第。

【誌蓋】

大唐故
趙府君
墓志銘

【誌文】

大周故晉王府執仗趙君墓誌銘并序

朝議郎行考功員外郎陽廉撰

公諱本道，字本道，隴西天水人也。周典戎御，得宗氏於趙城；天錫熊羆，获寶符於代郡。將軍著頌，西零之績茂焉；大夫建官，文公之基霸矣。英靈人起，代有其人。祖士亮，周□陽、武陶二郡太守，御伯下大夫，聘陳使主。父方海，唐職方郎中，太僕少卿，申州刺史，申州諸軍事。並桂馥蘭芬，金相玉質。務總中外，才兼文武。哥煌華而出使，則臣義其榮；擁犀節以臨人，則政成斯在。侯王十代，天水一根，史冊詳焉，可略而述。公即申州府君之第二子也。博綜經籍，并吞禮讓，秉節於氷霜之地，立身於忠孝之門。言可以龜鏡人倫，行可以棟梁家國。抱青蓱干將之利器，蘊碧海滄江之弘量。仲由車馬，與朋友而共之；嗣宗琴哥，對煙霞而自適。名不求於上達，跡不踐於常調。時晉府初興，文章競集，公以門籍，起家晉王府執仗。沉跡下流，弗之願也。比肩枚馬，來從飛盖之遊；方駕應劉，暫篚長裾之侶。然山林志廣，丘壑情多。未階攀鳳之榮，遽徙白駒之隟。春秋卌一，薨於洛陽毓財里第。夫人河南于氏，唐穀州刺史于欽明長女也。列鼎鳴鍾，朱軒繡軸，黼藻令德，閨闈礼容。獻歲發生，覩春椒而作頌；金商啟候，擿秋菊以裁銘。言在河洲，爰奉高族，條枚是總，琴瑟斯和。桃李易凋，梧桐早蕩，秦樓罷吹，駕鳳於是不追；吳肆將空，舞鶴以之長往。春秋廿一，終於毓財里第，同殯於河南縣邙山之陽。世子思謙，朝散大夫，輕車都尉，行隴州司馬。每思遷窆，歲時莫便。臨薨诫子，速成我志。世孫琳等，流慟風樹，號慕霜露。敬奉遺言，敢依先旨。以大周聖曆二年歲次己亥八月九日合葬於京兆少陵原舊塋，礼也。人代超忽，丘陵長往。年齡永遠，松檟攸同。泉路不春，式鐫貞琰。重扃永閟，銘斯懿德。陵陽黃鶴，對孤墳而悽唳；巨卿白馬，俯幽隧而酸斯。嗚呼哀哉！乃為銘曰：

邈矣遠祖，系于費昌。自周來晉，去夏歸商。廣樂天錫，寶符山藏。克剪戎代，聿來侯王。其一。□❶夏連耀，箕裘遞王。代初英□，家傳將相。發奸擿伏，運謀幬帳。惟祖惟考，令聞令望。其二。顯允宗嗣，孤標軼群。節擬松竹，契合風雲。懷材杞梓，淑郁蘭蓀。三冬克?學，□出飛文。其三。如桂之茂，如松之貞。風塵不雜，勢利無爭。賢人雲白，君子風清。其四。從龜是宅，伏龍之剛。杳杳泉路，蕭蕭白楊。人非兮物是，地久兮天長。庶陵谷之遷貿，儻忠貞之不忘。其五。

【校記】

❶原漏刻一字。

三九　楊弘嗣墓誌（七〇〇）

【解題】

楊弘嗣（六三八—七〇〇），弘農人。聖曆三年葬於京城東南少陵之原，在今西安市長安區引鎮北。

誌高四六點五、寬四五點五釐米。銘文二八行，滿行二九字。楷書好，結體工整，清麗。有蓋，高四六、寬四六釐米。

誌主曾祖楊寬，周尚書左僕射，太傅，尚書令，大司空，華山郡開國公，《北史》有傳。祖楊文紀，隋黄門侍郎，禮部尚書，上明郡開國公。父楊孝怡，唐尚書膳部郎中，滕王府長史兼金州別駕。

誌主壯冠授殷王府執仗。脱屣冠冕，大隱市朝。左琴右書，優游卒歲。聖曆三年歲遘疾，終于隆慶里第。

【誌蓋】

大周故

弘農楊

君墓誌

【誌文】

大周故殷王執仗楊府君墓誌銘并序

公諱弘嗣，字廣宗，弘農𤯔❶也。尚父宗周，因封受氏。赤泉佐漢，胙士承家。樓船將軍，寵命徒於函谷；關西孔子，盛烈茂於台階。積慶所鍾，貽厥茲著，詳諸簡牘，可略而言。曾祖寬，周太府、廷尉二卿，吏部尚書，尚書左僕射，太傅，尚書令，大司空，華山郡開國公，謚曰元。霜明棘署，〇❷耀槐庭。鏡鑒人倫，協和邦國。祖文紀，隨黃門侍郎，禮部尚書，上明郡開國公，謚曰恭。獻替絲綸，流清規於禁闥；軌儀會府，効善績於春闈。父孝怡，唐尚書膳部郎中，滕王府長史兼金州別駕。曳組仙臺，題柱光於八座；飛文碣舘，汗簡超於七發。官參別乘之榮，才膺展足之美。公芝田玉種，桂魄珠胎。高峯萬仞，長河千里。禮樂肅肅，文質彬彬。鼎劒雄其骨氣，霜雪瑩其心府。目中眸子，青襟知月樹之明；座上楊梅，齠亂識家禽之對。千門万戶，畫地成圖。敬業離經，趍庭習訓。壯冠授殷王府執仗。邦家有道，宣尼不恥於執鞭；虛白未玄，子雲且安於負戟。雖桂山秋晚，蹔陪飛盖之遊；而蘭路春歸，終慕抽簪之想。以為遯代無悶，象繫所先。求名□亡，麟經是誡。故脫屣冠冕，大隱市朝。於陵灌園，深閑樂命之理；漢陰抱甕，高蹈忘機之跡。五畝之宅，不卑梘湫隘；二頃之田，但資於負郭。瓢飲簞食，左琴右書。陳平席門，恒流長者之轍；陶潛風牖，自謂羲皇之人。道德足以潤身，優遊可以卒歲。既而少微失次，大雲晦色，禍罹辰巳之年，泣兆瓊瓌之夢。聖曆三年歲次庚子壹月辛亥朔二日壬子遘疾，終于隆慶里第，春秋六十有三，嗚呼哀哉！即以其年三月庚戌朔廿三日壬申，葬于京城東南少陵之原，禮也。公體資上善，質禀中和，與朋友交，言而有信。行有餘力，則以學文。黃叔渡之波瀾，罕分清濁；衛叔寶之器局，不形喜怒。嗟乎川逝靡息，感尼父之興懷。天道無知，傷鄧攸之莫嗣。獨有孀妻，恨結崩城慟絕。懼陵谷之遷移，惜芳菲之歇滅。寄詞貞琰，迺為銘曰：

惟周有國，宗子維城。封邑受氏，移關著名。鱣庭襲慶，雞樹糸榮。惟彼祖考，莫之與京。其一。載誕英靈，生資孝友。黃裳元吉，白賁無咎。肅肅風松，濯濯春柳。子雲負戟，淵明解綬。其二。大隱朝市，重光綺年。學揔趍庭，文成閱肆。陶然琴酒，遠矣名利。老萊有妻，鄧道無嗣。其三。天道冥昧，生涯短促。夜壑徒舟，幽泉埋骨。風悲樹頂，雲愁隴足。秋菊兮春蘭，餘芬兮遺躅。其四

【校記】

❶𤯔，即人，武則天造字。

❷〇，即星，武則天造字。

四〇 姚孟宗墓誌銘（七一五）

【解題】

姚孟宗（六八五—七一一），京兆萬年人，本望吳興武康。開元三年安窆于京兆之少陵原，從先塋也。

誌高三三點五、寬三三點五釐米。銘文一七行，滿行一六字。楷書好，字端莊，秀麗。有蓋，四側卷草紋。

誌主曾祖姚處平，太子舍人。祖姚璹，侍中，工部尚書。父姚昌演，郯王府司馬。

誌主以族望補昭文生。長安三年，調授宣德郎，梁州參軍。景雲二年遘疾終于永崇里，權殯于萬年縣午村南。

【誌蓋】唐衛州參軍姚君墓誌

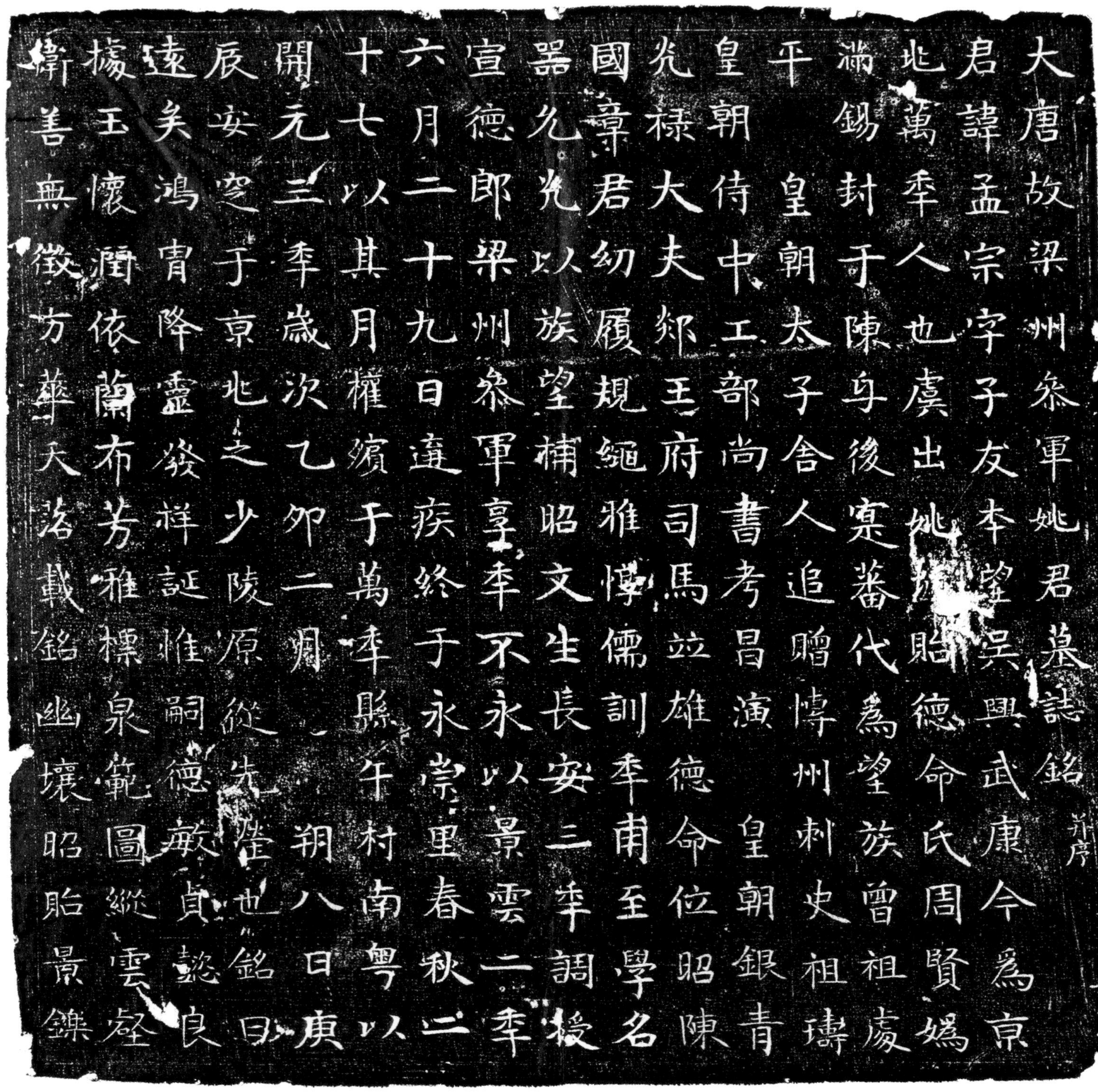

【誌文】

大唐故梁州参軍姚君墓誌銘并序

君諱孟宗，字子友，本望吳興武康，今為京兆萬年人也。虞出姚墟，貽德命氏。周賢嬀滿，錫封于陳。身後寔蕃，代為望族。曾祖處平，皇朝太子舍人，追贈博州刺史。祖璹，❶皇朝侍中，工部尚書。考昌演，皇朝銀青光禄大夫、郯王府司馬。並雄德命位，昭陳國章。君幼履規繩，雅惇儒訓。年甫至學，名器允光。以族望補昭文生。長安三年，調授宣德郎，梁州参軍。享年不永，以景雲二年六月二十九日遘疾終于永崇里，春秋二十七。以其月權殯于萬年縣午村南。粵以開元三年歲次乙卯二月[癸酉]朔八日庚辰安窆于京兆之少陵原，從先塋也。銘曰：

遠矣鴻胄，降靈發祥。誕惟嗣德，敏貞懿良。據玉懷潤，依蘭布芳。雅標泉範，圖縱雲壑。衛善無徵，方華夭落。載銘幽壤，昭貽景鑠。

【校記】

❶《舊唐書》卷八九有《姚璹傳》。

四一　鄭偁妻崔氏墓誌（七一五）

【解題】

崔氏（六九六—七一五），博陵安平人。開元三年歸葬於義善鄉丹鳳原，在今西安市長安區兆余村。

誌高三五、寬三五釐米。銘文一七行，滿行一八字。楷書好，字體工整，較清秀。有蓋，高三五、寬三五釐米，四側卷草紋。

誌主曾祖崔君維，隋寧州羅川縣令。祖崔行功，唐秘書少監。父崔旻，隆州司馬。夫人幼亡怙恃，鞠育于嫂兄，嫁與鄭偁。開元三年卒於京兆府萬年縣永寧里之私第。

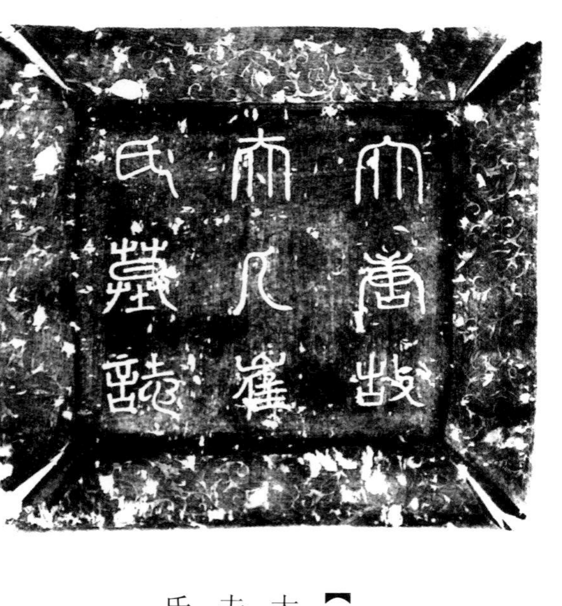

【誌蓋】
大唐故
夫人崔
氏墓誌

【誌文】

大唐滎陽鄭脯妻崔氏墓誌銘并序

夫人諱□字□，博陵安平人也。昔夏黃逸於商洛，呂望封於營丘，其後食邑于菜，因而命氏。曾祖君維，隨寧州羅川縣令。祖行功，皇朝秘書少監。考旻，隆州司馬。嶽秀河傑，弈代聯輝。才高班史之名，辯軼陳家之囿。夫人幼亡怙恃，鞠育嫂兄。孝愛因心，婉容遵禮。年踰佩帨，始誡移天。內則克諧，中闈惟睦。嬰疾未幾，與善無徵。掩鈆粉於粧樓，凋蕣華於零露。開元三年四月十八日卒於京兆府萬年縣永寧里之私第，春秋有廿，即以其年五月十六日歸葬于義善鄉丹鳳原之禮也。嗚呼哉！田文下淚，蕪沒琴臺；潘掾興悲，流漣月簟。顧稚子而未識，更感姻親；傣丹旐而遐征，增哀行道。銘曰：

淑女婉孌，鏘鏘玉音。克配君子，如彼瑟琴。夙佩柔德，恭聞史箴。穠華春萎，薤露晨吟。苦霧霾月，繁雲結岑。悠悠千古，永痛泉穴。

四二　杜表政墓誌（七一五）

【解題】

杜表政（六二八？—六九九？），京兆杜陵人。卒年權殯于绛州聞喜縣之近郊，開元三年歸葬於雍州長安之少陵原。

誌高五九、寬五七釐米。銘文二七行，滿行二七字。有蓋，四周四側卷草，因尺寸比誌小约二十釐米，疑非原配。誌文字好，工整清麗，結構嚴整，章法清朗。

誌主曾祖杜琬之，隋陳留太守，乘氏縣開國公。祖杜懿，同州郃陽縣令，魯州司馬，乘氏縣開國子。父杜元偘，唐太中大夫，使持節芳州諸軍事，芳州刺史，上柱國，房子縣開國子。

誌主預宿衛，考滿調補藤王府記室衆軍，左遷扶州怗夷縣令。袟滿，勑授苑南面監。又授平州長史，沁州司馬。為吏三十年，不至二千石。聖曆二年（？）終于绛州聞喜縣之别業。

【誌蓋】
大唐故
杜府君
墓志铭

【誌文】

大唐故朝議郎上騎都尉行沁州司馬杜公墓誌銘并序

公諱表政，字政則，京兆杜陵人也。其先在周曰唐杜氏，自漢至晉閒[一]，得子夏延年佰侯，元凱明允忠懿，實命代之賢。其餘奔突沸騰，衣冠禮樂，紛藉乎圖史矣。展轉碩茂，以至于公。公之曾祖諱琬之，有隨陳留太守，乘氏縣開國公，食邑二千戶。公之祖諱懿，有隨同州郃陽縣令，魯州司馬，乘氏縣開國子。公之考諱元偘，皇朝太中大夫，使持節芳州諸軍事，芳州刺史，上柱國，房子縣開國子。故其子孫，蒙世祿之祚，蔭崇高之班。預宿衛，考滿調補滕王府記室參軍，左遷扶州怗夷縣令。袟滿，勑授苑南面監，朝議郎，上騎都尉。又授平州長史，又除沁州司馬。公幼有胎教自然之資，長被父兄躬率之化，仁儉恭孝，靡德不鑠。有密不齊，君子之道也。故能遠蘇黔川，丕變羌俗。先是沁部風化壞亂，凶邪相師，晝夜頟頟，浸以滋蔓，至于百為。公矯以仁風，革其鴟誼。下車朞月，厥澤洪純。人到于今思之。在郡三年，以有周之聖（曆）[二]二年辭滿，春秋以七十二矣。其年四月廿一日終于絳州聞喜縣之別業。始公常謂其子曰：吾為吏三十年，不至二千石。昨暮童子，皆朝大夫，豈非命歟。及寢疾，不告醫，不謁史，君子謂杜公知命。有子休烈、休璟、休泰、休文等，斬心居縗，泣血追練，以為孝之終也，當練期卜宅而安厝之。昔夏后氏，以洪水之患，陂塘之事，故有朝死而暮葬，非百代常行之道也。即以其年月廿五日，權殯于縣之近郊，需吉辰也。今茲歲在鶉首，月貞于胃，龜筮相叶，是謂大同。迺奉遷神靈，千里于邁，行轜幽軋。朝發汾祠，挽歌方相，笳蕭旟旐，莫不光俻，前後森如。歸葬于雍州長安之少陵原，不忘本也。東南近里社之樹，西北見先人之廬。前横二山，終南太一；却帶四水，灞滻涇渭。于嗟杜公，千載宅之矣。其銘曰：

嗜公材賢，繄公命邅。糸卿謫去，司馬終焉。沁上辭滿，云亡此年。百齡生事，化為東川。歸葬京兆，城南之阡。負土成塚，崔嵬道邊。

開元三年歲次乙卯十月乙酉朔廿五日癸酉葬

【校記】

[一]閒與間通。

[二]『之聖』或為『證聖』，但證聖一月改元，九月改天冊萬歲，無二年。疑聖字後有缺字，補為聖曆，暫以此推誌主生卒年。

四三　李處鑒墓誌（七一六）

【解題】

李處鑒（？—七一四），隴西狄道人，家于京輔。開元三年與夫人河南宇文氏合葬於京兆府長安縣高陽原。

墓誌銘文二八行，滿行三一字。有蓋，蓋四周四側卷草紋。

誌主曾祖李敬猷，宇文朝安康郡公，隋莒州刺史，《周書》有傳。祖李襲志，隋右千牛，累遷桂、江、汾等州刺史，始安郡公。父李玄藴，隋舉秀才，行趙王府司馬，秦、青、始三州長史。

誌主十五而志學從師，二十而明經待問，總章元年，國子監明經對策高第。解褐江王府記室，歷任萬、涪、沁、嘉、眉、潤、滄、相等州刺史，廣州都督，經略軍大使，嶺南道按察使。開元二年薨於南海之官舍。

【誌蓋】
大唐故
廣州都
督李公
之誌銘

【誌文】

大唐廣州都督襄武李公墓誌銘并序

大唐開元二年五月十七日，銀青光禄大夫，廣州都督，經略軍大使，嶺南道按察使，襄武縣開國侯，隴西李公薨於南海之官舍。粤以三年歲次乙卯十二月己酉朔十三日庚申，與夫人河南宇文氏合葬於京兆府長安縣高陽原，禮也。公諱處鑒，字處鑒，隴西狄道人。爰始近代，家于京輔。自狄道分封，昭王建國，綿休積慶，源深泒遠。上下數千祀，安可一二談。逮我皇家，欝為天族。曾祖敬猷，宇文朝安康郡公，随上開府儀同三司，驃騎大將軍，行臺侍郎，莒州刺史，謚曰武。《周書》有傳。祖襲志❶，随右千牛，累遷桂、江等州刺史，始安郡公，桂州都督，上柱國，金紫光禄大夫，汾州刺史，謚曰襄。父玄蘊，隨舉秀才，累遷始州臨津縣令，合州別駕，夔州都督府司馬，太中大夫，行趙王府司馬，秦、青、始三州長史，皇朝贈秦州都督。累朝冠冕，十紀羽儀。自祖及孫，重侯疊守，代濟其美，時無閒言。公弱不好弄，長有奇識，敏於行，訥於言。辟強仕漢之年，時名自遠；叔寶度江之日，人譽所歸。十五而志學從師，二十而明經待問，僉以遠大許之。總章元年，國子監明經對策高第。解褐江王府記室，邛州録事參軍，朝散大夫，絳州司法參軍，大理司直，大理寺丞，加太中大夫，汾州司馬。清□平狄等軍支度使，上柱國，彭州長史，萬、涪、沁、嘉、眉五州刺史，襄武縣開國侯，銀青光禄大夫，潤、滄二州刺史，左清道率，相州刺史，廣州都督，經略軍大使，嶺南道按察使。公早歲賓王，中年作吏。束髮從宦，始於斯也；宦成名立，終於斯也。知無不為，公也；冰碧其操，清也；永錫尔類，孝也；進思盡節，忠也；夙興夜寐，勤也；拖紫紆青，達也。施之於國，可以共理生人；用之於家，可以作程當代。百越之地，九真之俗，輶軒万里，介胄三軍。馬伏波之暮齒，吳廣州之重寄。似鶚止屋，溘盡於他鄉；旅鷹隨軒，言旋於此地。子愿孔庭知十，漢代無雙。揚名立身，慎終追遠。玄冬十一月，卜地攸從；白日三千歲，終天何覩。二陵慕奉，兩宫徒夾。上連崗兮坡埯，下直渠兮浹渫。宿草兮將蔓，寒松兮始插。嗚呼哀哉！迺為銘曰：

南山萬仞，北河千里。仰絕端倪，傍無津涘。我有名輩，時之秀士。王公之孫，平相之子。其一。拾青為吏，潔白從官。市獄不擾，威刑在憲。時稱惠愛，歲改喧寒。如馬之逐，如鵬之搏。其二。氛厲之鄉，荒遐之地。夜牛斯喘，秋鴻不至。遲暮之年，班春之寄。賢良忽奄，邦國殄悴。其三。人事終畢，龜謀叶從。魂歸舊里，隧掩新封。地入千載，山横幾重。空餘隴月，直照孤松。其四

【校記】

❶李襲志，《舊唐書》卷五九有傳。隋煬帝被殺，『集士庶举哀三日』。歸唐后平辅公祏。『前后凡任桂州二十八载，政尚清简，岭外安之。』

四四　元豹蔚墓誌（七一七）

【解題】

元豹蔚（六九五—七一七），河南洛陽人。開元五年遷殯於華原縣西宜川鄉之桉栩原，在今陝西省銅川市新區。

誌高四四、寬四三釐米。銘文一八行，滿行一八字。楷體。有蓋，芯高三一、寬三一釐米。父元福將撰。

元氏是魏明元皇帝後裔。曾祖元曉玄，隋侍御史。祖元德藝，貝州宗城縣令。父元福將，京兆府華原縣丞。

誌主自小誦經工書，為抑其浮華，弗許考明經。在縣里追道觀療疾不愈，享年僅廿三歲。

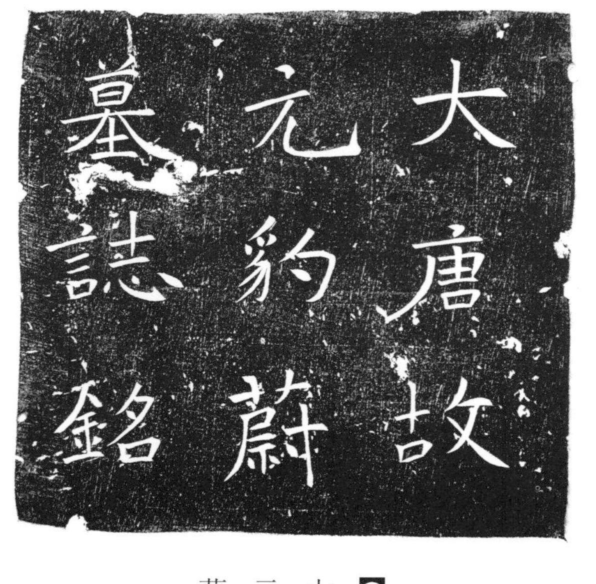

【誌蓋】
大唐故
元豹蔚
墓誌銘

元豹蔚字山卿河南洛陽人也系于軒轅氏魏
明元皇帝之裔孫曾祖曉玄隋侍御史祖德藝
貝州宗城縣令父福將京兆府華原縣丞山卿
幼而聰厚長且敦確口訥而心精形朴而行敏
八歲誦孝經論語九歲誦周易老子十歲誦左
氏傳年十五通兩經大義稚齡工書風骨峻淨
儕輩莫擬每懷翰賦像自會文意以其明經未
登常抑其浮華而弗許也嗚呼時命屯邅歲月
遷謝既庠於執屢乖其願更迫以期窘加以燥
濕波崩晷激奄踰弱冠自夏徂秋復嬰羸瘵膏
肓作痼針艾無施嗚呼哀哉以大唐開元五
年十月九日終于華原縣之追道觀因療疾也
春秋廿三以其月十六日壬午遷殯于縣西宜
川鄉之桉栩原禮也風霰淒凝郊原起[illegible]誌以
年代祀其陵谷嗚呼哀哉乃為銘曰
沫沮之右兮嵯峨東霜松蕭瑟兮多悲風龜既
叶兮筮復同埋爾骨兮在此中千秋萬歲兮恨
無窮　父福將撰

【誌文】

元豹蔚，字山卿，河南洛陽人也。系于軒轅氏，魏明元皇帝之裔孫。曾祖曉玄，隋侍御史。祖德藝，貝州宗城縣令。父福將，京兆府華原縣丞。山卿幼而聰厚，長且敦確，口訥而心精，形朴而行敏。八歲誦《孝經》《論語》，九歲誦《周易》《老子》，十歲誦《左氏傳》。年十五通兩經大義。稚齡工書，風骨峻浄，儕夷莫擬。每懷翰賦像，自會文意。以其明經未登，常抑其浮華，而弗許也。嗚呼！時命屯邅，歲月漂謝。既斥於勢，屢垂其翼。更迫以艱窘，加以燥濕，波崩晷激，奄踰弱冠。自夏徂秋，復嬰羸瘵，膏肓作痼，針艾無施。嗚呼哀哉！以大唐開元五年十月九日終于華原縣之追道觀，因療疾也。春秋廿三。以其月十六日壬午遷殯于縣西宜川鄉之[殳]●栩原，禮也。風霰欺凝，郊原起伏。誌以年代，刊其陵谷。嗚呼哀哉！乃為銘曰：

漆沮之右兮嵯峨東，霜松蕭瑟兮多悲風。龜既叶兮筮復同，埋尔骨兮在此中。千秋萬歲兮恨難窮。

父福將撰

【校記】

●殳，原字右半為上口下又。

【跋】

元豹蔚墓誌記他八歲誦《孝經》《論語》，九歲誦《周易》《老子》，十歲誦《左氏傳》。年十五通兩經大義。可見唐人相當於今小學、初中學生的國學功底。

四五　李約墓誌（七一八）

【解題】

李約（？—六八七），隴西郡人。開元六年與夫人霍郡柴氏合葬於京兆之西細柳原，在今西安市長安區西南。

誌高四〇點五、寬四〇釐米。銘文二一行，滿行二一字。有蓋，四側卷草紋。楷書，字體稍欠工整。

誌主曾祖李詮，隋永康公，車騎將軍。祖李靖弟客師，唐左右驍衛將軍，滁州刺史，丹陽公。父李大惠，唐資州內江縣令。

誌主起家制授左三監，遷六泉大監，垂拱三年終于六泉監。

夫人霍郡柴氏。

【誌蓋】
大唐故
李府君
墓志銘

唐故六泉大監李君墓誌并序
君諱約，字誠盈，隴西郡人也。自軒轅命氏，帝王發
源，周姬與緒，公侯累葉，則漢將軍廣之裔也。珪組相係，
鍾鼎傳銘，人具尔瞻，可略言矣。曾祖詮，隨開府儀同三
司、永康公，車騎將軍，贈荊松等六州都督。祖客師，唐
左右驍衛將軍、滁州刺史、丹陽公，贈鎮軍大將軍。魏世
杜畿，已載文林之譽；晉朝杜預，還昭武庫之談。父大惠，
唐左千牛，累遷資州內江縣令。發迹彭於金花，昇榮次
於銅章。公即府君之第三子也。公長蘭石之姿，奉詩禮
之訓，為學日益，則黃金滿籯；出言有章，則白珪無玷。孝
第餘力，其備於斯。唐起家　制授左三監，愛人懷樹，
延國寵於後昆；立德揚名，繼家聲於曩世。遷六泉大監，
善司天驥，方移於理人；哀逢僕駒，竟違於輔國。垂拱三
年十一月十一日終于六泉監。嗚呼！龍門之桐，初聞半
死；延津之劍，終見雙沉。夫人霍郡柴氏，宜家灼灼，雖擅
美於當春；入地鏘鏘，竟移榮於後嗣。粵以開元六年冬
十二月一日合葬于京兆之西細柳原也。塋臨鳳闕，未
隔哥鍾；地接鯨池，每多烟霧。子嗣光、女賈氏，哀深淚柏，
痛絕號天，瞻夜臺之不開，思晝省其何日，髣髴無見，餘
芳可銘，迺序其德，銘之不朽。其詞曰：　乃祖乃父兮
歸此，千春万春兮不追，累鍾鼎兮何見，驗松櫝兮空滋。

【誌文】

唐故六泉大監李君墓誌并序

君諱約，字誠盈，隴西郡人也。自軒轅命氏，帝王發源，周姬興緒，公侯累葉，則漢將軍廣之裔也。珪組相係，鍾鼎傳銘，人具尔瞻，可略言矣。曾祖詮，隨開府儀同三司，永康公，車騎將軍，追贈荊、松等六州都督。祖客師，唐左右驍衛將軍，滁州刺史，丹陽公，贈鎮軍大將軍。魏世杜畿，已載文林之譽；晉朝杜預，還昭戒庫之談。父大惠，唐左千牛，累遷資州內江縣令。發迹趍於金戺，昇榮次於銅章。公即府君之第三子也。公長蘭石之姿，奉詩禮之訓，為學日益則黃金滿籯，出言有章則白珪無玷。孝悌餘力，其備於斯。唐起家制授左三監。愛人懷樹，延國寵於後昆；立德楊名，繼家聲於曩世。遷六泉大監。善司天驥，方移於理人；哀逢隟駒，竟違於輔國。垂拱❶三年十一月十一日終于六泉監，嗚呼！龍門之桐，初聞半死；延津之劍，終見雙沉。夫人霍郡柴氏，宜家灼灼，雖擅美於當春；入兆鏘鏘，竟移榮於後嗣。粤以開元六年冬十二月一日合葬于京兆之西細柳原也。塋臨鳳闕，未隔哥鍾；地接鯨池，每多煙霧。子嗣光，女賈氏，哀深淚柏，痛絕號天。瞻夜臺之不開，思晝省其何日。髣髴無見，餘芳可鏤。迺序其德，銘之不朽。其詞曰：

乃祖乃父兮歸此，千春万春兮不追。累鍾鼎兮何見，驗松檟兮空滋。

【校記】

❶垂拱，誌文誤作垂栱。

四六　康思敬墓誌（七二一）

【解題】

康思敬（六五〇—六七七），汲郡衛人。開元九年與夫人弥氏合葬於京兆白鹿原之北崗，在今西安市东郊郭家灘。

誌高五三、寬五三、厚一一点五釐米。銘文二九行，滿行二九字。四邊纏枝花鳥紋飾。楷書，結體工整，清麗，但刀口欠清。

誌主曾祖康養，隋郃州長史。祖康善義，參與興唐，授朝散大夫，以風瘵致職。父康孝通，蔣府典籤。

誌主博覽書記，該涉今古，不愛榮利。上元中，郡辟秀才不就，逍遙自得。儀鳳二年寢疾終於第。夫人汝南縣君弥氏。

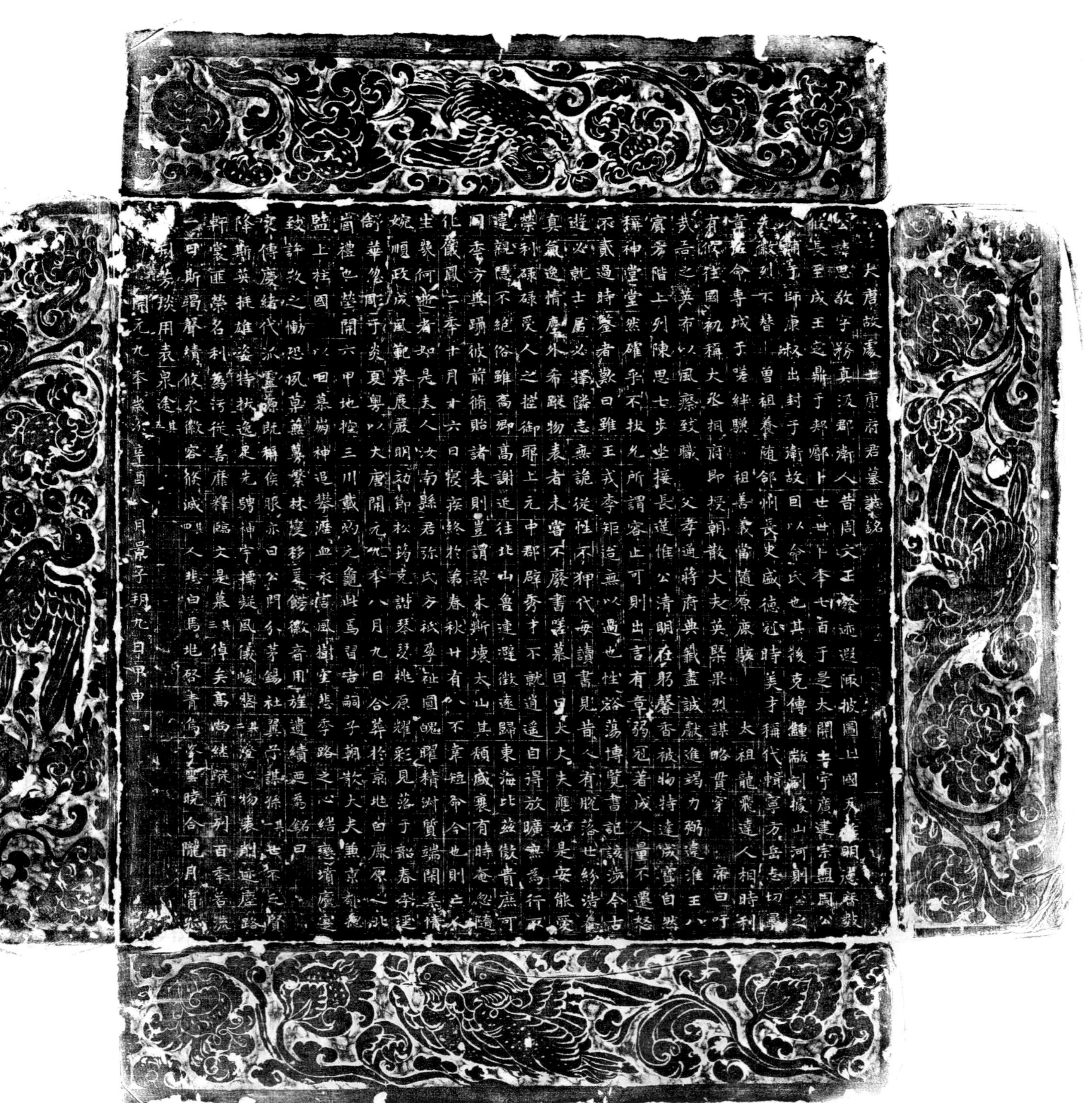

【誌文】

大唐故處士康府君墓誌銘

公諱思敬，字務真，汲郡衛人。昔周文王發迹遐陬，披圖上國，天祚明德，曆数攸長。至成王定鼎于郟鄏，卜世卅，卜年七百。于是大開土宇，廣建宗盟。周公入輔于師，康叔出封于衛，故因以命氏也。其後克傳鍾顓，割據山河，則公之先，徽烈不替。曾祖養，随部州長史，盛德冠時，美才稱代。輯寧方岳，志切彝章。佐命專城，于嗟絆驥。祖善義，當隨原鹿駭，太祖龍飛，達人相時，利有攸往。國初稱大丞相府，即授朝散大夫。英槩果烈，謀略貫穿。帝曰：吁哉，吾之英布。以風瘵致職。父孝通，蔣府典籤。盡誠獻進，竭力弼違。淮王八寅，方階上列；陳思七步，坐接長筵。惟公清明在躬，馨香被物，特達成寶，自然稱神，堂堂然確乎不拔，允所謂容止可則，出言有章。弱冠著成人量，不遷怒，不貳過，時鑒者歎曰：雖王戎李矩，追無以過也。性豁蕩，博覽書記，該涉今古。遊必就士，居必擇隣，志無詭從，性不狎代。每讀書見昔人，有脫落世紛，浩養真氣，逸情塵外，希蹤物表者，未嘗不廢書嗟慕。因曰：大丈夫應如是，安能愛榮利，碌碌受人之控御耶。上元中，郡辟秀才不就。逍遙自得，放曠無為，行不違親，隱不絕俗。雖喬卿高謝，近往北山；魯建避徵，遠歸東海。比茲傲貴，庶可同年。方冀躡彼前脩，貽諸來則，豈謂梁木斯壞，太山其頹。盛襄有時，奄忽隨化。儀鳳二年十月十六日寢疾終於第，春秋廿有八。不幸短命，今也則亡。人生幾何，逝者如是。夫人汝南縣君弥氏，方祇孕祉，圓魄曜精。淑質端閑，柔情婉順。政成風範，譽展嚴明。效節松筠，克諧琴瑟。桃原耀彩，見落于韶春；李逕舒華，忽彫于炎夏。粤以大唐開元九年八月九日，合葬於京兆白鹿原之北崗，禮也。塋開六甲，地控三川。載灼元龜，此焉習吉。嗣子朝散大夫兼京都揔監，上柱國，以咽慕崩神，追攀瀝血。永言風樹，空悲季路之心；結戀墳廬，寔致許孜之慟。恐夙草蕪蔓，繁林變移。爰錺徽音，用旌遺績。迺為銘曰：

家傳慶緒，代泒靈源。既稱侯服，亦曰公門。分茅錫社，翼子謀孫。其一。世不乏賢，降斯英挺。雄姿特拔，逸足先騁。神宇標凝，風儀峻整。其二。澄心物表，削迹塵路。軒裳匪榮，名利為污。從善靡釋，臨文是慕。其三。倬矣高尚，繼蹤前列。百年若流，一日斯竭。聲績攸永，徽容倏滅。其四。人悲白馬，兆啓青烏。峯雲曉合，隴月霄孤。□刊芳琰，用表泉途。其五。

開元九年歲次辛酉八月景子朔九日甲申

四七　趙王妃竇舜舜墓誌（七二二）

【解題】

竇舜舜（六八〇—七二二），京兆扶風人。開元十年窆于長安城南高陽原，其地在今西安市長安區郭杜镇。

誌高五四、寬五三釐米。銘文二七行，滿行二七字。楷書很好，字體工整清秀，行氣整潔可觀。有蓋，高五四、寬五五釐米。四殺四神紋。

誌主曾祖竇誕，少府監，右武衛大將軍，華國公。祖父竇孝慈，禮部尚書，尚書右僕射。父竇希瓛，益州什邡令，平陵公。

誌主開元九年十月，有詔拜爲嗣趙王妃。開元十年遘疾，薨于長安延福里之私第。

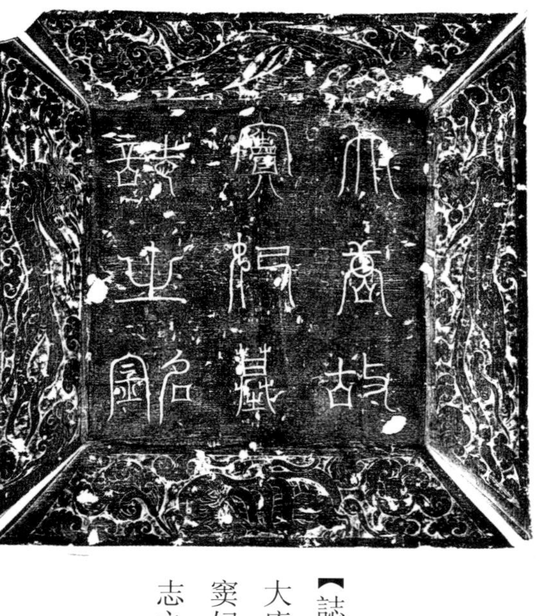

【誌蓋】大唐故竇妃墓志之铭

大唐嗣趙王故妃竇氏墓誌銘并序
妃諱舜舜字惠自在京兆扶風人也西京冠蓋本號外家之尊東漢軒
裳繼踵中宮之盛代業膺棟梁之秀門慶納川瀆之祉遠光史冊被
祉謠餘烈遺風可略而述曾祖少府監右武衛大將軍華國公誕綜文
武之業爲邦家之光大父禮部尚書尚書右僕射孝慈以稀代之材運
生時之略皇考益州什邡令平陵公希瓛式播休風聿弘門祚貴乃由
禮賢而多則妃淳曜降靈英華積祉挺璋琤之表質婉嬺縟而爲文柔
順之姿蘭芳蕣映幽閑之美雪白氷清動合禮儀率由典訓藝窮聲律
薄而弗存文奪績組時然屬意允所謂儀形德門摽映於族者矣趙王
明德懿親蔦才雅望義惟齊耦選窮秦匹膺斯伉好備禮言歸宜其室
家嬪我藩國粵開元九年十月有詔拜爲嗣趙王妃光被典冊欽崇璽
命娣媵士庶宗姻以睦盥漱之節無替夙興戶牖之間畢虔中饋孝敬
之至資母事姑人倫之序自家形國方冀考終禾福永錫遐期服西王
之靈秘同南山之固壽而乎人遂爽與善徒欺遽告寢壖奄從捐館不
其悲夫以開元十年歲次壬戌十月己亥朔十二日庚戌遘疾薨于長
安延福里之私第春秋卅三即以其年十一月戊辰朔廿九日景申窆
于長安城南高陽原之禮也悲歲律之窮紀傷逝川之日度趣荒隧於
太陰背叢臺於雲路野帳舒其虛敞寒郊黯焉將落視褕翟之披披想
珩璜於步步嗚呼哀哉何言永夕非復生春蘭閨塹掩翠帳還新輿行
而而俱絕豈微波之可因託黃絹於遺範寄彤管於芳塵乃爲銘曰
彩發騰精輪娥降靈姻高東漢戚重西京公侯接軫台牧連衡濬祉昭
慶貽華集榮其一是生媛德傳芳載美行充閨壺言合圖史歸我大國式
佐君子絹諧內政勤勞中饋其二寵章既集縟禮攸歸翟褕式序車服有
輝宜其永錫作範藩闈一嗟歲盡長怨春非其三陽精下閻陰溝上涌宿
草方滋荒榛日拱生涯促兮死路長昌爲壽兮昌爲殤惟籯夜月兮照
戶晨光嗟嗟奚兮物在人亡其四
開元十年十一月廿九日

【誌文】

大唐嗣趙王[一]故妃竇氏墓誌銘并序

妃諱舜舜，字惠自在，京兆扶風人也。西京冠盖，本號外家之尊；東漢軒裳，繼踵中宮之盛。代業膺棟梁之秀，門慶納川瀆之祉。遠光史冊，近被邱謠。餘烈遺風，可略而述。曾祖少府監、右武衛大將軍、莘國公誕[二]，綜文武之業，爲邦家之光。大父禮部尚書、尚書右僕射孝慈，[三]以稀代之材，運匡時之略。皇考益州什邡令、平陵公希瑊，式播休風，聿弘門祚，貴乃由禮，賢而多則。妃淳曜降靈，英華積祉。挺珪璋而表質，緝藻繡而爲文。柔順之姿，蘭芳蕣映；幽閑之美，雪白冰清。動合禮儀，率由典訓。藝窮聲律，薄而弗存；文奪繢組，時然屬意。允所謂儀形德門，摽映公族者矣。趙王明德懿親，高才雅望。義惟齊耦，選窮秦匹。應斯仇好，備禮言歸。宜其室家，嬪我藩国。粤開元九年十月，有詔拜爲嗣趙王妃。光被典冊，欽崇璽命。娣媵云序，宗姻以睦。盥漱之節，無替夙興；戶牖之閒，畢虔中饋。孝敬之至，資母事姑；人倫之序，自家形國。方冀考終介福，永錫遐期。服西王之靈秘，同南山之固壽。而平分遂爽，與善徒欺。遽告寢痛，奄從捐館，不其悲夫。以開元十年歲次壬戌十月己亥朔十二日庚戌，遘疾薨于長安延福里之私第，春秋卌三。即以其年十一月戊辰朔廿九日景申，窆于长安城南高陽原之禮也。悲歲律之窮紀，傷逝川之日度。趣荒隧於太陰，背叢臺於雲路。野帳寂其虛敞，寒郊黯焉將暮。視褕翟之披披，想珩璜於出出。嗚呼哀哉！何言永夕，非復生春。蘭閨蹔掩，翠帳還新。與行雨而俱絕，豈微波之可因。託黃絹於遺範，寄彤管於芳塵。乃爲銘曰：

彩婺騰精，輪娥降靈。姻高東漢，戚重西京。公侯接軫，台牧連衡。潛祉昭慶，貽華集榮。其一。是生媛德，傳芳載美。行充閨壼，言合圖史。歸我大國，式佐君子。緝諧內政，勤勞中饋。其二。寵章既集，縟禮攸歸。翟褕式序，車服有輝。宜其永錫，作範藩闈。一嗟歲盡，長怨春非。其三。陽精下闇，陰溝上涌。宿草方滋，荒榛日拱。生涯促兮死路長，曷爲壽兮曷爲殤。帷簾夜月兮牕戶晨光，嗟嗟之矣兮物在人亡。其四。

開元十年十一月廿九日

【校記】

[一]嗣趙王李琚，唐太宗第七子蔣王惲孫，神龍初為嗣趙王。趙王李福，唐太宗第十三子，為建成嗣子。

[二]竇誕，唐高祖婿，娶襄陽公主。《舊唐書·竇威傳》有附傳。

[三]竇孝慈，《舊唐書·竇威傳》有附傳。關於這唐高祖竇皇后家族，傳稱：『竇氏自武德至今，再為外戚，一品三人，三品已上三十余人，尚主者八人，女为王妃六人，唐世貴盛，莫与為比。』

四八　杜府君夫人裴氏墓誌（七二七）

【解題】

杜府君夫人裴氏（？—七二六），河東人，開元十四年權窆于坊州，開元十五年遷祔于京兆府少陵原，其地在今西安市長安區。

誌高四四點五、寬四四點五釐米。銘文二一行，滿行二一字。有蓋，高四四、寬四四釐米，四周寶相花紋，四側卷草紋。行坊州鄜城縣尉韋璞玉撰。書寫似隨意，欠工整，筆劃有的有幼稚之感。

誌主父仁□，周承議郎，行趙州鄗隍縣令。

夫人十五而笄，配歸唐杜。府君不世，開元十四年終于坊州。

【誌蓋】

唐故杜
府君夫
人墓志

【誌文】

大唐沁州司馬杜府君夫人裴氏墓誌銘并序

登仕郎行坊州鄜城縣尉韋璞玉撰

《内則》曰：『鷄初鳴，咸盥●漱』，盖稱婦之道者，將舉教以模之，□備一人，考之則鮮。夫人裴氏，河東人也。伯益佐虞，子□建國；尚書翊晉，领袖居朝。自宋及唐，人英不绝。父仁□，周承議郎，行趙州鄴隍縣令。器宇沖博，襟神秀邁。德以華國，三召爲高步之資；位不充才，百里非大賢之任。降神之美，則有英嬪。夫人淑姿挺生，柔範獨立。三月就學，禮洽公宫。十五而笄，配歸唐杜。外言不入，檢下堂踰閾之儀；中饋聿修，主蘊藻蘋蘩之事。俄而府君不世，憂切未亡，禮越三年，猶聞晝哭。愛均七子，之死靡他。常覩踰笩之心，不飾飛蓬之首。壽年已考，從禄于男。將崇□櫬之榮，奄次泣壞之禍。春秋□十一，以開元十四年六月廿一日終于坊州司戶□□第，其年六月權窆于州東某原，禮也。嗚呼哀哉！夫人□度標閑，訓誉清密。有子休文等，規仁矩行，錫類難儔。柴毁骨立，孝思特至。粤開元十五年龍集癸酉九月才生明，遷祔于京兆府少陵原，礼也。鳳皇城闕，晝柳南移。蘽宿園樓，新松北望。問千秋之懿躅，翠琰銘深；書六行之高蹤，色絲才短。其詞曰：

河德水山，首陽晉國。大裴氏昌，誕淑女齊。之姜伉有，則士之□。五陵之下雙劒藏，孺慕填填松栢蒼。

【校記】

●盥，誌文误作盟。

四九　段麗質（申王贈惠莊太子孺人）墓誌（七三〇）

【解題】

段麗質（六八九—七三〇），齊國章丘人。開元十八年遷窆於京兆萬年縣義善鄉鳳棲原祖考之後塋，在今西安市長安區兆余村。

誌高五九、寬五九釐米。銘文二〇行，滿行二一字。楷書，工整欠秀麗。

誌主曾祖段君逸，唐鎮軍將軍，左監門大將軍、長山郡開國公。祖段仁慶，坊州司馬。父段崇貞，益州郫縣令。

孺人生於盛族，笄年于歸，嫁唐玄宗二哥申王李成義。申王薨逝，奉勅隨女五郡主處于後宮。開元十八年病故於西内别殿。

【誌文】

唐故申王贈惠莊太子孺人五郡主母段氏墓誌銘并序

孺人諱麗質，字華儀，齊國章丘人也。曾祖君逸，皇朝鎮軍將軍，左監門大將軍，上柱國，長山郡開國公。祖仁慶，中大夫，坊州司馬，上柱國。父崇貞，尚乘直長，益州郫縣令。並弈葉載德，蟬聯冠冕。孺人生於盛族，長自明悊，蘊柔惠之心，秉幽[蘭]之操。笄年灼灼，朱邸于歸。履不違仁，率而從典。至於歲時伏臘，省謁歸寧。駕流水之車，擁如雲之從，填門照室，展敬稱觴。積慶所履，當時榮觀。屬惠莊薨逝，奉勑随女五郡主處于後宮。方將延此百齡，成兹五福，豈謂波瀾不返，風燭遽銜。開元十八年八月四日遘疾卒❶于西内別殿，春秋卌有二。嗚呼哀哉！恩勑歸葬於私第，賜物四百匹。皇情軫悼，中使相望，信可謂生榮死哀，亦孔之榮者矣。即以其年歲次庚午九月壬子朔十九日庚午，遷窆於京兆萬年縣義善鄉鳳棲原祖考之後塋，禮也。女哀絰風樹，情切蓼莪，叩地號天，追攀靡及。荒茫原野，匪秋氣而增悲；寂漠墳塋，未施哀而灑泣。式憑鐫勒，乃作銘云：

家傳珪組，代擅羽儀。如室蘊蕙，如林茂枝。挺生賢媛，是稱淑德。孝敬盡禮，柔儀不忒。閱川長逝，人生幾何。一辭華殿，迴赴山阿。樹響悲風，雲霾孤壟。寄之鐫勒，芳猷弥重。

【校記】

❶卒，原文为歹字旁卒，与卒通。

五〇　輔果墓誌（七三六）

【解題】

輔果（六四七—七一一），扶風人。開元廿四年改葬周原之陽。

誌高四〇、寬四〇釐米。銘文一五行，滿行一五字。正書。左清道率府胄曹蘇復撰文。

誌主祖榮，破竹鬼方。父旱，囧石京縣公。

誌主少通經史，吏部常選。春秋六十有五，景雲二年六月遘疾終於槐里私第，夫人張氏，後公而歿，祔公而葬。

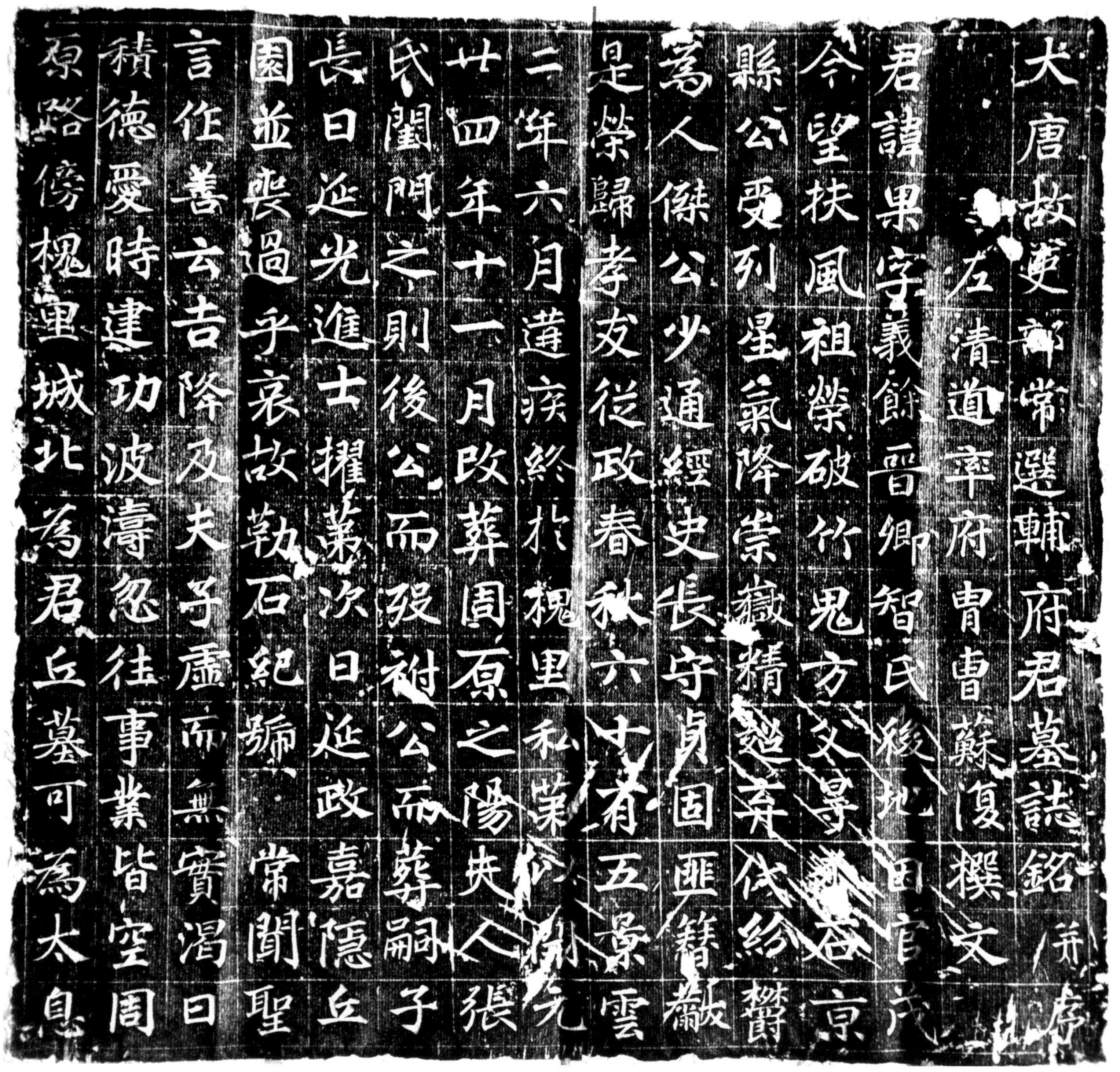

【誌文】

大唐故吏部常選輔府君墓誌銘並序

左清道率府胄曹蘇復撰文

君諱果，字義餘，晉卿智氏後。地因官茂，今望扶風。祖榮，破竹鬼方。父旱❶，介石京縣。公受列星氣，降崇嶽精。超弃代紛，欝為人傑。公少通經史，長守貞固，匪簪黻是榮，歸孝友從政。春秋六十有五，景雲二年六月遘疾終於槐里私第，以開元廿四年十一月改葬固原之陽。夫人張氏，閨門之則，後公而歿，祔公而葬。嗣子長曰延光，進士擢苐。次曰延政，嘉隱丘園。並喪過乎哀，故勒石紀號。常聞聖言，作善云吉，降及夫子，虛而無實。渴日積德，愛時建功，波濤忽往，事業皆空。周原路傍，槐里城北，為君丘墓，可為太息。

【校記】

❶旱即㫚。

五一　唐玄宗順妃韋秀墓誌（七四〇）

【解題】

韋秀（？—七四〇），京兆青貴里人。開元廿八年葬於京兆府萬年縣細柳原之傷，在今西安市臨潼區西泉鄉一帶。

誌高八八、寬八八、厚一六釐米。銘文二四行，滿行二五字。四邊卷草紋。楷書好，結體工整，端莊秀麗。

誌主高祖韋澄，舉秀才，隋兵部侍郎，東都司勳尚書，金山郡守，唐國子祭酒，綿州刺史，彭城郡開國公。曾祖韋慶植，唐舒、密二州刺史。祖韋項，工部尚書，扶陽郡開國公。父韋鐵，駙馬都尉，尚唐中宗女永壽公主，衛尉卿，太僕卿，右金吾將軍，封彭城郡開國公。

順妃，少稱女士，開元六年娉入唐玄宗後宮。性婉順，有精識，每侍帷幄，以謙謹自守，開元廿八年遘疾薨於北宮。

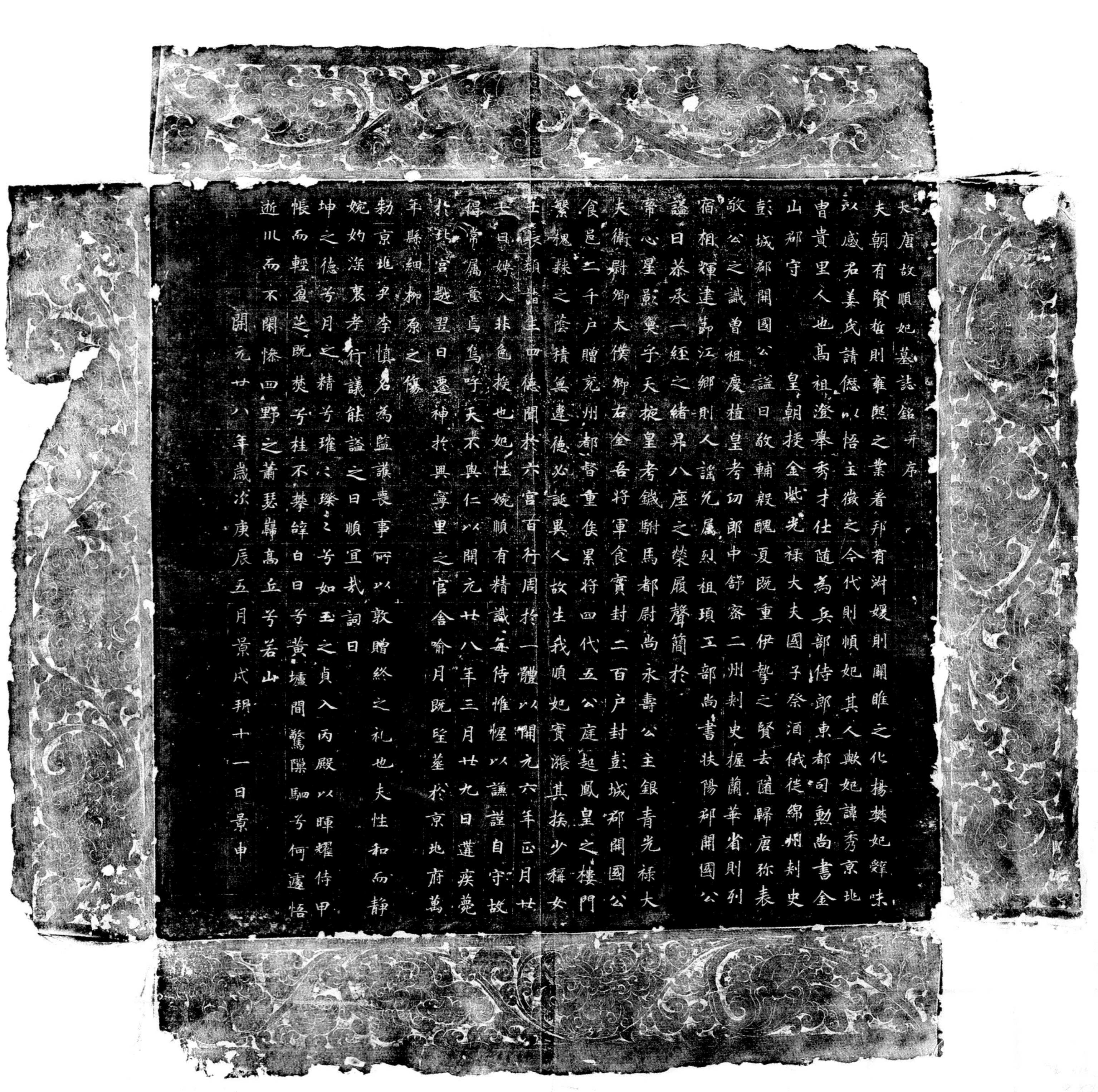

【誌文】

大唐故順妃墓誌銘并序

夫朝有賢哲，則雍熙之業著；邦有淑媛，則關雎之化揚。樊妃辭味以感君，薑氏請愆以悟主。徵之今代，則順妃其人歟。妃諱秀，京兆青貴里人也。高祖澄，舉秀才，仕隨為兵部侍郎，東都司勳尚書，金山郡守，皇朙授金紫光祿大夫，國子祭酒。俄徙綿州刺史，彭城郡開國公，謚曰敬。輔殷醜夏，既重伊摯之賢；去隨歸唐，彌表敬公之識。曾祖慶植，皇考功郎中，舒、密二州刺史。握蘭華省，則列宿相輝；建節江鄉，則人謠允屬。烈祖頊，工部尚書，扶陽郡開國公，謚曰恭。承一經之緒，昇八座之榮。履聲簡於帝心，星影奐乎天掖。皇考鑲，駙馬都尉，尚永壽公主，銀青光祿大夫，衛尉卿，太僕卿，右金吾將軍，食實封二百戶，封彭城郡開國公，食邑二千戶，贈兗州都督。重侯累將，四代五公，庭起鳳皇之樓，門繁槐棘之蔭。積無違德，必誕異人，故生我順妃，實漲其族。少稱女士，長類諸生，四德聞於六宮，百行周於一體。以開元六年正月廿七日娉入，非色授也。妃性婉順，有精識，每侍帷幄，以謙謹自守，故得常屬意焉。烏呼！天不與仁，以開元廿八年三月廿九日遘疾薨於北宮。越翌日，遷神於興寧里之官舍。喻月既望，葬於京兆府萬年縣細柳原之傷。勑京兆尹李慎名為監護喪事，所以敦贈終之禮也。夫性和而靜，婉妁深衷，考行議能，謚之曰順，宜哉。

詞曰：

坤之德兮，月之精兮。璀璀燦燦兮，如玉之貞。入丙殿以暉耀，侍甲帳而輕盈。芝既焚兮桂不攀，辭白日兮黃壚間。驚鄭駟兮何遽，悟逝川而不閑。慘四野之蕭瑟，歸高丘兮若山。

開元廿八年歲次庚辰五月景戌朔十一月景申

五二　李君夫人鄭氏墓誌（七四二）

【解題】

李君夫人鄭氏（六四九—七三四），滎陽人。天寶元載移窆于鳳栖原，從先塋，其地在今西安市長安區大兆鄉一帶。

誌高四六、寬四六釐米。銘文二一行，滿行二二字。

誌主父鄭處温，資州磐石縣令。

誌主丈夫李君，絳州萬泉縣令，先逝，愛子在髫年，鄭氏訓導成人。開元廿二年去世於淮陽郡之官舍。

【誌文】

大唐故绛州萬泉縣令李君夫人鄭氏墓誌銘并序

夫人姓鄭氏，滎陽人也。其先有桓公者，周厲王之少子，而宣王之母弟。自祚土開國，剪珪建封。世濟賢材，宣力王室。故能保姓垂裕，食德冗宗。冠蓋蕃衍，爵為華胄矣。父處溫，資州磐石縣令。慶襲緇衣，業傳素履。亨于天祑，光於帝猷。不隕其名，厥有成績。夫人即盤令之第五女也。含[章]章有孚，淑慎於穆。自作嬪君子，虔奉母儀，秉四德以不愆，和六姻而致美。豈止躬勤澣濯，職是蘋蘩。亦將肅雍閨門，昭宣禮典矣。嗚呼！萬泉府君以昊天不惠，若朝露以晞陽。夫人以韶歲孀居，稱未亡而晝哭。顧惟愛子，越在髫年。訓失趍庭，禍罹枕塊。夫人悼其孤邈，教以義方。洎乎成人，亦克負荷。或貳邑於虢，或作掾於陳。政有能名，人多景慕。此皆夫人之訓導也。嗚呼！鐘漏俄迫，薪火不傳。以開元廿二年八月十七日，春秋八十六，即世於淮陽郡之官舍，以天寶之歲，歲在敦牂[一]，七月七日，移窆于鳳栖原，從先塋，禮也。嗣子延喜，丁夫人之戚，遂哀毀而終孝。孫誠，為保家之主，稱有無以葬。嗚呼！日月逾邁，陵谷有遷，是旌令淑，以誌泉壤。銘曰：

緇衣之慶兮厥有令淑。作嬪于李兮閨門以睦。彼蒼不吊兮貽此凶酷。佳城掩兮白日無燭。泉戶深兮風悲拱木。嗚呼！人百身兮何贖。

【校記】

[一]敦牂疑當作敦牂，玄默敦牂（壬午）為天寶元年，閼逢敦牂（甲午）為天寶十三年，此取天寶元年，距卒年稍近。

五三　巖和尚墓誌（七四八）

【解題】

巖和尚（六八七—七四八），俗姓石氏，歷陽人。天寶七載窆于龍門天竺之原，其地在今洛陽南龍門一帶。

誌高四六點五、寬四六點五釐米。銘文二〇行，滿行二〇字。楷書很好，字體較嚴謹，筆畫靈活有力。前鄉貢明經王鑠撰。

誌主高祖石誕，隋游擊將軍。祖石通，廣陵六合尉。父石智，上柱國。

誌主洎乎襁褓，不茹薰血。遂修葺經行，堅持具戒。神龍元年，勅度大雲寺僧，移天宮大德。天寶七載遷化于天宮寺。

【誌文】

大唐天宫寺巖和尚誌铭并序

前鄉貢明經王鑠撰

和尚諱巖，俗姓石氏，歷陽人也。昔春秋書碏，目以純臣；炎漢禰建，奇於數馬。莫與京者，何代無之。高祖誕，隨游擊將軍。祖通，廣陵六合尉。父智，上柱國。或鑿門申命，制勝樽俎之閒；或捧檄載馳，安卑州縣之職。禪師稟受且異，敏慧自殊。洎乎襁褓，不茹薰血。以為入仕通侯，賞延莫過於三代；出家弘教，救拔所及於七祖。揚名之義，不其遠乎。遂修葺經行，堅持具戒。大城乞食，终夜结跏。魚鱉之都，悠然遂性；崑崗之宅，肅尔浮涼。神龍元年，勑度大雲寺僧。無何，移天宫大德。江淮老幼僉曰：佛教東被，是生禪師。拯於横流，晤彼迷俗。微禪師，吾為魚矣。自杯□清江，杖錫宛洛。菩提樹下，開不二法門；蓮花座中，發第一□□。受前世記，度無邊衆生。嗚呼！以有涯之生，徇無涯之□，非金石也，其能久乎。以天寶七載六月十七日遷化于天宫寺。即以其月廿八日，窆于龍門天竺之原，禮也。爰自沉痾，逮于属纊。善誘不倦，道心惟精。春秋六十有二，僧臘卌二已矣。弟子禪提等悲法雲而無陰，痛梁木而安仰。鑠曾詣和上故国，曲承餘論，辱紀玄猷，有慙其略。詞曰：于嗟！禪師賓頭顱兮，觧懸拯溺歷陽都。

五四　王□忠墓誌（七四八）

【解題】

王□忠（六八六—七四八），京兆咸陽孝里人。天寶七載葬於龍首原，今西安城西棗園村。

誌高五三、寬五三點五釐米。銘文二三行，滿行二五字。琅琊郡司倉參軍盧液撰，太原王演書。基本楷體，有行意，字欠端正，然筆法自然可取。

誌主祖王勗，隋楚州長史。父王愔，唐信安郡司馬。母金鄉郡夫人顔氏。夫人彭城郡劉氏。

誌主初任三交府果毅都尉，壘遷左武衛郎將，又遷左龍武軍中郎。天寶六載春，皇帝法祠南郊，普賜加左龍武軍將軍。天寶七載終於長安私館。

【誌文】

唐故左龍武軍將軍上柱國太原王府君墓誌銘并序

昔帝高宗，傳說□其夢；漢祖西顧，天人有其應。非□道□□□成其功。公諱守忠，字惟肅，京兆咸陽孝里人也。氣爽神秀，剛而能斷；斌斌文質，柔而能和。豁達大度，不倶小節。曩者□氏擅權，社稷危迫。人懼塗炭，國憂分崩。公私濟聖艱，奮命匡主。弼諧幃幄，□張天地。再懸日月，於此□也。所為因公成事，特拜公□州三交府果毅都尉，壘遷左武衛郎將，又遷左龍武軍中郎。去天寶六載春，皇帝法清宮肅鑾輅，祠南郊。施雨露之深恩，記唐元之勳重。功不可忘，制必先需。普賜之餘，加公左龍武軍將軍，上柱國，金章紫綬，九族是榮。長戟朱輪，高門待封。豈期良木其壞，隟光不停。始濟巨川，舟楫將覆。天寶七載六月九日薨於長安私館也，公春秋六十有三。主上歎惜，禮贈之外，賜帛百疋。其載十月十二日俻禮葬於龍首原也。祖諱勗，隨楚州長史。考諱愔，唐信安郡司馬。妣金鄉郡夫人顔氏。夫人彭城郡劉氏。凡有一子，號曰子牙。任絳郡正平府別將。孝義為節，恭儉立身。慈訓傳家，慭承後嗣。或田成碧海，海變蒼山，雖史簡可稱，而墓誌在闕。餘以鄙學，非敢逾揚。有愧小才，輒題銘記。其辭曰：

英英王公，允文允武。靜亂為首，克勤克輔。相如會澠，樊怒鴻門。何代無傑，社稷猶存。四時遞謝，日月如流。身既歿兮長往，唯令德兮千秋。

琅琊郡司倉參軍盧液撰，太原王演書

天寶七載歲次戊子十月戊戌朔十二日己酉建

五五　陽承訓墓誌（七四八）

【解題】

陽承訓（六九九—七四八），北平人。天寶七載十二月與夫人呂氏合葬於少陵原，其地在今西安市長安區。

誌高四四、寬四四釐米。銘文二三行，滿行二三字。楷書，筆意雖靈活，但欠嚴整法度。

誌主曾祖陽琳，蜀郡雙流縣人。祖陽秀，普安郡黃安縣令。父陽靈芝，行太子家令。夫人，東平呂氏。

誌主年始十五，志在詩書。皇上有事南郊，別勅齋郎放選，秩滿，授左金吾衛中候，再遷廉平府右果毅。河隴不寧，徵練卒五萬餘人。誌主防秋盡節，遷寧遠將軍，守左衛京兆府高思府折衝都尉。天寶七載遇疾，終於高思府之官舍。

【誌文】

唐故寧遠將軍守左衛京兆府高思府折衝都尉上柱國陽公墓誌銘并序

公諱承訓，字守禮，北平人也。昔周末陽樊之裔，□因避亂適北燕。種玉昌宗，抙珪命氏。曾祖琳，皇朝蜀郡雙流縣人。祖秀，普安郡黄安縣令。父靈芝，銀青光禄大夫，行太子家令。公即家令第三子也。丮承緒業，天假聰明。氣稟溫恭，藝兼韜略。年始十五，志在詩書。属皇上有事南郊，别勑齋郎放選。文武不墜，遷拜司戈。朝趍玉墀，夕奉金闕。千門昔傳於警□，百衛今仰於司存。秩滿，授左金吾衛中候，再遷左驍衛京兆府豐安府右果毅，又授右領軍衛京兆府廉平府右果毅。□河隴不寧，兇醜屢寇。徵兵練卒，五萬餘人。公當部統之際，輒有自若之色。防秋盡節，獲賞而還。遷寧遠將軍，守左衛京兆府高思府折衝都尉。咸歷武職，皆盡公心。天胡不忱，殲我良士。春秋五十，天寶七載八月廿一日遇疾，终于高思府之官舍。嗚呼哀哉！公雅性清儉，虚心應物。交遊不愆於金石，言□必踐於冰霜。處□雀不與齊喧，参鴻鵠先能斂翼。仁兮無□，實可悲夫。故夫人，東平吕氏左威衛中郎□察第二女也。姆訓不爽，閑家有聞。先公而終，從公而祔。以其載十二月六日合葬于少陵原，禮也。嗣子晅等，號天罔極，勒石題封，銘曰：

赳赳君子，美無窮兮。孜孜報國，忘厥躬兮。徒使碩貌，百夫雄兮。不享眉壽，九泉中兮。□妻嗣子，號蒼穹兮。千齡萬祀，懷清風兮。

五六　趙有孚墓誌（七五〇）

【解題】

趙有孚（六八四—七四九），天水西縣人。天寶九載與夫人合葬於京兆少陵原，在今西安市長安區。

誌高七三、寬七三點五釐米。銘文二九行，滿行二九字。楷書好，字端莊秀麗挺拔。有蓋，高七三、寬七三釐米，四側四神紋。給事中盧弈撰，前上郡龍泉縣尉孟挺書。

誌主祖趙持滿，涼州長史，襲中盧公。與長孫無忌、韓瑗為姻親，被酷吏殺。父趙充，吳房縣令。

誌主弱冠孝廉甲科，起家廣都主薄。曾宣撫西蜀。累轉華陰司法，改大理丞。以寬見責，貶靈昌郡員外司功，轉弋陽司馬。天寶八載終於郡廨。

夫人安定皇甫氏，曾祖吏部尚書皇甫無逸，祖易州刺史皇甫慎名，父衛尉卿皇甫忠。

【誌蓋】

大唐故

趙府君

墓志銘

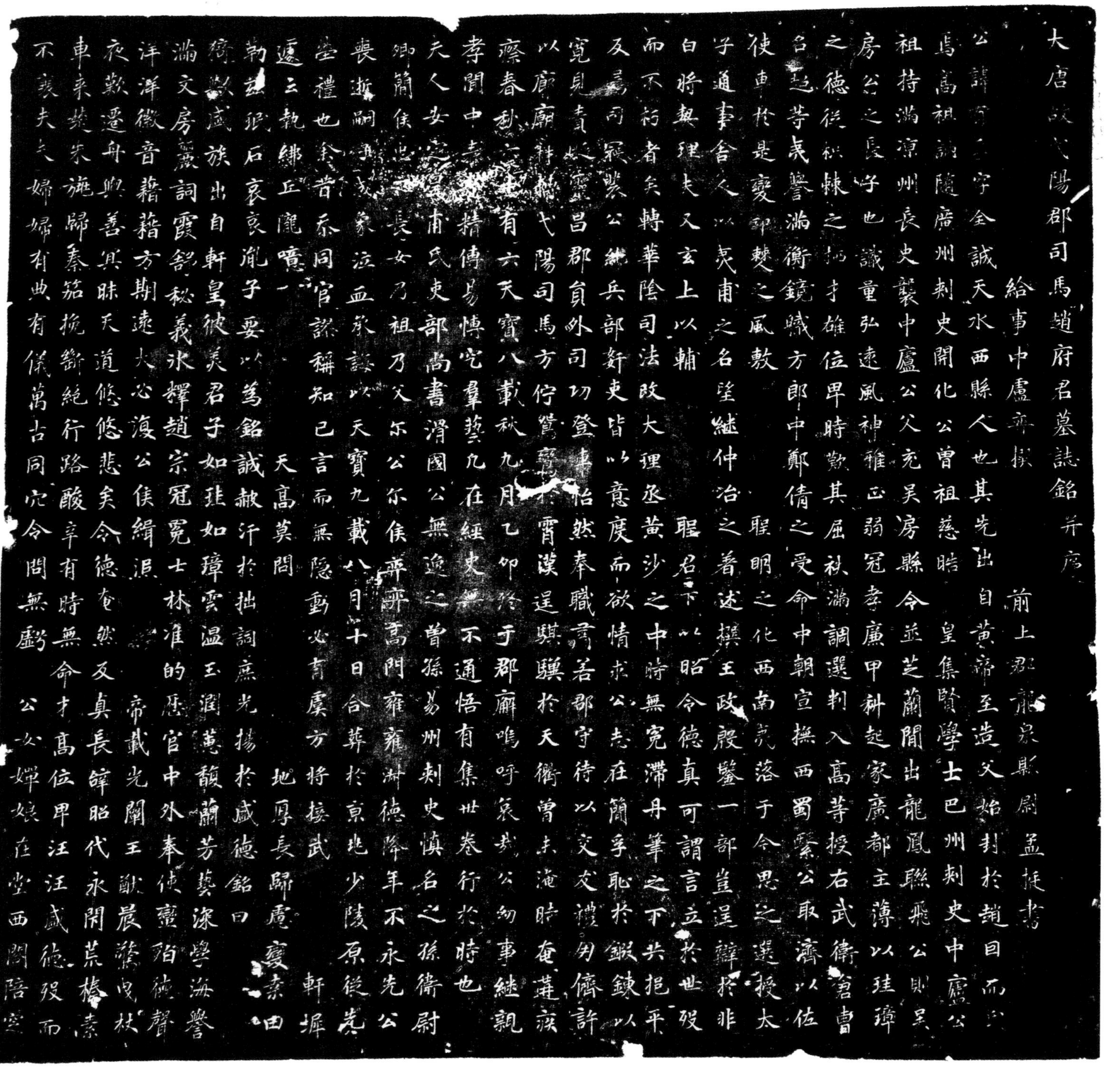

【誌文】

大唐故弋陽郡司馬趙府君墓誌銘并序

給事中盧弈撰　前上郡龍泉縣尉孟挺書

公諱有孚，字全誠，天水西縣人也。其先出自黃帝，至造父始封於趙，因而氏焉。高祖訥，隨廣州刺史，開化公。曾祖慈皓，皇集賢學士，巴州刺史，中盧公。祖持滿，涼州長史，襲中盧公。父充，吳房縣令。並芝蘭間出，龍鳳聯飛。公則吳房公之長子也。識量弘遠，風神雅正。弱冠孝廉甲科，起家廣都主薄。以珪璋之德，從枳棘之栖。才雄位卑，時歎其屈。秩滿調選，判入高等，授右武衛倉曹。名超等夷，譽滿衡鏡。職方郎中鄭倩之受命中朝，宣撫西蜀。緊公取濟，以佐使車。於是變邛僰之風，敷聖明之化。西南夷落，於今思之。選授太子通事舍人，以夷甫之名望，繼仲冶之著述。撰《王政殷鑒》一部。豈逞辯於非白，將契理夫又玄。上以輔聖君，下以昭令德，真可謂言立於世，歿而不朽者矣。轉華陰司法，改大理丞。黃沙之中，時無冤滯；丹筆之下，共挹平反。屬司寇裴公純，兵部姧吏，皆以意度，而欲情求。公志在簡孚，恥於鍛錬。以寬見責，貶靈昌郡員外司功。登車怡然，奉職肅若。郡守待以交友禮，朋儕許以廊廟材。轉弋陽司馬。方佇鴛鷺於霄漢，逞騏驥於天衢。曾未淹時，奄遘疾瘵。春秋六十有六，天寶八載秋九月乙卯終於郡廨。嗚呼哀哉！公幼事繼親，孝聞中表。專精傳易，博究羣藝。凡在經史，無不通悟。有集卅卷，行於時也。夫人安定皇甫氏，吏部尚書、滑國公無逸●之曾孫，易州刺史慎名之孫，衛尉卿、簡侯忠之長女。乃祖乃父，尔公尔侯。弈弈高門，雍雍淑德。降年不永，先公喪逝。嗣子成象，泣血承誨。以天寶九載八月十日合葬於京兆少陵原，從先塋，禮也。余昔忝同官，謬稱知己。言而無隱，動必有虞。方將接武軒墀，遽云執紼丘隴。噫！天高莫問，地厚長歸。慮變桑田，勒茲珉石。哀哀胤子，要以為銘。誠赧汗於拙詞，庶光揚於盛德。銘曰：

猗歟盛族，出自軒皇。彼美君子，如珪如璋。雲溫玉潤，蕙馥蘭芳。藝深學海，譽滿文房。麗詞霞舒，秘義冰釋。趙宗冠冕，士林准的。歷官中外，奉使蠻貊。德聲洋洋，徽音藉藉。方期遠大，必復公侯。緝熙帝載，光闡王猷。晨驚曳杖，夜歎遷舟。與善冥昧，天道悠悠。悲矣令德，奄然反真。長辭昭代，永罥荒榛。素車來楚，朱旐歸秦。笳挽斷絕，行路酸辛。有時無命，才高位卑。汪汪盛德，歿而不褰。夫夫婦婦，有典有儀。萬古同穴，令問無虧。公女嬋娘，在堂西閣陪窆。

【校記】

●皇甫無逸，《舊唐書》卷六二有傳。

五七　李謙墓誌（七五二）

【解題】

李謙（七〇〇—七五一），隴西成紀人。天寶十載十二月十一日窆。

誌高五九、寬六〇釐米。銘文二七行，滿行二七字。有蓋，高五九點五、寬六〇釐米，四周卷草紋，四側纏枝牡丹紋。首行隸書，末行篆字，正文基本楷書，有魏意，字好，結體方正，筆法自然，有力度。

誌主祖李感，樓煩郡別駕。父李元晶，瑯琊郡太守。夫人河東裴氏。

誌主讀書貴達大略，不過求其義；修禮取其大節，不為僻儒。議者謂人中之英。初授右衛右長上，調羽林司戈，遷石井府右果毅都尉。天寶十載寢疾不起，終於羣賢里之私第。

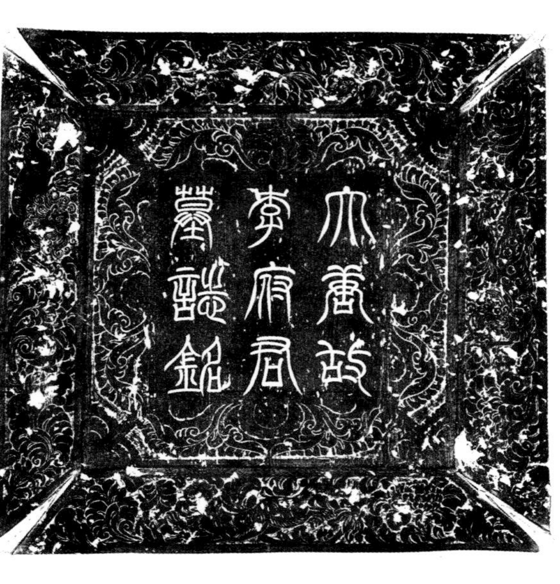

【誌蓋】

大唐故

李府君

墓誌銘

【誌文】

大唐故右清道率府石井府右果毅都尉隴西李府君墓誌銘并序

才貴乎天縱，道貴乎生知。用於身，名位可以俯拾；行於代，取捨可以□炘。於是察公能，稽公實，以為貞光百煉，屢照不疲。寒芳一枝，淩霜轉茂。難乎哉！況陶然鴻鈞，居而不旬者，吾見其人矣。公諱謙，字子卿，隴西成紀人也。公祖感，皇樓煩郡別駕。父元畠，皇瑯琊郡太守。皆德茂茂官，功茂茂賞。文能修其班制，使封城不辱；武能克著雄列，翼光聖葉。誕乎公也，其有後乎。公標格千尋，涯岸萬里。骨竦氣邁，颯然風生。智能過人，辯必中理。讀書貴達大略，不過求其義；修禮取其大節，不為僻儒。一吟一嘯，自有漢霄間意。議者謂公為人中之英，雅好談當世要務，調如白波，動漫無際。縱容曰文武，勤勞之嗣，非此而誰。公嘗言曰：吾恐己道之未備，不恨天爵不至。及此非公之懷，以為違命隱忠，過求傷儉。故當小吏之末品，屈情素以從事。授右衛右長上，調羽林司戈，遷石井府右果毅都尉。公能克復前列，永修後畠。何悊人其萎❶，良弓方勁，以天寶十載四月十八日寢疾不起，春秋五十有二，終於羣賢里之私第。公幼學志大，立身道廣。忠貞生於率性，河岳納於方寸。千里氣應，壑然見心。一言道乖，堅不可入。惜其國器，夭于明朝。夫人河東裴氏，撫膺呼天，徹帷晝哭。嗣子崗，美哉張也，孝實參乎，禮且足焉，哀亦餘矣。崗專於子道，夫人給於喪事。皇恤我後，悲穆伯之獨逝；代不乏賢，嘉敬姜之兼美。泉下玉樹，寧迴行路之塵；墳上青春，徒長荒阡之草。

其銘曰：

降及烈祖，杖義罄忠。武光帝業，文闡皇風。傳家駿骨，繼代良弓。積慶之下，實生我公。其一。剋冀雲路，忠讜輔弼。未享大年，終於下秩。謚闕朝禮，名孤吏筆。戶閇陰堂，庭開埅室。其二。誰謂君之林，誰謂君之器，何三遷而一都尉。謂君用有時，謂君用未竭，何割雞而寶刀折。嗣子專禮，夫人飾喪。哭聲苦兮旌悠揚青，春日短兮黃泉路長。寒風淒淒兮草茫茫，刻貞石兮君德彰。万古千秋兮永不忘。其三。余忝不才，敘德何盡。臨君之車，撫君子櫬，痛哉！彼蒼遺此不憖，既從天生，亦從天運。適來也時，今去也順。其四。

天寶十載歲次辛卯十二月寅戌朔十一日庚寅

【校記】

❶原字作𣨼，萎的異體字。

【跋】

唐代又有定州長史李謙的墓誌，開元十八年葬，一九二九年出土於河南洛陽，收藏於千唐志齋，與此李謙非一人。

五八　段延福墓誌（七五八）

【解題】

段延福（六九一—七五四），武威人。乾元元年陪先塋，葬於鳳栖原，其地在今西安市長安區大兆鄉。

誌高三六、寬三五釐米。銘文一九行，滿行一九字。楷體字好，笔意灵活自然，有法度。

誌主曾祖段君逸，雲麾將軍。祖段仁慶，坊州司馬。父段崇嗣，宣威將軍，守左監門將軍。

誌主春秋一十八，孝廉擢第，廿二，亳州臨渙縣尉。遷洺州臨洺縣丞。五十，授澤州司倉。天寶十三載，卒於浐川鄉之私第。

【誌文】

大唐故武威段府君墓誌銘并序

□貴族榮姻，名留後裔。芳傳戚里，継襲承宗。曾祖君逸，皇雲麾將軍。祖仁慶，坊州司馬。父崇嗣，宣威將軍，守左監門將軍。君諱廷福，字訓。君□性云謙柔，薰蕕不雜，芳蘭有議，而獨無為。春秋一十八，孝廉擢第，詞同白雪，調逸青雲。廿二，亳州臨渙縣尉。無何，遷洺州臨洺縣丞。為政之述，頗著公清。五十，授澤州司倉。自居曹掾，氣變炎涼。松筠之心，鐵石弥固。文詞利用，寮友推先。藏器於身，候時而動。何豎嬰灾，百殃來集。吉凶同域，禍福無門。黃熊作□，空驚入夢之徵；白馬呈祥，遂應庚年之祟。時春秋六十四，即以天寶十三載七月，卒於滻川鄉之私第。比屬狂寇亂常，妖氛作逆。恨以阻隔，無申孝感之心。天地無私，得展虔誠之至。用乾元元年二月十二日，陪先塋，葬於鳳棲原，禮也。鬱鬱松柏，峨峨□塋，百身奚贖，刊石為名。乃為銘曰：

猗歟段公，□理精銳。道不相閒，恩懃愷悌。有禮有義，多才多藝。其一。天長地遙，時遷路陌。邑屋不居，因茲永隔。□兮自安，□以為容。其二。

乾元元年二月十一日□□

五九　法振律師墓誌（七五八）

【解題】

法振律師（七一三—七五八），俗姓蕭，名智宏，南朝齊梁宗室。乾元元年遷神起塔於萬年縣神禾原，今西安市長安區西南。

誌高五九點五、寬五九釐米。銘文二七行，滿行二七字。有蓋，蓋四側卷草紋。楷書，用筆靈活，稍帶行書意味，字好，不很工整。守中書舍人晉陵縣開國男蕭昕撰。

誌主高祖蕭巋，梁孝明皇帝。曾祖蕭瑀，唐相國，司空，宋國公。祖蕭鉽，給事中。父蕭懋，商州司馬。

誌主生而敦敏，居喪泣血，祥練之辰，遂求入道。母兄既許，帝亦嘉之。遂隸大薦福寺，寺則宋公蕭瑀之舊宅。初依止大智禪師，得頓悟門。次請益於舟律師，得戒藏妙。傳燈自稟於本師，有詔使為京城大德。刀兵起難，王室播蕩，法門罹其凶虐。乾元元年遷神於寺之方丈室，春秋卌有六，僧臘廿有二。

【誌蓋】大唐故大德律師墓誌

【誌文】

大唐大薦福寺主臨壇大德法振律師墓誌銘并序

朝散大夫守中書舍人晉陵縣開國男蕭昕撰

夫體寂滅之理，出名言之外，深入秘藏，出於樊籠。心鏡達於圓明，戒珠護其清淨。崇我法寶，律彼有情。誰其嗣之？則我振律師其人也。律師諱智宏，俗姓蕭氏，出於我祖，吾實知之。肇於殷氏六族，系以齊梁二帝。迭興江左，讓位關西。高祖歸，梁孝明皇帝。曾祖瑀，皇相國，司空，宋國公。於周為客，在唐佐命。必復公侯，大開茅土。祖鉞，皇給事中。父懋，皇商州司馬。入趍中禁，駮正是司；出佐外臺，題輿見美。律師則商州府君之中子也。生而敦敏，長乃貞確，至性萌於自然，嚴操達乎先覺。居喪泣血，毀瘠過人。祥練之辰，遂求入道。母兄既許，帝亦嘉之。遂隸大薦福寺。寺則宋公之舊宅也。廷尉高門，豈唯駟馬；太尉餘慶，寧至五公。自削髮振衣，洗足敷座。探龍藏之密旨，究馬鳴之遺學。研覈奧義，懸觧真宗。初依止大智禪師，得頓悟門。次請益於舟律師，得戒藏妙。且三點俱列，始謂獸王；二翼或虧，未成飛鳥。語泡幻則定惠俱忘。存名數則威儀可象。諭栰同歸於彼岸，傳燈自稟於本師。弘益則多，津梁斯在。然後窮子歸於長者，眾疾湊於醫門。遠近風趍，衣冠景附。眾請登壇，有詔使為京城大德。大雲遍覆，群動息陰。一雨普霑，眾植皆潤。又丁太夫人憂，雖達理遺其蓋纏，而因心在乎欒棘。刀兵起難，豺豕當蹊，王室因而播蕩，法門罹其凶虐。律師久齊生死，大泯色空，遊戲而來，蹔因循於此宅。隨緣則適，或應現於他方。以乾元元年十一月十六日乘化遷神於寺之方丈室，春秋卌有六，僧臘廿有二。律師兄弟有四，而存者二人。一妹出家，具承遺教。嗟乎金山已滅，寶所何依；禪林已空，道場奚仰。門人玄宗等遷神起塔於萬年縣神禾原，徵實錄於行狀，播遺芳於誌石。銘曰：

粵我至人，弘茲法要。清淨外朗，圓明內照。戒珠久護，法印初傳。魔軍自潰，佛日長懸。芭蕉匪堅，優曇難遇。化跡斯來，隨方或去。門人喪道，法子亡師。誌彼神塔，徵其謏詞。

六〇　韓汯故夫人李氏墓誌（七七五）

【解題】

韓公夫人李氏（七二五—七七三），隴西成紀人。大曆十年歸祔長安。

誌高三六、寬三五釐米。銘文二六行，滿行二五字。有蓋，蓋芯高二五點五、寬二五點五釐米。楷書很好，字體秀麗，結構緊嚴，行氣整齊舒朗。

誌主八代祖後魏高陽公李沖。曾祖李嗣源，壽安縣令。祖李延祚，坊州長史。父李彥超，殿中侍御史，戶部員外郎。

夫人敦閱詩書，不工組紃。上事父母。歸于宰相韓休之子韩汯，丈夫沉潛道真，夫人亦洞悟禪寂。大曆八年遇疾，殁於蘇州長洲縣之私第，春秋卌有九。

【誌蓋】大唐故李夫人墓志銘

【誌文】

前諫議大夫韓公故夫人李氏誌銘并序

檢校尚書右司郎中兼侍御史李□昌

夫人姓李氏，諱□□，字□□，隴西成紀人。其先自軒轅氏没，皐陶老氏繼生，德降而人懷，道樞而教立。四海垂涕，將軍致之；三正復古，高陽創之。夫人即後魏高陽公沖❶之八代孫。曾祖嗣源，壽安縣令。祖延祚，坊州長史。並茂行雅□，聿修夙德。其用也，桴鼓之鳴息；其拜也，紀綱之高選。父彦超，殿中侍御史，户部員外郎。餘風故事，政留臺閣。令妻翼了，教被閨門。夫人即户部之第四女也。沉靜閑雅，有婉[嫕]❷之操。服習仁義，敦閱詩書。不工組紃，上事父母。身卑而識遠，齒末而行著。於是家之疑事，已咨訪焉。時少師韓公❸，以德行為國相，文雅為儒宗。詒厥後代，与擇賢室，故夫人歸于諫議❹焉。其至也，曳瓊琚，佩金燧，暮慈夕膳，朝候晨雞。令色怡聲，周旋曲折。華桃炤灼，威鳳舒翔。皀言礼儀，罔不備舉。後先姑多疾，向有十年。手調甘滑，躬視湯火。一夕之間，則憂不滿容；一飯有加，則喜形于色。善接羣下，克諧六姻。諸姪諸甥，愛之猶子。於是宗黨稱孝，士族仰德。言為女箴，行為内則。門風禮樂，首冠一時。逯諫議沉潛道真，夫人亦洞悟禪寂。浮榮利禄，曾不屑意。是以子成其德，夫遂其高。豈比謝安之妻，激以榮耀；陶侃之母，急於賓朋而已哉。以大暦八年五月九日遇疾，歿於蘇州長洲縣之私第，春秋卌有九。以大暦十年七月十八日，歸祔于皇□之□。[嗣]子前岳州巴陵縣令卓，學瞻才茂，氣和行清。報復罔極，□號□□。嗟乎，婦德雖高，不銘鍾鼎。唯此哀頌，留于壽堂。辭曰：

我祖垂訓，曰道与德。閈生夫人，是効是則。其道維何，空寂[玄]默；其德維何，仁明淚塞。不競不求，令儀令色。溫恭純孝，婦行之極。丞相遠見，將謀後昆。逸妻配子，賢母詒孫。勵彼雅俗，光于盛門。高風素範，千載長存。

【校記】

❶李沖，《魏書》卷五三有傳，北魏名臣，創三長制，官至中書令、寺中、吏部尚書。

❷原字為婕；或為姞或嫕。

❸少師韓公韓休（六七三—七四〇），《舊唐書》卷九八有傳，開元二十一年為相，宋璟稱讚有『仁者之勇』。

❹韓休諸子中，有兩位曾任諫議。韓洄，乾元中拜諫議大夫；韓汯，上元中為諫議大夫。韓洄後來官至京兆尹、國子祭酒。『沉潛道真』的李氏丈夫當是韓休第三子韓汯。安史亂時，長安失陷，韓汯与韓洪等兄弟出奔山谷，謀投奔肅宗。『至谷口，洪、浩、渾及洪子四人并為賊所擒，并命於通衢。』韓汯僥倖脱身。韓汯墓誌見本書七〇。

六一　梁公夫人邢氏（河間郡君）墓誌（七七五）

【解題】

梁公夫人邢氏（七二三—七六二），河間人。大歷十年歸葬於長安少陵原之所，在今西安市長安區。

誌高三三點五、寬三三點五釐米。銘文二三行，滿行二二字。魏體，欠工整，結體欠佳，有些字尚好。有蓋，高三三、寬三三釐米，四周幾何紋，四側卷雲紋。守襄州司馬兼殿中侍御史彭偃撰。

誌主曾祖任折衝。祖任揚翟縣尉。父邢暐，任郎將。丈夫任太子中允，誌主封河間縣君。哀子梁伯誠，秘書少監。次子梁伯倫，行太常寺恊律郎。

【誌蓋】

大唐故

邢夫人

墓志銘

【誌文】

唐朝散大夫太子中允梁公夫人故河間縣君邢氏墓誌銘并序

守襄州司馬兼殿中侍御史彭偃撰

維唐寶應元年六月三日，縣君□逝于襄州之私第，時年卌。粤以大曆十年十月廿五日歸葬于長安少陵原之所，禮也。縣君河間人也。周氏賞延，邢侯建社，冠冕相繼，禪聯至今。曾祖折衝運，宣力於塞垣。祖揚翟縣尉瓘，飛聲於畿甸。父郎將暐，道先[宴]翼，身歿名揚。縣君即郎將府君之第九女也。蘭芬玉潤，特秀閨闈。六姻与純，五服歸美。及鳴鳳啟兆，結縭有行，則潘楊協心，齊宋慚德。中允性不苟進，逶迤道流。韜光晦跡，取樂衡泌。中興，振拔幽滯，特授清班。夫貴妻榮，共永朝奬。錦衣象服，鄰里增輝。宗親悦其惠和，娣姒惇其婉穆。内則昭著，宜家有聞。髙門繁昌，令子成□。所冀長年偕老，白祿是荷。与善無徵，奄然殂殞。閱水方遠，蔵山有期。望帝鄉之白雲，歸京兆於天上。哀子朝散大夫、秘書少監伯誠。第二子宣義郎、行太常寺協律郎伯倫。蓼莪永慕，風樹增悲。痛負米之無從，思倚門而自絕。從夫有禮，共推梁氏之妻；生子慰心，豈獨王家之母。嗚呼哀哉！乃為銘曰：

周公之後，祚土開國。道素相承，世為右織。縣君婉婉，□茂清德。訓子移家，匡夫斷織。良人樂道，福祿攸鍾。朱紱至止，鱼軒是從。惟兹令胤，孝友肅恭。登朝謁帝，如虎如龍。楚城歸全，秦地返葬。飛旐北引，旅魂南望。森森拱樹，鬱鬱佳城。空餘遺夢，感念平生。

六二　蔡府君韋夫人墓誌（七七八）

【解題】

蔡府君韋夫人（六八四—七四二），京兆人。大曆十三年與夫君合祔於大塋，其地不詳。

誌高四五、寬四五釐米。銘文二三行，滿行二二字。字體行楷相間，筆意靈活，通篇觀，欠整潔。前監察御史裹行李貢撰。

誌主曾祖韋澄，國子祭酒，彭城縣開國公。祖韋慶植，魏王府長史。父韋珽，倉部郎中。

誌主年始笄，歸蔡君。內助有成，宜於家，形於國。天寶元年終於河南府恭安里之私第。權窆於洛陽城南。

【誌文】

唐故京兆府武功縣令蔡府君韋夫人墓誌銘并序

前監察御史裹行李貢撰

夫人韋氏，京兆人也。其先顓頊高陽氏之後。自夏室有功，封於豕韋國，其後以國爲姓焉。至漢丞相，始居於京兆，因以是稱，史諜詳矣。曾祖澄，國子祭酒，彭城縣開國公。祖慶植，魏王府長史。父珽，倉部郎中。弈世盛業，積德洪曼。詔厥燕翼，美冠天下。夫人則郎中第七女也，早習規訓，明乎嬪則。而懿范醇茂，淑慎闈儀。年始笄，歸我□君。由是和鳴有序，宜家有禮。工於組紃，義接中外。成我門之慶，盡母儀之道，事無大小，以遵法度。則敬姜之德，大家之節，無出於是。府君以歷守官秩，備聞德惠，流俗以遺愛所戀。夫人二内助有成，宜於家，形於國，君子以爲能事畢矣。實以家承世德，宗我女師。嗚呼！怙恃靡從，罔極無訴。天寶元年四月一日終於河南府恭安里之私第，享年五十九。以其年四月十七日窆於洛陽城南，從權也。嗣子直誠，故汀州刺史。次子直言，前封州長史。次子直筠，前衛尉主簿。或歷守外任，以其大事未舉，泣血不逮。今者方就扶護，用申㚇□。先於孝敬，資於忠正。頃以歲月未剋，東西匪遑。今以大曆十三年十一月十八日合祔於大塋，禮也。式遵洪閥，勒于貞石。銘曰：

峨峨高門，積善博慶。繄申淑慎，渊融閫政。内外克和，禮度□敬。哀哀諸孤，歲屬難虞。茫茫玄造，志㚇幽途。歸於合祔，□□不渝。感松風兮蕭瑟，聽哀挽兮悲夫。

六三　元諫墓誌（七八〇）

【解題】

元諫（七一六—七七九），元魏帝室後裔，河南人。建中元年秋八月旬有一日厝于神禾原，在今西安市長安區西南。

誌高四五、寬四四點五、厚九釐米，四邊十二生肖紋。銘文二九行，滿行三〇字。行楷體，用筆自然而不失力度，可惜殘多。守京兆府藍田縣令李速撰。

誌主是追尊為景穆帝的拓跋晃的後人。高祖元弋陽。曾祖元讓，正議大夫，黃州刺史。祖元師謩，太中大夫，海州長史。父元承裕，行秘書丞。

誌主解褐補左衛率府兵曹，改汾州平遙縣丞，歷任郵驛使，檢校兵部郎中，兼澤州刺史，涇王府長史。代宗崩，告哀江淮。六月，帶病差成都，倍道而趍，達成都之明日，終於其館。

【誌文】

唐故朝散大夫守涇王府長史元府君墓誌銘并序

守京兆府藍田縣令李速撰

公諱諫，字正詞，姓元氏，河南人也。代禄能由禮，承家無違德，帝胄焉。景穆為烈祖，王胤也，弋陽之玄孫。曾祖讓，正議大夫，黄州刺史。祖師謩，太中大夫，海州長史。父承裕，朝議郎，行秘書丞。三朝聯榮，□□濟美。當後魏者，摯皆三帛。仕隨唐者，軑多兩朱。傳清族華，積善門大。正議頒條而淮士人，太中半刺而海沂康。秘書累行，□也克紹。言白珪而無玷，心朱繩以方直。解褐補左衛率府兵曹，改汾州平遙縣丞，授尚輦直長，潞儀節度□要，專知巡内館驛。尋換衛州司馬，兼陳、鄭、懷、澤、潞、儀、沁、穎等州郵驛使，賜緋魚袋，皆節使舉能也。再為大理正，監察御史，支度判官，仍郵驛使，知節度留後。又充河西隴右山南□□帥判官，懷、澤、潞郵驛使，尋加朝散大夫，大理正，殿中侍御史，攝懷澤刺史。旋檢校兵部郎中，兼澤州刺史。公有心□之□，有辯惑之明，性不渝貞，道不失正。忠為己任，清畏人知。凡所歷職，政皆可紀。務之劇者，無大於儲廩。公司支度，嘉其斗斛，吏不能欺。事之難者，莫甚乎□驛。公總廐置，餝其廚傳，人無閒言。從攝官更守，二□掌留務，專制五州。霜簡持刑，風□軍府，星郎領牧，榮兼中外。禄賙於親□，□□乎惇□。除涇王府長史，非其任也。代宗崩，告哀江淮，六月，南邁万巒炎程，涉瘴癘之鄉，染霧露之疾。復命無幾，餘痾未平，又差成都，發江瀆，使人□□，疾辭可也。公以為食君之□，立君之朝，忝為具臣，敢憚于役。病未及死，吾其□之。違命偷□，安將何補。中□殆亟，有加無瘳。倍道而趍，俾夜作書。不任䌙□，□就籃輿。力其疲羸，猶冀卒□。嗚呼！達成都之明日，終于其館，春秋六十有四。嗟乎！其去也，四牡騤騤。其還也，丹旐遲遲。以建中元年秋八月旬有一日厝于神禾原，非先塋也。長子□□，潞府倉曹。次子仲絰，□文進士。夫人隴西縣君，余季妹也。罄家比喪，卜日□葬。棺槨有制，宅兆從宜。請我以文，篆乎幽礎。銘曰：

在昔昌意，伊祖□始。爰及獻明，世濟其美。孝文遷廟，都河洛矣。□□作十，以元為氏。魏也南□，隨也弋陽。章綬纍纍，蔓延于唐。公亦不墜，朱軒自到。執憲南臺，持刑北寺。嶽列州牧，星參郎位。再佐旌麾，四專郵置。追風逸足，□毛利器。惜也公才，賓諸王吏。告□吳越，炎僥萬里。染厲□歸，病未能起。朝命分祀，我臨江瀆。疢不敢辭，疑不敢卜。人億棧道，□□外谷。卒不逮事，異鄉暝目。念茲勤王，生往死復。葬不加等，宜餘慟哭。

六四　第五琦墓誌（七八二）

【解題】

第五琦（七一二—七八二），京兆人。建中三年遷厝于高陽原先塋，其地在今西安市長安區郭杜镇，夫人張氏祔。

誌高七五、寬七五釐米。銘文三四行，滿行三六字。隸書好，結體工整端麗，有力度，也有氣勢。行尚書兵部員外郎高參撰，行京兆府倉曹參軍韓秀榮書。

誌主曾祖第五孚，江州司戶參軍。祖第五舉，鄜州司馬。父第五庭，右監門衛長史。

誌主年十五，明經高第，補黃梅尉，歷揚子丞，以直道貶南豐尉，三徙為青州從事，充河南招討判官。安史亂時，軍廩空虛，莫有固志。第五琦奔問跋涉，請以長策，奉命轉運軍需，憂公如私，收復中原，皆資饋給。遷司金郎中，加諸道鑄錢使。又遷戶部侍郎，御史中丞，兼判度支，拜相。居二年，遭倖臣李輔國忌，貶忠州、夷州、朗州，相與搆宇立祠，刊石頌德。無何，兼御史大夫，充關內元師副使。又兼京兆尹。執政者不容其高，出為處州、饒州、湖州刺史，又拜太子賓客，徵還上京。建中三年終於親仁里之私第。

夫人南陽郡夫人張氏，左衛將軍張景之女，先公而歿。

【誌文】

唐故相國太子賓客扶風郡公贈太子少保第五公墓誌銘并序

有唐相國、贈太子少保、扶風郡公諱琦，字禹圭，京兆人也。大舜之後，胡公滿封於陳，及厲公之子敬仲適齊，至成子遂有齊國。其後遷徙，以次第為氏。漢有伯魚為司空，興為兗州刺史，皆忠清亮直，為漢名臣。自兗州至江州司戶參軍孚，弈世仁賢，動無違德。江州生鄜州司馬舉，鄜州生右監門衛長史、贈太子少保庭。公實少保之第三子，生而朗異，卓爾岐嶷。雖童孺之戲，必規度不群。年十五，明經高第，補黃梅尉，歷揚子丞，以直道貶南豐尉。自南豐凡三徙官，為青州從事，充河南招討判官。于時函夏多虞，乘輿避狄。王師寡弱，軍廩空虛。懸旌朔垂，莫有固志。公奔問跋涉，晝伏宵行，請以長策，匡復中夏。借箭以籌成敗，聚米而畫山川。於是一見受服，再見受職。奉命於阽危之際，間行於轉戰之場。糺合義徒，繼以饋餫。陸則轉轂，水則汎舟。俾餒者飫焉，寒者燠焉，壯者激焉，羸者奮焉。由大理司直，拜監察御史，轉殿中侍御史，兼司虞員外郎，充河南五道支度使。公憂公如私，以身徇國。盡悴匪懈，勞謙有成。貨皆欒輸，人以悅勸。元年成師振旅，二年收復中原。再造寰區，不失舊物，皆資公之饋給也。遷司金郎中，又轉度支郎中，兼侍御史，加諸道鑄錢使。又遷戶部侍郎，御史中丞，兼判度支。公行歸于周，言必可復。聖主沃心於謨筭，蒼生注意於安危。於是有中書門下平章事之拜。居二年，倖臣李輔國忌公之大勛，譖公以飛語，貶忠州長史。又隸夷州。問一年，為朗州[刺]史。以德化人，人□恥格。除太子賓客。朗人懷公之惠，借公不留，相與搆宇立祠，刊石頌德。每羞蘋藻，薦馨香，徘徊久之，莫不墮淚。無何，兼御史大夫，充關內元帥副使。又兼京兆尹，領使如故。公仁以率下，簡以靖人；廉以豐財，明以聽訟。浩穰之地，談笑而安。執政者不容其高，出為處州刺史，轉饒州刺史，湖州刺史，又拜太子賓客。皇上思公舊勛，將有大任。適自東洛，徵還上京。而天不憖遺，奄忽殂謝，以建中三年八月戊午終於親仁里之私第，享年七十有一。烏呼哀哉！上感宸極，下悲朝野。詔贈太子少保。寵命之縟，國史詳焉。以其年九月己酉遷厝于高陽原先塋。公天資忠貞，神授智略。行之以信義，守之以恭勤。不賞私勞，不報私惡。於人之過無所紀，於人之善無所遺。故能出入四朝，彌綸百度。進獲致君於堯舜，退遂保身於明哲。宜哉！夫人南陽郡夫人張氏，左衛將軍景之女。孝友柔順，睦親樂善。才淑稱於宗黨，言范著於閨門。輔佐之德，邦家是賴。先公而歿，是至祔焉。有子十人，常、峯、平、準、干、牟、申等，竝稟性□深，執喪加等。門生掾吏，千里奔訃。乃琢幽石，用紀徽烈。銘曰：

大舜之後，受封於陳。奄有齊國，光乎漢臣。弈葉流芳，載誕府君。克忠克孝，允武允文。□□天寶，姦臣縱盜。翠華西巡，戎虜建號。公在青州，實蘊奇謀。萬里披榛，願僭前籌。視險若夷，逮宣皇猷。餉饋山積，戈甲水流。我軍奮激，窮寇遁逃。巍巍黃屋，迎於甸服。玉輅祀天，禮儀復全。二京克復，我公之力。車書再同，實賴我公。袞職是司，茅土是封。疇庸命賞，孰與比崇。如彼鄭侯，功推第一。如彼柳季，直道三黜。蒼蒼箘桂，霜霰不枯。矯矯貞良，危險婉彼南陽，於茲同穴。渭水東注，泰山西峙。音容則亡，令問不已。刊石泉壤，用昭厥美。

朝議郎行尚書兵部負外郎高參撰　奉義郎行京兆府倉曹參軍韓秀榮書

不渝。存著茂勳，沒播餘烈。哀榮式備，終始無缺。爰謀龜筮，爰諏日月。

【校記】

㊀第五琦，《舊唐書》卷一二三、《新唐書》卷一四九有傳。

㊁新傳作禹珪。

㊂借疑惜之訛。

唐故相國太子賓客扶風郡公贈太子少保苐五
育唐相國贈太子少保扶風郡公諱琦字禹圭京兆人
子敬仲適齊至成子逮有齊國其後遷從以次苐爲氏
清亮直爲漢名臣自克州至江州司戶參軍孚弈杢仁
主右監門衛長史贈太子少保庭公實少保之苐三子
度不群年十五明經高苐補黄梅尉歷楊子丞以亘道
事充河南拾討判官于時函夏多稾　棄輿避狄　王
公奔問政涉畫伏宵旰請以長策佳復中夏傜筋以善
見受職奉　　命於阽危之際閒行於轉戰之場紀台
鏤者飲爲寒者燠爲壯者激爲羸者奮爲由大理司亘
外郎充河南五道支度使　公憂公如和以身洵國畫
元丰成師振拯二年叔復中原再造案區不失舊物皆
支郎中兼侍御史加諸道鑄錢使又遷戶部侍郎御史
瀆　　聖呈沃心於謨筭蒼生注意于安危於是有中

六五　嚴庭金墓誌（七九〇）

【解題】

嚴庭金（七三五—七九〇），其先京兆人，居河内。貞元六年葬於潞府城西南五里□泉鄉之原，在今山西長治。

誌高三八、寬三九釐米。銘文一七行，滿行二二字。行書，有草意，唐誌中少見，瀟灑秀麗，字好。無蓋。

誌主父嚴湋。

誌主永泰末旅於上黨。貞元六年終於潞府城之旅舍。夫人孫氏先逝，同穴而葬。

【誌文】

大唐故嚴府君墓誌銘并序

含和全真，府君之謂矣。君諱庭金，其先京兆[人]也。遠祖從宦，遂居河內焉。其本枝也，帝嚳之遐裔，楚莊之胤緒。因諱於漢明，以為氏也。然名臣英儒也，必相襲。考諱敬宗，留骨之貴，邦所懷也。而君自幼純孝，長唯謙慎，禮讓之道，厥初屆終。故宗親友朋，未或之怒。永泰末❶，旅途於上黨。知命之運，適然於茲。雖跡同漂流，而節□清儉。規矩之外，誠非乃懷。遂膏肓遽臨，奄若風燭，時貞元六年十月十日，終於潞府城之旅舍，春秋五十六。夫人孫氏，儀止芳淑。和鳴克葉，彭殤不均。先君而逝，時貞元元年八月廿四日，棄孝誠也。嗣子善財，茹毒相次，血泣無逮，扶力龜卜。即以其年庚午歲十一月十日壬申奉葬於潞府城西南五里臨泉鄉之原。夫人孫氏同穴，禮也。雖壺山漳湄，左右不遠；城池崗阜，周覽應吉。终假銘誌，冀旌變移。故刻石以銘曰：淳淳府君，徇德成務。邕邕夫人，貞柔必固。如何逝速，佳聽空留。松栢之□，□兮永幽。

【校記】

❶原文作末，當作末。

六六　薛公夫人吳氏墓誌（七九三）

【解題】

薛公夫人吳氏（七七二—七九二），濮陽人。貞元九年歸葬於長安縣高陽原，祔於先塋女氏之黨，在今西安市長安區郭杜鎮。大理評事崔德元撰文，兄吳士矩書。

誌高四七、寬四五點五釐米。銘文二三行，滿行二三字。行楷，用筆自然，稍欠秀麗。素邊。有蓋，高四六、寬四六釐米，四周四側纏枝牡丹紋。

誌主曾祖諱吳思訓，漢州德陽縣令，以孫女章敬皇太后，追贈司徒。祖吳令珪，益州郫縣丞，章敬皇太后之父，追贈太尉。父吳湊，唐代宗母舅，兵部尚書，右金吾大將軍。母河東裴氏。

誌主長自榮貴，儉薄為心。自笄從夫，貞元八年遺疾卒于揚州江都縣。丈夫河東薛公，秘書省校書郎，地華望崇。

【誌蓋】
大唐故
薛公夫
人武氏
墓誌銘

【誌文】

唐秘書省校書郎薛公夫人濮陽吳氏墓誌銘并序

大理評事賜緋魚袋崔德元撰

夫人姓氏靈長，史傳詳矣。曾祖諱思訓，皇漢州德陽縣令。蹈道貞純，不居顯位，以貴孫章敬皇太后誕先元聖，追贈司徒。祖令珪，仕至益州郫縣丞。秀鍾河嶽，氣含精粹。以太后之靈，追贈太尉。夫人即兵部尚書、右金吾大將軍湊❶之第二女也。尚書，帝之元舅，作聖股肱。允武允文，智周萬物。娶河東裴氏，豊慶茂祉，而生夫人。夫人端懿淑慎，溫惠孝敏。長自榮貴，儉薄為心。言必合禮，尚書聞之，為擇賢婿。河東薛公，地華望崇，精文志學。蘊開濟之略，□曾閔之行，故得配焉。自笄從夫，夏仲秋季，雖未助於祭，未□于姑，而承奉之容克柔，蘋蘩之敬已肅。方議流芳女史，作范母儀，天乎不傭，陰沴潛寇。以貞元八年壬申九月六日遘疾卒于揚州江都縣之旅次，享年二十。九年癸酉八月十四日歸葬于長安縣高陽原，祔於先塋女氏之黨，從禮文也。初夫人之適也，君子謂以德配賢，宜其家室。齊體永慶，執手偕老。孰期桐影遽孤，未昌胤嗣。蕣華凋落，已歷星霜。行路傷嗟，六姻悼惜。嗚呼！德折其福，仁屈其壽。豈內則閨范之風不振於世乎，哀哉！恐年祀超忽，音容莫傳。刻石志之，以備陵谷。銘曰：

頎頎夫人，宜蕡其實。天不貽祀，遽彫貞質。鸞鏡虧輪，龍劒喪疋。悠悠千春，固此泉室。

兄士矩書

【校記】

❶吳湊，《舊唐書》卷一八三《外戚傳》有傳。

六七　楊鉷墓誌（七九八）

【解題】

楊鉷（七二四—七九八），弘農人。貞元十四年歸祔先塋於京兆府萬年縣義善鄉鳳栖原，在今西安市長安區。

誌高六二點五、寬六二釐米。銘文二五行，滿行二六字。隸書好，工整，嚴謹有餘而少變化，但仍不失為佳構，唐人墓誌多見此類。守河南少尹張式撰，前太僕寺主簿史鎬書。

誌主高祖杨汪，隋銀青光禄大夫，刑部尚書。曾祖杨志謙，尚書庫部郎中。祖令本，陳留郡太守。父杨玄珪，工部尚書。母京兆王氏，外祖父王潛貞，洛州郜城令。

楊鉷年十五以明經擢第，以門子補千牛備身，历任潤州丹楊縣丞，濟源、同官兩縣令。鎮國軍使李抱真辟就賓位，轉祕書丞兼侍御史，磁刑節度判官，奏檢校尚書祠部員外郎。建中初，除越州別駕。相國韓滉以饋運託之，表授華州別駕。知止而足。夫人河東裴氏。

【誌文】

唐故檢校祕書少監兼蘇州別駕弘農楊公墓誌銘并序

朝議郎守河南少尹張式撰　前太僕寺主簿史鎬書

唐貞元十四年，歲次戊寅，秋六月有八日，檢校祕書少監兼蘇州別駕弘農楊公捐館于東都豊財里之私第。諱鉷，字倬，春秋七十五，以其年十一月四日，歸祔先塋於京兆府萬年縣義善鄉鳳栖原，禮也。四代祖諱汪，隋銀青光祿大夫，刑部尚書，上柱國。戴翊之勳，焕乎史傳。尚書庫部郎中志謙之曾孫，陳留郡太守令本之孫，工部尚書玄珪之第十子也。[一]先夫人京兆王氏，洛州部城令潛貞第六女也。噫！錫土命氏，源深泒遠。德義所藴，璋璧所淙，見於斯族歟。有其始，有其終，處其厚，不處其薄，見於斯人歟。公幼年課經，十五以明經擢第。重以門子，補千牛備身，授潤州丹楊縣丞，遷宋州單父長，大理司直，改濟源、同官兩縣令。克揚頌聲，始爲華州刺史、鎮國軍使、尚書李公所知，辟就賓位，拜殿中侍御史，轉祕書丞，兼侍御史。洎李公還鎮，又請爲磁邢節度判官，奏檢校尚書祠部員外郎。建中初，執事之臣避玄宗之論，除越州別駕。時韓相國廉問二浙，拔于其萃，待以屬寮，因以饋運託之，表授華州別駕。滿歲，有祕監、蘇州之拜焉。公背闕不怡，攬轡興歎。以爲位當散地，年甫懸車，假興詠於海沂，寧繕性于洛涘。由是，良辰美景，釃酒擊鮮。扶衰疾以候門，啓中堂而下榻。多迴長者之轍，必傾仁里之歡。以日繼年，逮乎没齒。與夫暮夜不息，龍鍾載馳者，豈同日而言矣。君子以爲知止。不然者，綺襦紈袴之伍，擊鍾鼎食之中。幼擅經明，長通吏理。歷參盛府，累製王畿。所至必聞，豈徒然耳。夫人河東裴氏。嗣子晊，前懷州脩武主簿，泣血喪事，哀至極而禮無違。見訪匪詞，直書無媿。銘曰：

幼閲經藝，立年上第。筮位馳名，克揚休聲。人則不已，我能知止。承命得禮，賢妻令子。關西故國兮壟樹泉，扉生所奉兮没而歸。

【校記】

[一]《舊唐書》卷五一《楊貴妃傳》：『玄宗楊貴妃，高祖令本，金州刺史。父玄琰，蜀州司戶。妃早孤，養于叔父河南府士曹玄璬。』祖父楊令本誤為高祖。《新唐書》卷七六《楊貴妃傳》：『玄宗貴妃楊氏，隋梁郡通守汪四世孫，徙籍蒲州，遂為永樂人。幼孤，養叔父家。天寶初，進冊貴妃，追贈父玄琰太尉、齊國公。擢叔玄珪光祿卿。』此楊玄珪即楊鉷父，故楊鉷是楊貴妃堂弟。

六八　盧媛墓誌（七九九）

【解題】

盧媛（七六九—七九九），范陽人。貞元十五年祔先塋于少陵原，在今西安市長安區。

誌高五八、寬五八釐米。銘文二七行，滿行二七字。楷書好，端莊秀麗。素邊。無蓋。夫昌黎韓鼻序，伯兵部侍郎韓章銘，太子司議郎鄭叔度書。

誌主祖父盧昇明，長樂郡太守。父盧貢，楊府兵曹參軍。丈夫韓鼻，三原縣尉。嫁十七年，病故于長安親仁里。

【誌文】

唐三原縣尉韓暈妻范陽盧氏墓誌銘并序

夫昌黎韓暈序

夫人姓盧，諱媛，范陽人也。長樂郡太守昇明之孫，揚府兵曹參軍賁之季女。濬源華胄，時之盛門。積累素風，果生令德。建中昭陽歲，始以禮命歸于我。嬿婉合好，十有七年。口絕違言，容無忤色。其初也，舅姑異其孝敬，錫以繻衵之服。其中也，娣姒仰其柔嘉，通于纂組之資。其終也，孤稚慕其慈和，感是含飴之愛。龍集己卯月正首秋寢疾終于長安親仁里。本枝羣從，旁殺外姻，驚嗟怨尤，罕不流涕。神俾戩穀，胡寧忽諸。昔余不天，酷禍仍遘。枕塊[一]心絕，茹荼志荒。先遠惑期，沉痾未間，夫人銜哀庀具，底力就功。手澤潤於紘綖，淚痕斑於緗篋。舉無愆素，禮必中規。幹且不諱，周而克濟。餘遂謬昧，節宣乖方。介其累年，時屬重作。沉頓湫底，積日危羸。夫人執饋捧匜，輟食□痍。率身請代，泣以祈天。洎乎疾瘳，終不言也。婞直而婉，膚敏而詳。金玉其相，冰霜其操。貞信洽物，位望不能親踈；志義在躬，時俗不能移改。炳然四德，光我五宗。載楊芳徽，宜荷繁祉。誰謂桂蘭將茂，霜霰遽零，未駕魚軒，已開泉隧[二]。豈閨範其衰，委而遷化；寧鄙夫有咎，謫以惘鰥。何率性之道獨賢，而賦命之期不永，以孟冬旬有五日祔先塋于少陵原。霜凝肅天，風冽振野。塗車薤露，丹旐荒榛。此而不悲，吾復誰慟。享年卅一。有子密，幼而執禮，克協天經。悼往撫存，辛酸如割。暈位賤，聊書實以傳，信誌宜命重。我伯兄振藻以銘之。庶乎芬馨，由是彰澈。將刊貞石，揮筆漣洏。咨爾後昆，永鑒遺躅。其辞曰：

邦之媛兮母之儀，蘊此才淑兮體其生。知公宮之訓兮師氏之規，懿範空留兮韶光遽馳。嗚呼！天之茫茫兮物之浩浩，變化誰主兮死生奚造。孰云積慶兮曾不偕老，與善則誣兮歸真何早。川平兆吝兮山近崗抱，月弔孤塋兮風悲蔓草。神其處此兮永世攸保。

伯兵部侍郎韓章銘[三]

貞元十五年太子司議郎鄭叔度書

【校記】

[一]原文為凷，古塊字。

[二]原文為左土右遂，兩字通。

[三]原石上此句補在『其辭曰』後面的空白處。

六九　楊府君夫人裴氏祔葬墓銘（八〇一）

【解題】

楊府君夫人裴氏（七三七—八〇一），河東人。貞元十七年合祔，葬地不詳。

誌高三〇、寬三一釐米。銘文一四行，滿行一四字。楷書好，結構工整，疏密有致，開張大氣。線條優劣不一，蓋刻工所致也。太常博士辛秘撰。

誌主祖父裴安期，汾州司馬。父裴脩己，贊善大夫。丈夫楊府君。貞元十七年，裴氏終于延康里之私第。

【誌文】

唐殿中侍御史獨孤公夫人扶風竇氏墓誌銘并序

前鄉貢進士獨孤邁篹

夫人姓竇氏，其先扶風人也。太[傅]魏其侯，西漢三公，寅亮本朝。侍中車騎將軍，東漢元舅，宣力王室。源深泒遠，族茂望崇。或弼諧於帝典，或婚姻連乎戚里。簪組華盛，代襲榮曜。曾祖瑾，尚衣奉御，贈揚州大都督。祖審言，絳州聞喜縣尉，贈吏部尚書。父戩，皇成都府司録。季父參，中書侍郎，平章事。夫人克荷華緒，姿度淑茂。玉潤其德，蘭馥其芳。季父相國，甞以幼稚慧晤，偏鍾愛念，繇是繼相國房。既笄，歸我殿中侍御史獨孤公。公名士衡，即大司馬梁三諱信九代孫也。衣冠茂實，弈葉貴盛。崇德履道，名達於時。夫人匡輔君子，敦睦室家。赤順和柔，軌范中外。乙酉歲，北地騷擾，朝廷軫慮。命將出師，討除叛換。以道路懸遠，軍食是憂。選才識通明，良能是任。於是公自京北陸運使，轉殿中，加章綬，奉詔出塞，實董其務。夫人以其年寢疾，至景戌歲改元和年，三月十八日終于京師安邑里，享年卅有二。是時公尚在塞垣。嗚呼！以夫人惠愛仁淑，勤敬婉順，宜其偕壽考，享嘉福，積善儲慶，而景命不遐。哀哉！有男弱齡，有女稚齒，提抱臨奠，哀號孺慕。則公之視存悼往，慟可勝耶。以元和元年七月十一日葬于萬年縣神禾原。宅兆卜安，龜筮恊吉。以余宗黨，業文紀實，矧乃旌懿範，誌卒葬，虞陵谷。銘不可闕，爰託斯文，其詞曰：

太傅論道，車騎銘功。系彼扶風，在漢以崇。維盛族兮，柔婉致誠。禮法是營，克配賢明。閨閫作程，宜遐福兮。終南在前，逝水閲川。古木蒼然，淒慘暮天，哀晝哭兮。

七二　張公夫人裴氏墓誌（八一〇）

【解題】

裴氏（七九三—八一〇），河東人。元和五年葬於京兆府萬年縣畢原，其地在今西安市長安區韋曲北。

誌高三五、寬三五釐米。銘文二〇行，滿行一九字。有蓋，四側卷草紋，高寬各大誌石六七釐米，或非原配。姪鄉貢進士張亢夫撰，楷書好，字體灵活自然而不失法度。

誌主母族平昌孟氏，外祖孟暺，檢校兵部尚書，福建觀察使，贈司空。曾祖裴巽，國子祭酒，封魏國公。祖裴齊丘，右千牛衛大將軍，駙馬都尉。父裴順，杭州於潛縣主簿。丈夫尚書祠部郎中。

夫人幼失所怙，母師教育。年十七，歸於張公。明年遘疾，終于靖恭里第。

【誌蓋】

唐故河東裴夫人墓誌

【誌文】

尚書祠部郎中南陽張公夫人河東裴氏墓志銘并序

姪鄉貢進士亢夫撰

噫！性命之理，聖人之所罕言；福善之徵，經誥所以垂教。夫人河東裴氏，母族曰平昌孟氏，外祖瞱，檢校兵部尚書，福建觀察使，贈司空。在肅宗、代宗兩朝，有崇勲茂績，享高名顯位。源流濬深，遠而逾潔。曾祖諱巽，國子祭酒，封魏國公。[一]祖諱齊丘，右千牛衛大將軍，駙馬都尉。[二]父諱順，杭州於潛縣主簿。或道濟于時，或行成于家。故慶流澤及，是生令德。夫人幼失所怙，母師教育。既長，質性和柔，詞本恭順。奉上不失孝，撫下不失慈。至元和四年，年十七，歸於我族。閨門之內，布和如春。歲未周星，而德已茂。與善福謙，神理何昧。明年三月遘疾，至六月十五日終于靖恭里第。於呼！令聞所加，無不痛者。況五服之内，皆情逾於禮。其年七月十一日葬于京兆府萬年縣畢原高門先塋，成婦道也。猶子亢夫，承叔父之命，敬述尊行。銜追慕之慼，不敢以文為誌。銘曰：

茫茫太造，誰尸壽考。善不必永，惡不必夭。同歸永夜，重泉閉曉。古木空□，松風嫋嫋。

【校記】

[一]裴巽，娶唐中宗宣城公主（始封义安郡主）、唐睿宗蔡國公主（始封清陽公主）。

[二]裴齊丘，娶唐玄宗永寧公主。

七三　李氏夫人萬氏墓誌（八一三）

【解題】

萬氏（七八五—八一三），本彭城劉氏，過繼萬姓。元和八年葬於長安縣積德鄉胡趙村高陽原，在今西安市長安區郭杜鎮，俯近祖婆塋。

誌高三九、寬三九釐米。銘文一九行，滿行二〇字。字體清楚，結體欠嚴整。夫承務郎李從政撰並書。

誌主曾祖萬奇。祖萬託。父萬涉，硤州遠安縣丞。叔萬惟直，守池州至德縣尉。叔母太原王氏，出家。叔萬惟正，寄住上都溫國寺。季叔萬惟晟，攝成都府錄事。

誌主元和八年病故於永寧里私第。遺命請近祖婆安置。

【誌文】

唐故扶風□□□□□□

夫承務郎□□□□□□□從政撰并書

夫人本彭城劉氏[之]□□□□□□[隴西]李氏。夫人幼小聰惠，有愛於親。萬氏姑遂將育為女，便歸萬姓，即萬氏之長女也，配事焉。曾祖諱奇。祖諱託。父涉，前任硤州遠安縣丞。叔惟直，見任守池州至德縣尉。叔母太原王氏，出家。叔惟正，寄住上都溫國寺。季叔惟晟，攝成都府錄事。長弟克恭，翊府三衛。次克儉，季克讓，學業未事。母弟随禄，寄居漢南。夫人恨不見別，悲泣腸斷。從政長幼東洛，曾未參承。每見深言，願歸拜識。嗚呼！善何不祐，惡何太逼。禄未濟身，良途奄極。不幸以元和八年三月六日遘疾終於永寧里私第，享年廿九。有子曰鄭鄭，藉名全慶，年八歲，主奠奉恩。有女曰官娘子，年四歲，幼稚傷人。夫人立性彊幹，恭敬過人。若長若幼，曾無簡然。知喪者皆雨淚嗟嘆。遺命再三，恐孤魂飾，請近祖婆安置。從政情深義重，意不可違。卜用其月十七日吉兆，葬於長安縣積德鄉胡趙村高陽原，俯近祖婆塋，禮也。痛不任情，略述其記。

七四　劉夫人裴氏墓表（八一四）

【解題】

裴氏（七〇〇？—七五四？），河東人。元和九年改卜於萬年縣平泉鄉焦村高原，在今西安市，具體地點不詳。

誌高四二點五、寬四二釐米。銘文二一行，滿行二一字。魏體字好，書寫自由，帶行書意，秀麗可觀。有蓋，高四二、寬四二釐米。外曾孫行莒王府參軍李虔禮撰。

誌主逮笄，嫁彭城劉氏。生三男二女，皆手自訓養。長劉伯英，以門蔭早達，遷亳、廬二州刺史。次劉偃，京兆府華原令。三劉係，漢州什邡令。二女皆適華族，輝耀中外，俱不幸相次後夫人而終。安史亂前後，夫人歿于長安宣陽里，權殯于城南義善寺道南。六十餘年後，嫡孫劉武葬之于萬年縣夫人中子塋之東南二百步。

【誌蓋】
大唐故
裴夫人
墓誌銘

【誌文】

大唐故懷州司馬劉夫人裴氏墓表并序

外曾孫行莒王府參軍李廈禮撰

夫人姓裴氏，父倩，河東人也，倩之長女。幼而敏惠，逮笄，適于彭城劉氏。二姓俱濬源崇趾，代有輝烈，昭彰於國史者，今不再書。夫人畜柔順於閨壺，為母婦之師表。人之所難，我則求備。生三男二女，皆手自訓養。長曰伯英，以門蔭早達，遷亳❶、盧二州刺史。次曰偃，京兆府華原令。三曰係，漢州什邡令。二女皆適華族，輝耀中外，為時揩式，著於代者不一，俱不幸相次後夫人而終。及夫人歿于長安宣陽里，享年五十五，以時月非便，遂權殯于城南義善寺道南，于資六十餘□矣。嫡孫武，蜀州司馬，即盧州令子也。甞歎曰：俾王母之魂無所歸，非孝也。豈與食稻衣錦懷安者倫乎。矧遇歲大通，時不易得，乃竭俸上請，徑至於長安。以元和九年正月廿五日改卜於萬年縣平泉鄉焦村高原，禮也。即夫人中子塋之東南二百步，如平生之有侍也。烏虖！夫人歿之日而諸子官微，夫人殯之秋而司馬未誕。其間多故，不剋遷祔。司馬孝思無倦，感慕往昔，言及夫人，食不成味，是有此遷宅詩。所謂孝孫者，實罕儔也。復禮忝外曾孫，乃詢其故事，遂銘云：

夫人存天生，貞婉為德門。夫人歿孤殯，蕭踈綿歲月。非其令孫敦孝節，孰見朽壞重昭晰。

【校記】

❶原文作亳，当为亳之訛。

七五　崔淑及夫人魏氏合祔墓誌（八一四）

【解題】

崔淑（七二四？—七七七？）[1]，博陵人。夫人魏氏（？—七九六），鉅鹿人。元和九年遷祔于少陵之原，在今西安市長安區。

一誌二石，第二石即誌蓋內面。誌高四五、寬四五釐米。銘文二一行，滿行二一字。第二石即蓋高四五、寬四五釐米。銘文一二行，滿行一三字。楷書好，結構嚴整，筆畫精良，秀麗而不失勁道。

誌主曾祖父崔萬善，幽、易、平、檀、燕、嬀等六州諸軍事，持節大使，謚壯公。祖父崔操，潤州刺史。父崔履素，金吾郎將，大明宮留守。

夫人鉅鹿魏氏，淄州刺史魏方回之息女。生一男一女，而孀居者垂廿載。貞元十二年，逝於永州。

【誌蓋】
唐故博陵崔公及夫人魏氏合祔墓志銘

持修潔亦可得而知矣時元和九
年冬十有一月十一日甲申克終
事焉禮也以立之恭在羣從之末
逮事伯母慈柢引進又幸守官
甸服俾屬筆綴緝存于瓏琰揮涕
錄實亦無媿于其詞銘曰
烈烈戎祖成家自古遠及伯父皆
徽猷踵武夫人賢明又高其矩兄
去有[illegible]姊節亦苦內勤外順躬盡
承撫少陵之原遠睽村塢帝京南
面迩違親杜塋域是託田疇寶膴
於焉斯年庶禮教攸觀

【誌文】

唐故太原府壽陽縣尉崔府君及夫人鉅鹿魏氏合祔墓誌銘并序

從父姪儒林郎守京兆府藍田縣丞立之撰

府君諱淑，字□。其所得姓，肇自齊之公族，即春秋所謂君出自丁者也。厥後蟬聯繫屬，光輝不絕。以至于漢高，方遷于冀。後改為博陵，今為博陵人。曾大父萬善，皇幽、易、平、檀、燕、嬀等六州諸軍事，持節大使，謚壯公。大父曰操，潤州刺史。父履素，金吾郎將，大明宮留守。❶皆克纘彫龍之業，而以武節大其徽猷。有烈有勳，為唐名臣，史傳家牒詳焉。公即留守之第六子。幼有令問，灼于宗祊，而優游自高。初不以貴達屑意，官止一尉，時論屈之。春秋五十四，告終于長安。夫人鉅鹿魏氏，實淄州刺史方回之息女。德美冠于六姻，鏘鏘有聲。以協所從，若鳳之凰焉。生一男一女，而孀居者垂廿載。夫人內勤蒸嘗之職，外睦姻戚之族，而下以訓導撫育為事。男有室，女有家，靜無尤違，各至成立。貞元十二年，逝于永州，享年□□□矣。男曰成務，文華識略，出於常倫，仕為邕管從事，官則左驍尉兵曹參軍。女適尚書郎京兆韋羽，有行義容範，蓋古烈敬姜之儔。禀教自夫人，能不隕規誡。良人既沒，兵曹又謝于遐方，茹荼銜蓼，以祇奉歲時之薦。及今所獲遷祔于少陵之原者，皆明敏是賴。則其所秉持修潔，亦可得而知矣。時元和九年冬十有一月十一日甲申，克終事焉，禮也。以立之恭在羣從之末，逮事伯母，慈極引進。又幸守官甸服，俾屬筆綴楫，存于琬琰。揮涕録實，亦無媿于其詞。銘曰：

烈烈我祖，成家自古。逮及伯父，皆徽猷踵武。夫人賢明，又高其矩。兄志有立，姊節亦苦。內勤外順，躬盡承撫。少陵之原，遠暎村塢。帝京南面，迩違親杜。塋域是託，田疇實膴。於萬斯年，庶禮教攸覩。

【校記】

❶崔淑享年五十四，生卒年按夫人魏氏貞元十二年去世時已『孀居者垂廿載』推。

❷大明宮留守崔履素兩位孫子，本誌主崔淑的兩個儿子崔成簡和崔成務的墓誌亦已出土，均收藏於大唐西市博物館。胡明曌有兩篇研究論文：《內容有涉大明宮的三方墓誌》和《唐代文學和皇室的婚配仕進——新見两方有涉大明宮的墓誌披露的新資料》，收於陝西师範大學出版總社有限公司2013年出版的《大唐西市博物館藏墓誌研究》和《大唐西市博物館藏墓誌研究（续一上）》。

唐故太原府壽陽縣尉崔府君及夫人鉅鹿魏氏合
祔墓誌銘并序
從父姪儒林郎守京兆府藍田縣丞立之撰
府君諱洲字其所得姓肇自齊之公族即春秋所
謂君出自丁者也厥後蟬聯繁屬光輝不絕以至于漢
高祊遷于冀後改為博陵今為博陵人曾大父萬善皇
幽易平檀燕嬀等六州諸軍事持節大使諡壯公大父
曰操潤州刺史父履素金吾郎將大明宮留守皆克纂
彫龍之業而以武節大其徽猷有名有勳為唐名臣
史傳家牒焉公即留守之第六子幼有令問灼于宗

七六　趙晉墓誌（八一九）

【解題】

趙晉（七五三—八一九），其先天水賛皇人，轉居於河東，寄家於京兆，為河西縣人。元和十四年葬於萬年縣滻川之崗原，在今西安市東郊郭家灘。

誌高五二、寬五二釐米。銘文二六行，滿行二七字。楷兼行書，字好，秀麗可觀。試太子通事舍人趙弘濟撰並書。

誌主曾祖趙亮，婺州司馬。祖趙承，試台州長史。

誌主長而立志，莫求功名。屬國步多艱，順時而動，遂為右龍武軍偏將。元和十四年染氣疾，終於永興里之私第。

【誌文】

唐故右龍武軍散將天水趙府君墓誌銘并序

從朝請大夫試太子通事舍人弘濟撰并書

公諱晉，字晉，其先天水贊皇人也。洎乎秦吞六國，天下版蕩，流離之士，隱顯殊代。今芳烈之盛者，由馬服之裔歟。枝泒紛綸，至五代祖，轉居於河東，寄家於京兆，今為河西縣人焉。曾祖亮，皇朝銀青光禄大夫，婺州司馬。祖承，皇任朝散大夫，試台州長史。公則長史公之令子也。少□不羈，長而立志，蘊以操行，莫求功名。頃屬國步多艱，順時而動，遂□職於右龍武軍，為偏將。勤惟幹務，静以資身，跡簡於周行，義彰乎四□。方冀位延福壽，忽謝中年。以元和十四年三月十一日染氣疾終於永興里之私第，春秋六十七。於戲！府君志大而難立，情深而未遣，其猶珠玉乎。長含照乘之輝，方定連城之價。豈風雲未際，其殤歿歟。夫人京兆杜氏，有子四人。長子郢，試左金吾衛兵曹參軍。次子諤，右龍武軍副將兼押衙。次子鄖，職在五坊，俾佐内署。次子運，試宣州寧國尉。吏曹公選，禁省服勤，咸能恭謹在躬，愛敬齊志。皆夙奉慈訓，克紹家風，造次不違，可謂仁孝。今罄其豐約，喪事是修。虔奉有成，於禮無闕。嗚呼哀哉！夫人遵晝哭之禮，俻送終之儀。孝子並泣血號天，永慕加等。粤以其年十一月十日葬於萬年縣滻川之崗原，禮也。傍稽形勝，遠葉□徵。封馬鬣於當年，卜佳城於此地。將恐千秋萬古，變巨海於桑田，□□紀事書文，識遊神於蒿里。弘濟謬同猶子，早契宗盟。愧花萼之相於，忝鶺鴒之微分。美哉孝友，復在於兹是用。採其芳猷，勒彼貞石。亦以所申行立之志也。銘曰：

猗歟上德，貞哉仁者。倏短有常，天年不假。其一。樂天知命，失之匪驚；陳力就列，用之則行。金無固□❶，池臺忽平；山河隱隱，松栢青青。其二。光沉疊障，霧失遙村。野曠風急，天寒日曛。刋以銘篆，長留墓門。其三。蒹葭蒼蒼，佳城鬱鬱。山澤一變，丘陵永畢。其四。龜長筮短，陵谷遷移。神仙歎息，地是人非。其五。

【校記】

❶誌文此處缺漏一字。

七七　姜子榮墓誌（八一九）

【解題】

姜子榮（七六二—八一九），天水人。元和十四年窆於高陵縣佐輔鄉陽原，近先君墓，在今西安市高陵縣。

誌高五五、寬五五釐米。銘文二五行，滿行三〇字。行書好，行氣整齊，突顯秀麗。試太常寺太祝栢章甫撰。

誌主祖姜承祚，隴西別駕。父姜進誠，靈武、醴泉、普潤等監軍使，左三軍僻仗。

誌主建中初始以筮仕，涇原難作，出入險艱，授文林郎，守內侍省奚官局丞，員外置同正，累加上柱國。元和初，式獎勳勞，遂賜緋魚袋，俄遷左神策軍同州朝邑、夏陽、韓城、郃陽等四縣征馬群牧使，兼丹州採造使。流貶疾發，元和十四年卒於奉先縣昌寧鄉慕化里之旅舍。

夫人清河張氏，父張國朝，飛龍副使，內坊典內知省事。

【誌文】

唐故天水姜府君墓誌銘并叙

朝議郎試太常寺太祝上柱國栢章甫撰

元和十四年七月丁酉，有唐泰陵守當天水姜府君卒於奉先縣昌寧鄉慕化里之旅舍，享年五十有八。十一月乙酉窆于高陵縣佐輔鄉陽原，迩于先府君松楸，禮也。公諱子榮，字敬宗，其先天水人。昔者太公坐渭濱，垂大釣，有戡暴亂之意。蘊文武之才，著六韜，述三略，所以再駕而滅紂，一言而興周。德及生人，福延嗣續者矣。祖諱承祚，皇隴西別駕。烈考諱進誠，皇朝議大夫，靈武、醴泉、普潤等監軍使，左三軍僻仗，上柱國，賜紫金魚袋，贈右監门衛將軍。世濟其美，克大其门。公即將軍之長子也，性惟仁孝，言以忠信。陰德以濟物，力行以遊道。精於理體，敏於從政。建中初，始以筮仕，遂屬涇原難作，天王狩畿。公出入險艱，導達忠義。上嘉乃績，授文林郎，守內侍省奚官局丞，員外置同正。未幾，夏六月廓清上京。秋七月後歸宮闕，乃告虔于清廟，展事於南郊。內外近臣，詔降勳賞，累加上柱國。洎元和初，遇今上登寶位，受靈符，圓壇展禮，羣司奉職，載弘慶賜，式獎勳勞。節著艱難，榮參侍從。特加寵命，遂賜緋魚袋。俄遷左神策軍同州朝邑、夏陽、韓城、郃陽等四縣征馬群牧使，兼丹州採造使。從政恪慎，在公廉潔。掌其駉牧，駷牝斯蕃。將謂職乃驟□，方期大用，不啚行高出衆，必見毀之。爰興揀揀之言，孰塞嗷嗷之口。遂流貶於山園。未逾匝年，痼疾中發，奄忽不救，斯為命歟，其痛也。夫人清河張氏，則前飛龍副使、內坊典內知省事國朝之長女也。四德爰備，六行聿脩。哀晝哭之無時，怨少臨之有度。有子曰士幹，掖庭局監作，棘辛柴毀，可謂至哀。令弟前莒王府録事參軍苗裔，文學長材，時論所著。痛深天倫之感，禮備送終之儀。恐岸谷遷移而芳烈不貽於後，故刻石而誌之。銘曰：

肅肅姜公，神密氣雄。折而不撓，和而不同。因心則孝，奉國惟忠。與時而達，聿脩厥功。述職三紀，恩榮孰比。寵過災生，斯為命矣。流落園寢，歲未浹晷。天不慭遺，奄然而已。返葬故園，祔于九原。吉來凶往，身歿名存。白楊風悲，白棘❶霜繁。百身非贖，吞恨何言。

【校記】

❶原字為棘，同棘。

七八　趙公夫人張氏墓誌（八三一）

【解題】

張氏（七九四—八三一），清河人。大和五年葬於萬年縣長樂鄉古城村新建塋兆，在今西安東郊十里鋪北。

誌高四三點五、寬四三點五釐米。銘文二〇行，滿行二〇字。前五經陳來章撰，試左武衛長史高文英書。行書好，行氣基本整齊，盡顯靈活姿態，靈活處不失筆力。

誌主曾祖張譽，祖張鼎，父張岸，或仕或處。誌主笄年，歸於趙氏之門。內諧九族，外睦六親。大和五年終於昌化坊私第。

【誌文】

唐銀青光祿大夫檢校光祿卿右龍武軍大將兵馬都知天水縣開國子食邑五百戶上柱國趙公故張氏夫人墓誌銘并序

前五經潁川陳来章撰

夫人清河人也，其先軒轅黄帝之後裔也。夫人曾祖諱譽，祖諱鼎，父岸，俱以聲揚幹舉，门望崇高，或仕或處，正氣剛毅。大節家風，冠冕史冊，詳列遠祖。夫人即岸之長女也。稟性純潔，言容婉娩，有淑慎之德，窈窕之賢。長於公宫，少習婦道。纔始笄年，歸□趙氏之门。儼恪以理家壼，溫恭以事君子。慕勤婦則，禮奉舅姑。内諧九族，外睦六親。肅肅穆穆，禮節不虧。即夫□□德行也。於戲！享年三十有八，以大和五年歲在辛亥，五月廿日遘疾終于昌化坊私第。有子一人曰□從，不能自殞，泣血送終。洎乎啓殯，龜筮恊從。以其年是月廿九日禮葬于萬年縣長樂鄉古城村新建塋兆，禮也。嗚呼哀哉！玉琯飛灰，何琴瑟之失媲，鸞匣之沉輝。恐陵頽谷徙，海變桑田。爰敘徽猷，永刊貞石。銘曰：

吁嗟夫人，淑德如春。氣含冰潔，窈窕若神。

天乎不祐，降此□迍。一扃幽容，千古長存。

試左武衛長史高文英書

七九　杜鍠墓誌（八三五）

【解題】

杜鍠（七七八—八三三），京兆萬年人。大和九年葬於武功畢陌原先塋之西北，今陝西省咸陽市武功縣。

誌高四五點五、寬四四點五釐米。銘文二八行，滿行三〇字。楷書，字一般，還清楚，行欠嚴整。無蓋。前太原府壽陽縣丞史倜撰并書。

誌主遠祖杜逵、杜攢，皆仕魏為黃門侍郎。祖杜行成，盩厔丞。父杜宗之，猗氏令。

杜恙撫封渭北，雅知其能，奏補杜鍠鄜州甘泉令。詔本道大增倉庚，以備邊食。鎮守韓充出內藏緡帛一十四千万以委之。計相竇公，選署領紅崖院事。旋從吏選，補鳳翔府士曹。質訟田，決疑犴，平地稅，安流庸。大和七年病故於岐下郵亭。

妻史氏，祖史震，左監門大將軍。父史寀，丹延刺史，御史中丞。

【誌文】

唐故鳳翔府士曹參軍杜府君墓誌銘并序

前太原府壽陽縣丞史侗撰并書

士有生於唐，修令行，抱才術，著潔廉，不我知用，其唯杜公乎。公諱鍠，字應之，京兆萬年人也。皇盩厔丞行成之孫，猗氏令宗之次子。華胄茂源，詳乎國諜。遠祖逵、攢，仕魏皆為黄門侍郎。本宗以黄門一枝，莫之敢齒。況荊州之嗣元公義方，察廉閩越，以姻族之秀，表署泉州南安主簿。生長秦里，不樂遠去。杜公羔，撫封渭北，雅知其能，奏補鄜州甘泉令。白翟種落，理号為難。一年而黠吏知化，既周而易置城邑。如父役子，人不知勞。無何詔本道大增倉庚❶，以備邊食。屬寮清而幹事者專主之。鎮守韓公充，以公名聞，旋出內藏緡帛一十四千万以委之。公之制也，無剥下以益上，無先出而后入。物貨相雜，毫髪無欺。山積雲屯，不及改火。廉使歎尚，拜章上言，轉受糺曹，尚專啓閉。有司覆實，道路相望。而公城寺從容，羽觴交作。或乘間勉諭，輒以酒謝之。洎乎閲粟料緡，而利用斯見，問廉美善，將議奬勞。奏記方行，適逢府罷，計司褒異，竟滅選年。未幾，計相竇公，選署領紅崖院事。廉勤愈勵，悦使倍功。歲既云周，公亦謝去。旋從吏選，補鳳翔府士曹。以伯姊元昆，居甸西邑。省覲之便，從所欲也。軍甿雜俗，牟害相仍。傜賦不均，因緣生詐。元戎王公知重，悉以咨之。質訟田，決疑犴，平地稅，安流庸。三年之中凡數□，曰：孔席不煖，公實有之。傳曰：垂之空文，不若見之行事。宜其展才業□理，代耀羽翮於晴天。豈啚壽不及中年，跡□離於府縣。無桓侯不治之疾，鍾釋氏如電之酷。茫昧難問，又何言哉。大和癸丑歲閏七月己卯，遘災于岐下郵亭使臣之次，享年五十有六。日時未叶，忽及再周。後年七月晦，卜宅於武功畢陌原先塋之西北。公之妻，余之女弟也。皇左監門大將軍、贈太常卿震之孫，皇丹延刺史、御史中丞宷之女。夙承訓導，婦禮有允。二子曰必曰交，讀書為文，禮全喪紀。一女尚幼，儀若成人。積善流芳，期鍾後嗣。餘忝姻好，逾三十年。平生投分，義深骨肉。痛嫠婦之孀獨，顧諸甥之藐然。清風尚存，丹旐□舉，抆泣受託，直書玄珉。其詞曰：

清渭東注，　長原廻互。　熒熒劍光，　蕭蕭壟樹。嗚呼應之，　命不逢時。孔孟亦尓，　余奚獨悲。

【校記】

❶庚或當作庾。

八〇　張玉墓誌（八三九）

【解題】

張玉（七六七—八三九），南陽人。開成四年權窆於縣南洛汭鄉魯村洛汭里，在今河南鄭州。

誌高五一、寬五一點五釐米。銘文二二行，滿行二二字。楷書，字清楚，結體欠嚴整。鄉貢進士解沐撰。

誌主祖輩恥為折腰吏，以雲水書史為游處。逍遥閑居，榮禄不撓。丈夫李府君，鄭州陽武縣丞，夫人之子處州松陽縣令，松陽秩滿，以閩越之地墊隘，來雒之東，宅於鞏而居四年，開成四年正月十九日寢疾薨於私第。

故鄭州陽武縣丞李府君夫人南陽張氏墓誌銘并敘

鄉貢進士解沐撰

夫人南陽張氏其祖常以偃息林藪恥為折腰吏以忠信
禮義為己任以雲水書史為遊處遂名不仕出有德自重
以大信不約為行藏夫人諱玉其先敬襲祖考之道逍遥閑
居榮禄不撓獨立又如此夫人即其長女也幼能恬和行不逾
矩女工之稍洞然自明孰曰天知豈因教也芳年及笄家於李
氏主於婦道和克柔德內理家範必修恭儉節用靡有所遺
親族美稱後為婦者鮮可及矣李府君故鄭州陽武縣丞德行
具紀前誌府君有子六人長子母兄前潤州司法參軍次前
處州松陽縣令即夫人之子也官必有異標舉常筆政無滯理
枝刃皆虛乃夫人嚴訓所至也遂無莅官不敬之訕有撿身恤
民之勞母弟四人皆以文業修舉松陽秩滿以閩越之地墊
隘扶侍來雒之東宅於鞏而居四年嗚呼天不福善神何昧
焉以開成四年正月十九日寢疾薨於私第享年七十三悲夫
珠有耀而光沒蘭不霜而先凋嗣子畯德哀號過制殆不自勝以
其先塋未歸卜歲不吉以其年八月十七日丙寅權窆於縣南
洛汭鄉魯村洛汭里豊而不奢儉而得禮尚從陵谷推遷川原
更變遂刻石為不朽記沐幸與[illegible]而得其實不以才拙請
為文銘曰

天地混兮　朴散紛紜　命之短長　先聖奚論　封樹既古
佳城已寧　其德彌芳　其道彌久　紹嗣不泯　柳萬惟厚

【誌文】

故鄭州陽武縣丞李府君夫人南陽張氏墓誌銘并敘

鄉貢進士解沐撰

夫人南陽張氏，其祖常以偃息林藪，耻為折腰吏。以忠信禮義為己任，以雲水書史為游處。遂名不世出，有德自重，以大信不約為行藏。夫人諱玉，其先敬襲祖考之道，逍遥閑居，榮禄不撓，獨立又如此。夫人即其長女也。幼能恬和，行不逾矩。女工之指，洞然自明。孰曰天知，豈因教也。芳年及笄，家於李氏。主於婦道，和克柔德。内理家範，必修恭儉節用，靡有所遺，親族美稱。後為婦者，鮮可及矣。李府君，故鄭州陽武縣丞，德行具紀前誌。府君有子六人，長子母兄，前潤州司法參軍。次前處州松陽縣令，即夫人之子也。官必有異，標舉常輩；政無滯理，投刄皆虚。乃夫人嚴訓所至也。遂無莅官不敬之訕，有檢身恤氏之勞。母弟四人，皆以文業修舉，松陽秩滿，以閩越之地墊隘。扶侍來雒之東，宅於鞏而居四年，嗚呼！天不福善，神何昧焉。以開成四年正月十九日寢疾薨於私第，享年七十三。悲夫！珠有耀而光沒，蘭不霜而先凋。嗣子畯德，哀號過制，殆不自勝。以其先塋未歸，卜歲不吉，以其年八月十七日丙寅權窆於縣南洛汭鄉魯村洛汭里。豊而不奢，儉而得禮。尚恐陵谷推遷，川原更變，遂剋石為不朽記。沐幸因隣而得其實，不以才拙，請為文。銘曰：

天地混分，朴散紛紜。命之短長，先聖奚論。封樹既吉，佳城已寧。其德弥芳，其道弥久。紹嗣不泯，抑萬惟厚。

八一　崔行宣墓誌（八四一）

【解題】

崔行宣（七八一—八四一），博陵人。會昌元年葬於京兆府萬年縣寧安鄉通安里，其地在今西安曲江池南三兆鎮一帶。

誌高四一、寬四三釐米。銘文二五行，滿行二五字。大多数字體嚴整，有的筆劃欠力度，有的行氣欠規整。鄉貢進士昔耘述。

誌主曾祖崔同暉，懷州河内縣令。祖崔政，試大理評事，兼監察御史。父崔掖，河南府濟源縣令。

誌主數受鄉薦，十上不震。中年入爲趍走之吏，詩酒自娛。某知己詔授雁門太守。私請遠參戎事之籌。未逾星歲瘦疾，會昌元年旅喪於代州官舍。

【誌文】

大唐故汝州司戶參軍崔君墓誌銘并序

鄉貢進士昔耘述

崔君諱行宣，字魯風，代曰博陵人也，始自食菜而得氏焉。曾祖同暉，皇懷州河內縣令，優深文史，博達吏能。祖政，皇試大理評事，兼監察御史，賜緋魚袋。早昇詞科，歷應交辟。父掖，皇河南府濟源縣令。化清畿邑，事達京師。君名曺所傳，器業特異。弱歲慕學，贍有詞華。尋以時稱，數受鄉薦，十上不震。中年遽臨，遂适從容之才，入爲趍走之吏。輒達天命，詩酒自娛。未嘗以沉下寮，愧在顔色。累佐嘉邑，洎遷掾曹。所至之官，必聞其政。可謂才周識廣，道古亮弘。子物君人，率無儔比。君俟選之際，會詔授鴈門太守者，乃君之知己也。因奉私請之禮，遠叅戎事之籌。詣職辝家，未逾星歲。俄瘦疾恙，莫副所邀。奈何屬纊之晨，不及嫣人之手；泣門之日，徒興朋友之悲。去會昌元年歲次辛酉春三月壬申廿一日壬辰，君旅喪於代州官舍，享年六十有一。時公俻權禮，元從護還。迢迢了輩，忽達京國。生往死復，人之所哀。嗣子二人，長曰敬璋，次曰敬紳，似續之後，溫良可觀。已聆義方，足保餘慶。並處喪銷毀，飲血苫廬。議稱有無，終全孝禮。以是年秋八月廿三日，大事于京兆府萬年縣寧安鄉通安里，不及赴元塋也。惧年祀更易，陵谷推遷，爰命紀銘，用資刊刻。其詞曰：

積善之門，必生令孫。幼而則敏，鸖逈難群。身松比磵，貌玉方崑。亭亭秀氣，曄曄奇文。克履儒逕，高期進身。秋貢頻就，春官幾親。命不時濟，中年滯君。既釋麻衣，旋加彩綬。未以早袟，不為謙乎。累在公門，逈然無各。偶於晚歲，遠佐君侯。將副知己，寧祿是求。彫謝忽至，西光莫留。廐馬誰主，篋書僮收。單柩孤魂，遠復京國。行道傷歎，親知匍匐。窀穸云啓，掩心有期。松楸未列，颯已風悲。千悲之後，德有所歸。

八二　馬全慶墓誌（八四七）

【解題】

馬全慶（七九四—八四七），扶風人。大中元年權窆于京兆府長安縣福陽鄉鄧村高陽之原，在今西安市長安區郭杜鎮。

誌高四三點五、寬四三點五釐米。銘文二四行，滿行二四字。楷書，字體清楚，稍欠嚴整。有蓋，高四五、寬四五釐米。前守華州司法參軍閻衡撰。

誌主曾祖馬光粹，鄭州滎陽縣令。祖父馬侅，吉州刺史。父馬惣，檢校右僕射兼戶部尚書。

誌主明經及第，試左衛兵曹參軍，充魏博節度巡官。十任拜衢王友。大中元年終于長安縣崇賢里。

外族滎陽鄭氏，封滎陽縣君。繼夫人王氏，封太原郡夫人。兩娶崔氏、韋氏，有子兩人，有女三人。

【誌蓋】
大唐故
马府君
墓志铭

【誌文】

唐故朝散大夫衢王友上柱國扶風馬君墓誌銘并序

徵事郎前守華州司法參軍閻衡撰

君諱全慶，字休復，扶風人也。自秦漢以降，至于隋唐，簪纓軒冕，世世文儒。百行之家，禮不忘本。曾祖光粹，鄭州滎陽縣令，贈工部員外郎。王父偘，吉州刺史，贈兵部尚書。父惣❶，檢校右僕射兼戶部尚書，贈左僕射。文昭八座，聲洽中臺；道契聖朝，功歸天下。君即右揆之長子也。禀氣謙冲，立心貞靜。自幼學以明經及第，試左衛兵曹參軍，充魏博節度巡官。次任右金吾衛兵曹參軍，充容管經略推官。三任右神武軍倉曹參軍，秩未滿而舊府辟授試大理評事，充容管經略推官。五任監察御史裏行，充本府經略推官。六任京兆府長安縣丞。七任以銓注非便，復授舊官。八任秘書省著作佐郎。名登書府，望接周行。九任太子舍人，位列東宫，名居執誥。十任拜衢王友。嗚呼！天有爵禄，付授於人。如君才美，何不享位。始居朝奬，遽夭天年，不其痛歟。外族滎陽鄭氏，崇緒德門，家為令族。封滎陽縣君。繼夫人王氏，封太原郡夫人。君兩娶崔氏、韋氏，有子兩人。長子楚，以門藉授歙州參軍。次子聿，皆以成立，為學慕善。有女三人，長嫁撫州參軍韋涇，不幸早世。二人未笄，咸令淑有譽。洎韋夫人歿世後，以邢氏得加封邑焉。大中元年七月十九日寢疾終于長安縣崇賢里，享年五十四。以歸葬未便，用其年十月十一日權窆于京兆府長安縣福陽鄉鄧村高陽之原。衡忝君親懿，復在知舊，紀述之託，所不敢辭。銘曰：

維君之先，有國勳功。以君之德，克紹前風。名不顯時，壽不及中。噫予此慶，後嗣誰鍾。

【校記】

❶惣與摠通。馬摠，《舊唐書》卷一五七有傳。

八三　韋君夫人崔氏墓誌（八五二）

【解題】

韋君夫人崔氏（？—八五二），博陵安平人。大中六年祔于萬年縣洪原鄉洪濟里，其地在今西安市長安區杜曲鎮興教寺北。

一誌二石，第二石即誌蓋內面。誌高四四、寬四四釐米。銘文二一行，滿行二六字。兄崔讓撰，兄崔誼書。

誌主五代祖崔确，中書舍人。曾祖父崔述，普州安居縣令。祖父崔朝用，盧州巢縣令。父為江州尋陽縣令。

夫人博覽古文，尤精周禮魯論之言，兼明釋氏老氏之教。笄年嬪於京兆府倉曹参军京兆韋氏，相敬如賓，二十餘年。大中六年捐舍于長安崇化里。

【誌蓋】內面文字

【誌文】

唐京兆府倉曹參軍韋君故夫人博陵崔氏墓誌銘

兄讓撰　兄誼書

夫人姓崔氏，博陵安平人也。山東之右族。先世齊之穆伯，漢之文陽侯，迄于晋宋陳隋，紱冕尤盛。五代祖諱確，唐中書舍人。大王父諱述，普州安居縣令。王父諱朝用，盧州巢縣令。烈考諱□，□□節度參謀，後為江州尋陽縣令。兄競、鑄、讓、誼。其伯姊適振州刺史韋豊，即夫天之娌也，夫人之姒也。外族弘農楊氏，外王父諱綬，屯田郎中，光禄少列。夫人天資孝理，生稟淑圖。承慈訓，得女師之風。事伯姊，有女娣之節。紡塼之暇，博覽古文，尤精周禮魯論之言，兼明釋氏老氏之教。善理筆札，真隸入神。昭範之由，莫非箴□。□親響附，族屬馨聞。既入笄年，俄膺紹介，而嬪于京兆韋諫。寳曆二年冬，自尋陽魚軒，迎于宣州當塗縣，筮仕之邑也。邑□既滿，和鳴北歸。相敬如賓，臻禰□任。中績為主，二十餘年。蔓訓大成，娶配欲畢。其寅位之長，曰勔小，字尚六。汝州梁縣主簿，娶河東柳氏，有男嫡庶四人。其庚位之長，適隴西李從方，有外孫女一人。其庚位之季，將及髡儀，欲擇好逑。值大中六年獻歲之節，夫人力終春薦之禮，忽嬰勞瘵，百藥無瘳。二月廿七日甲子，捐舍于長安崇化里，享壽壬午之曆。是年五月四日庚午，祔于萬年縣洪原鄉洪濟里少陵原之西，神和原之北，先舅先姑塋之東，夫家外王父、外王母塋之西。卜兆之日，勒石之時，其兄乃叩問四封，哭記年月，血筆書甲子日□，哀也；書庚午日事。禮也。銘云：

夫爵府縻，子爵邑維。婦儀母儀，唯家之肥。汝之連枝，雲聚星離。二昆在斯，二昆江湄。在斯之時，形影相依。汝疾躬毉，汝櫬躬隨。穴工穿師，同卜地釐。黄圖安基，玄鍵鑰扉。辰及昌期，呼天誌之。

八四 陶憼墓誌（八五三）

【解題】

陶憼（七八二 — 八五二），丹陽人。大中七年祔葬於長安縣義陽鄉姜翟里母親郭夫人之墓，在今西安市長安區西南。

誌高四七、寬四七釐米。銘文二九行，滿行二七字。楷書，字清楚，多數字較挺秀，有的結體欠嚴整。有蓋，高四六、寬四六釐米，疑似四神紋。三從弟鄉貢進士陶溫撰并書。

誌主五代祖陶瓚，由梁入隋，仕唐為滄州刺史。高祖陶大舉，懷州刺史。曾祖陶貞禹，國子司業、陳州刺史。祖陶銳，京兆河南尹、司農卿。父陶冀，京兆府昭應縣主簿。

誌主幼罹家艱，以外伯祖汾陽王之貴，常依郭氏。金吾將軍王用奏署宮苑閑廄使判官，歷任符寶郎、莊陵令、總監監、太子率更令。會昌年出拜通州刺史，臨郡以清靜為理，去郡歸闕，裝無一金。復任昌州刺史。比乎入覲，久未蒙命，貧不能自存。大中六年薨于長安延福里。

先娶親舅鴻臚少卿郭昫之女，再娶衡州刺史郭鎬女。

【誌蓋】

唐故丹

陽陶府

君墓銘

【誌文】

唐故朝議郎使持節都督昌州諸軍事守昌州刺史上柱國賜緋魚袋丹陽陶府君墓誌銘并序

三從弟鄉貢進士溫撰并書

陶堯之裔，周有司徒叔，漢有丞相青、司空敦。厥子避地秣陵，丹陽遂盛，南朝纓冕。五代祖瓚，由梁入隋，仕皇唐為滄州刺史。寔生我高祖懿公，懷州刺史，諱大舉，為碩德賢臣。生國子司業、陳州刺史，贈揚州大都督章公，諱貞禹。生京兆河南尹、司農卿，諱銳。聲烈勳勞，昭然國史。生京兆府昭應縣主簿、贈祕書郎，諱冀。公，第二子也，諱愻，字彥恭。風度端雅，為人儀表。早孤，勵學用經，明齒上庠，訖不得志。金吾將軍王用奏署宮苑閑廄使判官，以試太僕寺主簿，改試寺丞，復試光禄寺丞、守監門衛長史，符寶郎，賜朱衣銀魚，利禄供滑甘，久不去使職。大和初，始除莊陵令。七年，授總監監。俄丁先太夫人喪，泣血茹荼，扶而後起。服除，重拜舊官。開成末，以其署司統領宮禁，乃東付宦臣。遷公太子率更令。三會昌年，●出拜通州刺史。公幼罹家艱，以外伯祖汾陽王之貴，常依郭氏。雖居勳戚間，自能敦素風，恬惔樂天，不務家產。及臨郡，果以清靜為理。公庭闃然，外無寃者。去郡歸闕，裝無一金。朝廷固未能獎賢，復任昌州刺史。奉行條詔，益施惠和。不以遠人，而怠清操。比乎入覲，久未蒙命，貧不能自存。大中六年閏七月二十六日奄薨于長安延福里，甲子七十有一。嗚呼！天獎善人，止其然耶。先娶親舅鴻臚少卿眴之女，生五子。長曰珀，為合州新明令。次存古，次厚古，出继洗馬仲父。次孝古，早夭。次老彭。三女，長適奉先縣丞清河崔遂。次亦少夭。幼適普州樂至令李行宣。再娶衡州刺史郭鐈女，復先下泉。一子曰剛奴，二女曰仫婢、小婢。乃用明年癸酉正月十八日祔葬于長安縣義陽鄉姜翟里前郭夫人之墓。公之先，由秘書已上，咸墓于洛陽北山，今用權禮，且依先太夫人之側也。溫常感兄愛仁，諸子復勤請，乃銘：

陶氏在唐，侯印纍纍。懿章继崇，尹卿益曦。祕書非卑，二仲褰帷。克生昌元，聿承其徽。胡為不耀，仁人以萎。清風勿衰，惟嗣續之。

張慶刻字

【校記】

●三字衍，或作會昌三年，待考。

八五　史仲莒墓誌（八五三）

【解題】

史仲莒（七七六—八五三），京兆富平人。大中七年葬於萬年縣龍首鄉西陳村。

誌文三三行，滿行三四字。正書。有蓋，四周疑似四神紋。守華州華陰縣尉姚汝能撰，孤子史羣書。

誌主曾祖父史太，閬州長史。祖父史朝，隰州蒲縣丞。父史濯，試右衛騎曹參軍。母濮陽吴氏夫人。

誌主弱冠，以勞考授潁州下蔡縣尉。時相國竇參領度支務，以公掌其職。轉右衛率府長史，又授右羽林軍長史。大中御極，制加五品。明年又試南宫，送名門下，俄除夔王友。公自居右職，至列清朝，所請俸錢，未嘗儲積。貧寒親故，皆□美禄之資；羈旅孤遺，盡減供身之膳。娶京兆杜氏，婉娩之好五十年。大中七年病故于永興里私第。

【誌蓋】
大唐故夔
王友史府
君墓志銘

【誌文】

大唐故朝散大夫夔王友上柱國杜陵史府君墓誌銘并序

將仕郎守華州華陰縣尉姚汝能[一]撰

叙曰：孝者人之本，善者行之先。善非孝不足以立身，孝非善不足以成事。身立事遂，為之達人，其在公乎？公諱仲莒，以名為字，姓史氏，京兆富平人也。史佚之後，家諜存焉，此不具載。曾王父太，閬州長史。王父朝，隰州蒲縣丞。烈考濯，試右衛騎曹參軍。騎曹娶濮陽吳氏夫人，生公及二孟。長曼，陝州大都府倉曹參軍。次汶，左衛率府右執戟。並先公而卒。公即騎曹之第三子也。幼而恭厚，雅尚玄言，外默中和，与物無爭。弱冠，以勞考授潁州下蔡縣尉。時相國竇公領度支務，[二]以銀臺引進，□在得人。苟非其材，慮隳王事。以公掌其職焉。資成，轉右衛率府長史，又授右羽林軍長史。秩滿調集，公以親知在闕，[三]不樂外官。省無闕員，固請重授，復授前銜焉。大中御極，渥澤傍流，制加五品。明年又試南宫，送名門下，俄除夔王友。光榮閭里，美極姻親。子孫侍膝下之懽，生姪盡閨門之慶。四年趍闕，[四]百盡減供身之膳。加以性專內典，心喜檀那，廣樹良因，每霑貧乏。又復門多長者，賔閤長開。攜觴而勝境無遺，結駟而閑亭畢至。無花不翫，無水不臨。乘肥衣輕，俻極榮樂。是知知足常足，樂善善來。獲此優游，豈非素分。大凡人生，事難求俻。或身榮名達者，則室家多隻影之悲；道合時來者，則骨肉生支離之苦。公初筮仕，娶京兆杜氏，婉娩之好，已五十年。生子三人，並皆翹儁，知今學古，傑出輩流。上堂而絲竹駢羅，出門而賔親瞻奉。耳無悲苦，心絕憂虞，度此浮生，世無儔疋。粤以大中七年歲次癸酉七月十四日癸卯，寢疾歿于永興里之私第，春秋七十八。以其年十月四日辛酉，葬于萬年縣龍首鄉西陳村，公之自卜也。嗚呼！享年不為不永，名位不為不高，善始善終，人之鮮矣，公其善終乎？談者多鄙西方教，以為虛誕，盖非通學。公始事佛，求歸西方，瞑目之時，似聞天樂。豈非泥洹上願，不違念念之心；極樂至誠，遂契生生之意。夫人杜氏，母儀婦德，冠于六親，慈愛寬仁，聞乎鄉里。大中二年，封京兆縣君。長子羣，前衡州衡山縣主簿。次子揆，前宗正寺惠昭太子廟令。次子映，從職吏部南曹。一女適樂安任行敏。別院李氏，生一子曰實。並茹荼泣血，逮不勝喪，識者尚之，以為榮美。長院長姪渾，前歙州婺源縣尉。次姪肇，見任舒州司倉參軍，充太倉監[五]事。次院姪庠，前右驍衛同州東河府別將。公常撫育，不離左右。季父情厚，猶子恩深。以汝能依公門館餘十五年，羣等相於，未常間阻。熟公行業，識公賢能，奉託為銘，不敢牢讓。所愧詞荒語野，難傳不朽之文；跡薄名微，浪刻他山之石。廼作銘云：

孝為德本，善乃道先，人之歸焉。其一。百禄曰榮，五福曰壽，其名可以。其二。里閭藉藉，光大其門，惟子惟孫。其三。

修業修心，唯佛與仏，苟不敢忽。其四。生生死死，人之若驚，天樂來迎。其五。其道如何，吾不能測，志人所得。其六。

壽堂寂寞，生前自卜，是非欲速。其七。門館牢落，秋風蕭條，泉路何遙。其八⑥己已平生，想像□在，遽隔明晦。其九。行楸臘臘，茂栢脩脩，永寄千秋。其十。

孤子羣書

【校記】

❶姚汝能著有《安禄山事迹》。

❷竇參，貞元五年拜中书侍郎、同平章事，领度支、盐铁转运使。《舊唐書》卷一三六、《新唐書》卷一四五有傳。

❸❹原字闕，即闕。

❺原字為監，當為監，太倉有監事，從九品下。

❻此處原缺『其八』二字，補。

【跋】

此墓誌亦是過目時，隨手拍照留存的。再沒能找到，暫錄於此，盼能見到貞石。

南宮送名門下俄除聶王友光榮閭里美擬姻親
四年趍闕百事傳家唯在宴遊全無憂繫公自
儲積貧寒親故皆霑美祿之資爵旅孤遺盡減供
樹良因每霑賞之又復閭多長者賓閭長開携
不覩無水不臨乘肥衣輕稻極榮樂是知二足常
凡人生事難求備或身榮名達者則室家多憂患
苦公初筮仕娶京兆杜氏婉娩之好五十年主
流上當而綠竹駢羅出門而賓親瞻奉且無悲苦
大中七年歲次癸酉七月十四日癸卯寢疾歿于
十月四日辛酉葬于萬年縣龍首鄉西陳村公之
爲不高善始善終人之鮮矣公其善終乎談者多
事佛求歸西方瞑目之時似聞天樂豈非涅洹上
二之意夫人杜氏母儀婦德冠于六親慈愛寬仁
子羣前衡州衡山縣主簿次子揆前宗正寺
一女適樂安任行敏別院李氏生一子白賓並茹
美長院長姪渾前歙州婺源縣尉次姪肇見任舒
前左驍衛同州東河府別將公常撫育不離左右

八六 王慕光墓誌（八五五）

【解題】

王慕光（八〇六—八五四）●，太原人。大中八年十二月九日卜宅兆京兆府萬年縣寧安鄉方趙村鳳栖原，祔先塋，在今西安市曲江池東南三兆村。

誌高四六、寬四五釐米。銘文二五行，滿行二五字，四邊十二生肖。楷書，字清楚，結體欠嚴整。鄉貢進士許溫玉撰。

誌主曾祖王宏，蔡州司馬。曾祖母清河崔氏。祖王儦，太子僕兼通事舍人，知館事。祖母，隴西李氏，贈渭源縣太夫人。父王真，陝州刺史，殿中大監，贈工部尚書。母隴西李氏，封隴西郡夫人。

誌主年廿四歸于徐氏，廿五年。輔佐君子，執禮無闕。候待賓客，俎豆不乾。享年卌九而歿於萬年縣永樂里中，寓喪開元觀。

【誌文】

大唐前左神策軍判官承務郎監察御史東海徐公故夫人太原王氏墓誌銘并序

鄉貢進士許溫玉撰

夫人字慕光。曾祖宏，皇朝散大夫，蔡州司馬。曾㊁祖妣清河崔氏。祖儦，皇朝請大夫，太子僕，兼通事舍人，知館事，贈左散騎常侍。祖妣隴西李氏，贈渭源縣太夫人。考真，皇陝州刺史，殿中大監，贈工部尚書。妣隴西李氏，封隴西郡夫人。夫人，在家貞孝柔順，淑德蘭芳，年廿四歸于徐氏。心奉蘋蘩而禮供祭祀，事長撫幼，糺合宗黨，恭敬內外。孝愛脩於五常六律，然動必由禮，非法度未嘗輒踐也。生二子：長曰彥昭，年十八，見修三史，業未就，試其於尚禮教承，事長幼皆以義方，而夙夜貞厲其志；次曰道者，奉夫人訓導以從道，叶冠玄虛，而年幼體纔勝服。有女四人，長適惠氏，其次三人並未去室，而孝節俱明於堂室。其夫人執婦道，少入于徐氏，廿五年矣。六親服其義，鄉閭奉其德，內外稱其慈。其輔佐君子，執禮無闕。候待賓客，俎豆不乾。向使神不助正直，天不降考壽，然不得偕老，嗚呼不造，享年卌九而歿於萬年縣永樂里中，寓喪開元觀。夫人立志以副其心，宜于室家，能睦其族，能匡婦道以義，而形于夙夜。操禮範㊂無闕，在閨門有序。慈奉佛，持禪念道，機弘有知，極其所尚。以大中八年十二月九日卜宅兆京兆府萬年縣寧安鄉方趙村鳳栖原，祔先塋。追紀往行，以誌幽石，其禮也。溫玉忝在門館，故嘗聞清德。逝歿可嗟，見脩大道，具錄實根，以將不朽。其詞曰：

貞孝柔和，婦道世稀。夫人秉禮，六親是依。衿鞶為誡，蘋藻飾帷。四始之美，九姻是追。仁而必答，不登壽機。夫實匪忱，古今同歸。變化忽怳，魂散魂飛。闌石紀范，是儆不誰。謂仁者永，天實者違。同塵殞殤，歸根大非。于以刊石，永播淑姿。

【校記】

㊀誌主享年四十九，卒年不详，姑以葬年記生卒年。葬日为大中八年十二月九日，时已为公元翌年（八五五）元旦，卒日仍暂記为大中八年（八五四）。

㊁原文缺曾字，補入。

㊂原字上⺮下軌。

八七　韋諫墓誌（八五六）

【解題】

韦諫（七九一—八五六）京兆人。大中十年與夫人合葬。

誌高四五、寬四五釐米。銘文二三行，滿行二七字。博陵崔誼撰并書，石工李□武刻字。字整體看欠嚴整，章法欠清朗。有的字個體看尚可。

誌主六世祖韋瓚，隋尚書右丞、南皮公。曾祖韦缜，申王府司馬。祖韦幼卿，河南府洛陽縣丞。父韦羽，户部員外郎，西川南道運糧使。

韦諫弱冠，明經擢第。釋褐，宣州當塗尉。歷官七任，清廉篤下，剋己奉公餘卅年，尚縈墨綬。大中十年，自前京兆府士曹掾，捐館崇化里。

【誌文】

唐故京兆府士曹京兆韋公墓誌

博陵崔誼撰并書

公諱諫，字正夫，京兆人也。曾祖縝，❶申王府司馬。祖幼卿，河南府洛陽縣丞。烈考羽，户部員外郎，西川南道運糧使。案公家牒，其先出自顓頊，大彭之後，當夏帝少康之時，封彭氏之子于豕韋。及周赧以國為氏，因家彭城。至楚太傅孟復徙于魯。後至漢丞相賢，又遷於京兆之杜陵。自丞相之後，皆稱京兆杜陵之人。以是弈葉分泒，韋氏益大。丞相十七世生隋尚書右丞、南皮公瓚，❷公即南皮六世之[孫]。至公之世，伯仲朱紱紫綬，繼踵於朝。公弱冠明經擢第。釋褐宣州當塗尉，復從軍交趾。歷官七任，兩為西府掾。為人和粹深厚，謙光自牧；為官清廉篤下，剋己奉公。每莅一官，惕然翼翼。不施刑，而吏畏伏。務無鉅細，先期而集。辝滿之後，茂績靄然。繼莅者皆法其績，不能改作。近俗稱良吏者，有一善必自書於簡牘，持以干公卿門，誇衒求禄。公揚歷七任，未嘗一曹無卓然之跡。不獨不書於簡牘，而亦不言於人。人將以詰公，公曰：自媒而售，必為賢哲嗤責。所以自筮仕洎卒官，餘卅年，尚縈墨綬。聞公之歿者，無不痛之。公外族博陵崔氏，公夫人即從舅季女，先公而終。生男曰昜，右衛倉曹參軍。女二人，長適隴西李從方，次始及笄。昜娶河東柳氏，生子三人。公於大中十年五月廿七日，自前京兆府士曹掾，捐館崇化里，享年六十六。以其年七月廿日啓夫人之兆將合葬焉，禮也。公於誼，維私之親，尤熟懿德。先遠之期，吉辰迫近。癖於腐毫，不果盡書。悲憤其道，託詞於銘。銘曰：

謂德延齡，而壽虧七十。謂德稱官，而朱紫不及。德即無違，慶復何欺。其幽其明，誰其職之。□火道飆，嗚呼已而。

石工李公武刻字。

【校記】

❶韋鎮有獨獨孤及撰《唐故朝議大夫申王府司馬上柱國贈太常卿韋公神道碑》，載《全唐文》卷三百九十。

❷《新唐書》卷七四上《宰相世系表》四上有南皮公房。

八八　盧深夫人崔氏墓誌（八六二）

【解題】

崔氏（？—八六二），清河人。咸通三年權厝京兆府萬年縣義善鄉鳳栖原，在今西安市長安區大兆鄉附近。

誌高五一點五、寬五〇點五釐米。銘文二七行，滿行二八字。正書。行監察御史柱國盧深撰。

誌主五代祖崔融，中書舍人。曾祖崔巽，渠州使君。祖父崔從，淮南僕射，贈太尉。父崔彥方，河南壽安尉。外祖父盧處約，楚州判官。

夫人之仲父崔慎由，相國、御史大夫。開成初，盧深通過向崔慎由行卷，蒙知遇，得娶其姪女，後一年，始舉進士。殆將十年，夫人甘陋巷，安卑棲，寒幾無衣，飢近無食。每誡幼稚曰：為子之行在乎孝。悖於禮，雖爵位之尊，不能掩其惡。為婦之道在乎順，違於義，雖錦繡之厚，不能映其醜。咸通三年奄謝于長安務本里。

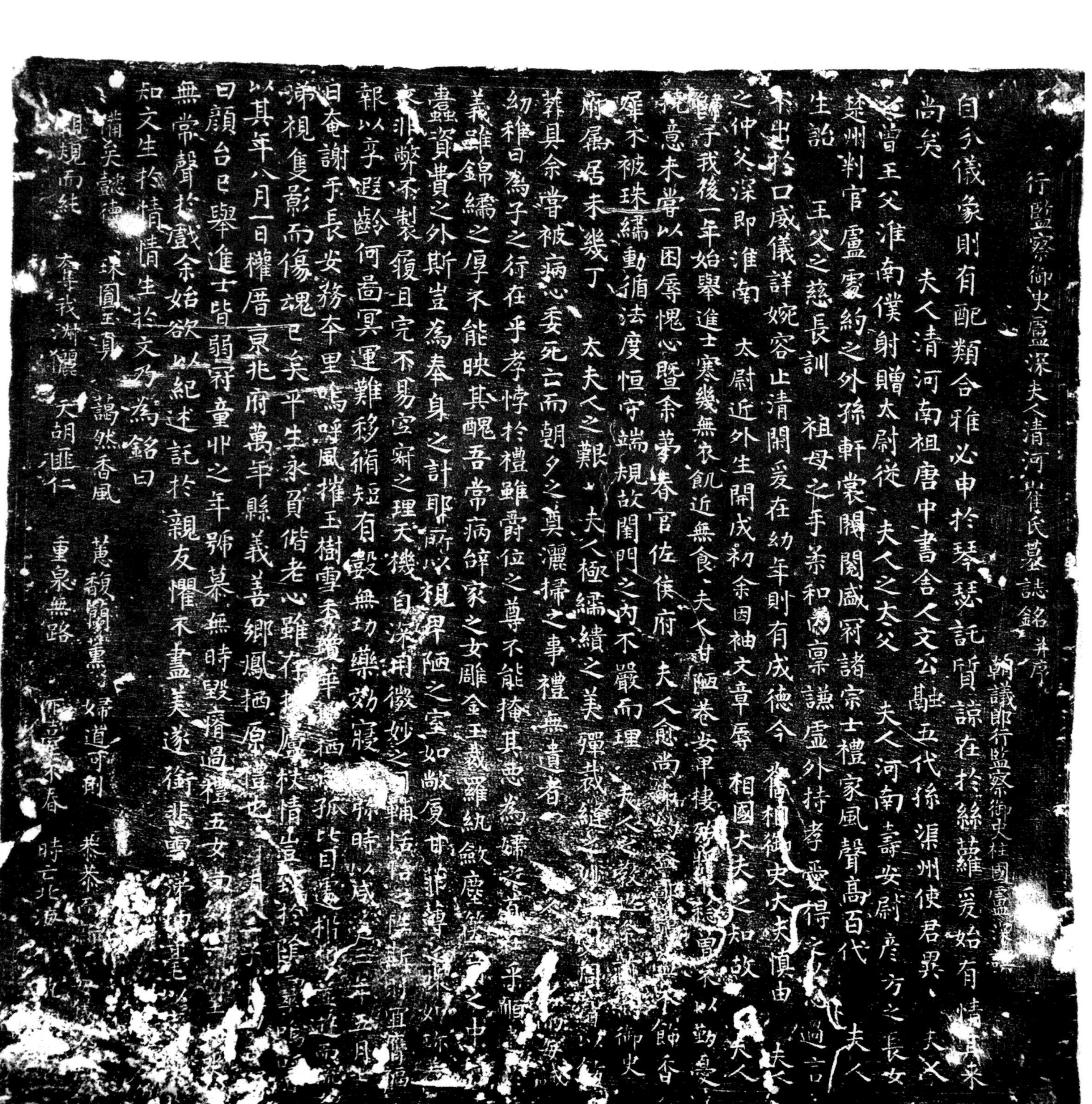

【誌文】

行監察御史盧深夫人清河崔氏墓誌銘并序

朝議郎行監察御史柱國盧深譔

自分儀象，則有配類。合雅必申於琴瑟，託質諒在於絲蘿。爰始有情，其來尚矣。夫人，清河南祖唐中書舍人文公融❶五代孫。渠州使君異，夫人之曾王父。淮南僕射，贈太尉從，❷夫人之大父。夫人，河南壽安尉彥方之長女，楚州判官盧處約之外孫。軒裳閥閱，盛冠諸宗，士禮家風，聲高百代。夫人生詒王父之慈，長訓祖母之手。柔和內禀，謙虛外持。孝愛得之於心，過言不出於口。威儀詳婉，容止清閑。爰在幼年，則有成德。今舊相，御史大夫慎由，❸夫人之仲父。深即淮南太尉近外生。殆將十稔，曾不以勤憂撓意，未嘗以困辱愧心。曁余第春官，佐侯府，夫人愈尚節約，益鄙□盈。不飾香犀，不被珠繡。動循法度，恒守端規。故閨門之內不嚴而理，夫人之教也。余首□御史府屬，居未幾，丁太夫人之艱。夫人極繡繢之美，殫裁縫之妙，□必周□，以飭葬具。余嘗被病心委死亡，而朝夕之奠，灑掃之事，禮無遺者，夫人之□也。圖每誡幼稚曰：為子之行在乎孝，悖於禮，雖爵位之尊，不能掩其惡。為婦之道在乎順，違於義，雖錦繡之厚，不能映其醜。吾常病辝家之女，雕金玉，裁羅紈，斂塵篋笥之中，□蠹資費之外，斯豈為奉身之計耶？所以視卑陋之室如敞厦，甘菲薄之味如珎羞。衣非弊不製，履且完不易。空寂之理，天機自深。用微妙之因，輔恬怡之性。斯則宜膺福報，以享遐齡。何啚冥運難移，脩短有數。無功藥効，寢疾弥時，以咸通三年五月七日，奄謝于長安務夲里。嗚呼！風摧玉樹，雪委瓊華。雙栖□孤，比目遽析。想並遊而流涕，視隻影而傷魂。已矣平生，永負偕老，心雖存□廬杖，情豈致於陰靈。嗚呼！以其年八月一日，權厝京兆府萬年縣義善鄉鳳栖原，禮也。夫人二子，長曰台，□曰顔，台已舉進士，皆弱冠童丱之年。號慕無時，毀瘠過禮。五女尚幼，□□至□，□無常聲。於戲！余始欲以紀述，託於親友。懼不盡美，遂銜悲雪涕，抽毫以志□知。文生於情，情生於文，乃為銘曰：

備矣懿德，珠圓玉真。藹然香風，蕙馥蘭薰。婦道可則，恭恭而新。母儀□□，規規而純。奪我淑儷，天胡匪仁。重泉無路，下臺不春。時亡北海，□□□□。

【校記】

❶崔融，《舊唐書》卷九四有傳。傳稱『融為文典麗，當時罕有其比，朝廷所須《洛出寶圖頌》《則天哀册文》及諸大手筆，並手敕付融。撰哀册文，用思精苦，遂發病卒。』

❷崔從，《舊唐書》卷一七七《崔慎由傳》有附傳。

❸崔慎由，傳見《舊唐書》卷一七七。大中十年至十二年在相位。

八九　趙途夫人李氏墓銘（八六八）

【解題】

趙途夫人李氏（八一四—八六八），李唐皇族，鄭王之八代孫。咸通九年歸葬鮑陂，今西安市長安區鮑陂村，祔先塋。

誌高二八、寬四四釐米。銘文二八行，滿行二〇字。行楷，書寫隨意，字體欠工整，筆畫欠規範。丈夫守常州晉陵縣丞趙途撰誌。趙途墓誌見《大唐西市博物館藏墓誌》四六三。

誌主八代祖鄭王李元懿。曾祖李紘，宿州符離縣丞。祖李昌嶷，揚州江都縣令。父□，亳州譙縣尉。外族扶風馬氏。

誌主年未及笄歸趙途，四十年間，多賴嘉謀，微疾兩月而逝。咸通八年十二月十三日反真于鄠縣平奈鄉侯王里之私第。

【誌文】

隴西李夫人墓銘并序

良人儒林郎前守常州晉陵縣丞趙途撰

夫人皇族，鄭王之八代孫。曾祖紘，皇任宿州符離縣丞。祖昌嶷，皇任揚州江都縣令。父□，皇任亳州譙縣尉。皆以文行承家，清名著世。夫人外族扶風馬氏，源流甚遠，門地極高。代襲儒風，家傳詞□。夫人女兄一人，適京兆韋元者，早亡。有弟一人，天蔭出身，解褐授綿州昌明尉，再授成都新繁尉。少年蒞事，頗有幹名。循良二吏，無不瞻重。尋亦不幸世，有顔子之難。娶長樂馮氏，有子二人，比之二陸，必能雪寃前代，光顯令名。夫人歸余日，年未及笄，禮容婦道，雅合清範。余且百行多闕，難承四德之儀；十室無聞，有愧三從之分。尔來四十年間，幾多通塞。每同言議，多賴嘉謀。豈期微疾，兩月伏枕。半旬曾未昏沉，奄成今古，一言不寄，萬恨攢心。目斷心絕，無路告訴。便欲殞身白日，同歸夜臺。但以兒姪五人，未有一立。女即適事，猶且幼癡。強以僶俛餘生，更盡教誨。魂兮有鑒，當表深心。夫人春秋五十四，十二月十三日反真于鄠縣平奈鄉侯王里之私第，時咸通八年矣。❶有子三人，長曰伯，仲曰緒，季曰榮。有女二人，長女適河南豆盧武，不幸早歿世矣。彼此以秦晉義重，不忍兩絕。武固欲續親，尋亦遂請良人，作糺隴上。舅姑違裕，不得哭送靈車，痛恨難說。以明年十月二十五日歸葬鮑陂，祔先塋之禮也。録其事實，勒爲銘曰：

梁木其壞乎，哲人其萎。天道何昧兮，孔聖所悲。

松栢後凋兮，今又先衰。天道何昧兮，有此其奇。

痛纏心靈兮，而人莫知。埋此貞石兮，萬恨隨。

【校記】

❶咸通八年十二月十三日為公元八六八年一月十一日。

九〇　李行素墓誌（八七〇）

【解題】

李行素（八二三—八六九），隴西人。咸通十年十二月葬於京兆府萬年縣龍首鄉南陳村，祔先塋，其地在今西安城東韓森寨。

誌高五五、寬五五．五釐米。銘文三五行，滿行三五字。字體較工整，結構較緊嚴，行氣整齊，可惜剝蝕較重。嶺南東道節度觀察處置等使鄭愚撰，親舅守國子春秋博士劉道貫書。

誌主五代祖李玄璋，雲麾將軍，郴州刺史。高祖李重鼻，殿中監。曾祖李宿，以御史丞為循州刺史。祖父李淮，不仕。父李匡符，舉進士高第，贈秘書省著作郎。母東平縣君劉氏。外祖劉述古，進士及第，汝州刺史。述古弟邁古，俱登進士第，大理卿，金吾將軍，京兆尹，湖南觀察，邠寧、東川二節度。

誌主連與進士不第，杖劍而遊，乘桴於海。安南奏知唐林州軍州事。以偏師擒裘甫以獻，授富州刺史、副邕州節度，褰斬哀牢無數。又使西凉州，和断嗢末羌，說張議潮入覲。除密州經略招討使，不幸殤生於面，咸通十年二月二日薨於普寧官署。

【誌文】

唐故容管經略招討處置等使檢校右散騎常侍兼御史大夫上柱國隴西縣開國男食邑三百戶贈工部尚書李公墓志銘

嶺南東道節度觀察處置等使充諸道供軍糧料使中大夫檢校禮部尚書使持節都督廣州諸軍事兼廣州刺史御史大夫上柱國

贈紫金魚袋鄭愚撰[1]

大丈夫處世，根本於忠孝，約束以仁義。其取進也，必以當時所重。國朝文明照天下，事先於詞科，始大於秀才，而盛於進士。其棟梁鼎鼐之選，多重於是。故今進士，員不出三十，而馳騖京師，歲千有餘，其有得也，則公以為是。故其徒老死甘心，而坎軻窮阨，不知自返。聖人所稱，君子見機而作，不俟終日。又曰，文武之道，未墜於地，夫子何常師之有，則負鼎版築屠釣飯牛哀歌而率能濟時利物，夫豈謂是老死甘心一志而不知變者也。我則於故容帥李公見之矣。公諱行素，字乘之，隴西人，北朝冠族，而大於中國公穆，國史有傳。[2]襲其後支，皆稱申公房。後其家世，播遷南裔，而風範益高，嶺服敬之。五代祖玄璋，雲麾將軍，郴州刺史。高祖重彝，殿中監。曾祖宿，以御史丞為循州刺史。皇祖淮，以氣高不能下人，不仕。皇考匡符，舉進士高第。命屈於時，官不及太平，贈秘書省著作郎。夫人東平縣君劉氏，生公。公外祖述古，進士及第，汝州刺史。汝州之弟邁古，俱登進士第，大理卿，金吾將軍，京兆尹，湖南觀察，邠寧、東川二節度。官鉅人偉，聞顯於時。公內外豪英而材不世出，連舉進士，有司失人。恐日月之不與，拂衣杖劍而遊，乘桴於海。安南奏知唐林州軍州事。後海賊裘甫寇□東而窺府城。公以偏師殄之，擒甫以獻。[3]恩授富州刺史。□未再落，又除藤州刺史。蠻蜒方撓，移□以備用故也。未幾，又授瓊州而招討儋耳、朱崖五郡事。哀牢益暴，又以公官御史丞，副邕州節度。寇果圍朗寧，王師不振。公親擐甲，開壘而出，首敢死之士，捐不貲之身，奮而走之，褰斬無數。又上其功，加御史大夫。既罷來朝，授太府少卿。未逾月，使西涼州，和斷嗢末羌，與張議潮語，議潮執笏入覲。奉使稱旨。未及□也，除密州經略招討使。延英奉辭，面加右散騎常侍。到任大興利物之策，政用是成。不幸瘍生於面，以迄捐館。其西導交趾，南喉百越。立功立事，目擊皆是。幽誌不書，以付外史。有男紹孫，前固安令。次曰裔孫，未仕。二女皆賢，配必佳耦。公之季弟，前右衛兵曹道謩，孝友惇節。以公之為容州也，褒詔溢美。乃余時為中書舍人之詞也，熟公材德。今作鎮聯壤，方慟其變。且又老於承學，以事見屬，乃言公以咸通十年二月二日薨於普寧官署，春秋卌七。用其年十二月一日[4]葬於京兆府萬年縣龍首鄉南陳村，祔先塋，禮也。宜有誌云：

李之世載，馬喙猿臂。今為唐宗，姓無與貳。婚冠既大，德積人戴。是生申公，明不可晦。揭揭雲麾，處士承之。皇考蓬丘，高第是宜。公生俊奇，君子知機。服嶺鵲起，會稽虎威。獻俘象魏，富藤來刺。□黎島夷，招討餘類。邕江毒波，哀牢舞歌。副彼師帥，春喉以戈。歸朝羈旅，貳乎長□。單車西涼，懍彼羌□。系羈侯王，式是循□。鎮以普寧，犀甲沉槍。四稔之勤，事莫無臻。憂血不行，蕩生浹辰。物數無遽，況乎有土。公薨之惜，實備文武。東寇紛紛，甲馬如雲。[龍]原可作，公胡不軍。他誄唯褒，我誌其實。陵谷之變，彰乎白日。

親舅朝議郎守國子春秋博士柱國劉道貫書

【校記】

❶撰文鄭愚，曾为中書舍人，官至尚書左僕射，《全唐诗》和《全唐文》中有詩文。

❷《隋书》卷三四《李穆傳》。

❸裘甫，咸通元年（八六〇）于浙東起兵反唐，衆至三萬，王輅等进士數人參加。正史及《平剡录》等書皆曰是浙東觀察使王式率忠武、義成、淮南等諸道兵平之，俘獲裘甫，解送長安，斬于東市。此誌稱裘甫是被來自安南唐林州的李行素率偏師俘獲以獻，姑備一說。

❹咸通十年十二月一日为公元八七〇年一月六日。

大丈夫處世根本於忠孝約東以仁義其取進也必以
於詞科始大於秀才而盛於進士其操是鼎鼐之選多
驚京師咸乎有餘其有得也則必以爲是故其徒老蠹
稱君子見機而作於侯終日不負文武之道未墜於地
敢牛衰歌而寧能濟時利物夫豈謂是老死甘心一志
李公見之矣公諱行素字秉之隴西人北朝冠族而大
稱申公房族其家世播遷南夏而風範益高纘服敬之
祖重晷殿中監曾祖宿以御史丞爲循州刺史皇祖進

九一　郭行脩墓誌（八七〇）

【解題】

郭行脩（八四三—八七〇），其先太原人，西漢遷爲華州鄭縣人。咸通十一年葬於京兆府萬年縣義善鄉鳳栖原，祔先府君之塋，在今西安市長安區兆余村。

誌高四〇、寬四〇釐米。銘文二三行，滿行二三字。楷書，受魏體影響深，字體點畫之間，多有魏意。字體挺拔有力，字形稍欠楷體之美。有蓋，高四〇、寬四〇釐米。鄉貢進士姚瓚撰，季兄前華州鄭縣尉郭弘裕書。

誌主高祖郭子儀，太尉，中書令，汾陽郡王，尚父。曾祖父郭晞，檢校工部尚書，太子賓客。祖父郭鐬，光王傅。父郭從實，鄭州別駕。

誌主以蔭入仕，調授左衛率府倉曹參軍事，再調尉絳之龍門。咸通十一年終於親仁里之私第。

【誌文】

唐故絳州龍門縣尉太原郭府君墓誌銘并序

鄉貢進士姚瓚撰　季兄前華州鄭縣尉弘裕書

君諱行脩，字彥冲，其先太原人。虢叔之後，因封以命氏。洎遠祖孟儒，西漢時為左馮翊太守，子孫因家于華，今為華州鄭縣人也。皇太尉，中書令，汾陽郡王，尚父，贈太師諱子儀，❶君之高祖也。皇檢校工部尚書，太子賓客諱晞，❷君之曾王父也。皇光王傅諱鏶，君之王父也。皇鄭州別駕諱從賓，君之烈考也。簪組輝暎，聯蟬不絕，功臣偉士，代有其人。君即鄭州第三子也。幼禀義方，長為律度。明敏恬淡，信天縱之器度宏達，有傑人之表。窮考經籍，移晷忘倦，識之者期復大其門。惟尚父翊亮四朝，勳德冠代，僉謂克嗣者，其在君乎。以蔭入仕，調授左衛率府倉曹參軍事，再調尉絳之龍門。溫茂冲和，益為人之所器。袟❸罷，將還京師，無何嬰恙，以咸通十一年五月三日終於親仁里之私第，享年二十有八。噫！材與壽不侔遠矣，天奚富其材而奪其壽耶。親族之內，莫不隕涕承睫，謂陰騭福善，何其紿哉。娶故刑部郎中、汲郡康復之女，無子。哲人不嗣，痛在茲乎。蓍龜告吉，以其年十一月二十八日，葬于京兆府萬年縣義善鄉鳳栖原，祔先府君之塋，禮也。窆有日，元昆，前淄太守弘業潸然出涕，以誌地文見請。瓚幸承親懿，得熟仁義，辭不克遂，而為銘云：

羊公登峴，孔聖在川，積感傷逝，聞諸昔賢。隟駟難駐，浮生其遄。自古如此，夫何恨焉。惟君體善，孰與同年。材志未展，零落奚先。松風書咽，壠月宵懸。空留淑問，永閟窮泉。

【校記】

❶郭子儀，《舊唐書》卷一二〇、《新唐書》卷一三七有傳。

❷郭晞，《舊唐書・郭子儀傳》、《新唐書・郭子儀傳》有附傳。

❸袟或當作秩。

九二　歸仁晦墓誌（八七六）

【解題】

歸仁晦（八一五—八七六），自汝南徙家于始蘇，為吴郡人。乾符三年葬於萬年縣鳳栖原太師公塋之左，在今西安市長安區韋曲兆余村，夫人滎陽郡君祔。

誌高九二、寬九二釐米。銘文三八行，滿行四〇字。楷書好，筆調圓潤厚實，有力度，但欠秀美。親弟守殿中侍御史歸仁紹撰并書。

誌主曾祖歸崇敬，鉅儒達禮，累官至兵部尚書致仕，贈司空公。祖父歸登，累拜兵部侍郎，工部尚書，贈太保公。父歸融，進士及第，官至刑部、兵部尚書，太子少傅，贈太師公。母越國太夫人陸氏，相國陸贄之女。

誌主年未冠，袖文謁名公大人，年廿三擢第進士，調補弘文館校書郎。累拜左補闕。屬宣宗虚己納諫，得盡匡益。家貧，以孫惇無所恤，求為楚州刺史。徵為給事中。懿宗擢拜御史中丞，制以中貴人監太倉，力爭不能得，遂以疾免。後拜左丞，禮部尚書，出鎮梁苑。徵為户部尚書，旋拜吏部尚書。莅官介潔，無銖兩之私。乾符三年以疾薨于上都親仁里第，天子震悼，廢朝一日。詔贈尚書左僕射。

娶夫人鄭氏，封滎陽郡君，夔王傅鄭齊之女。

【誌文】

唐故光禄大夫吏部尚書長洲郡開國公食邑二千戶贈左僕射歸公墓誌銘并序

親弟將仕郎守殿中侍御史柱國賜緋魚袋仁紹撰并書

嗚呼！我家肇自天寶，以文儒通金籍，援經據古為時司南。自皇祖司空公至僕射公凡四葉，居唯舌，皆嗣德纂文，克熾克昌。僕射即代之初，知與不知，莫不為之悲駭。以道不及人為惜。吁！非至仁上善，何以臻是哉。天乎！泰山頽矣，正道衰矣，生靈無所屬矣，搢紳無所法則矣。人百其身，莫可贖矣。號慕殞越，緾哀靡訴。公德行官業，雖聲於人口，垂於史筆，不文而加於石，則納諸穸也闕。句絕。遂摭其行事，序以銘云。公諱仁晦，字韜之。其先舜後，閼父之子曰胡公，封國於陳，復歸於胡，因以為氏。自汝南徙家于姑蘇，今為吳郡人也。皇祖贈司空公，諱崇敬，●以鉅儒達禮，自天寶迄貞元，數十年間大禮疑議，得以專決。由內庭累官至兵部尚書致仕。王父贈太保公，諱登，以直言對策為左拾遺，累拜兵部侍郎，工部尚書。履正蹈仁，坐鎮讙嚚。時議以識局弘雅，比之陸兗公。烈考贈太師公，諱融，進士及第，歷御史。補闕。替否鯁切，不為偷避。拜起居，禮部員外郎。問望偉曄，後進爭出門下。自中書舍人入掌內命，轉工部侍郎承旨。發揮帝謨，煥有丕績。出拜御史中丞，御史有素著醜行，為時評議者，皆斥去之。糺劾權右，無所迴避，京師為之震慴。周歷南宮貳卿，後判度支，鍵猾擿奸，國有羨資。擁節三將，句絕皆天下清雄地，治行廉白，可為世師。歷刑部、兵部尚書，拜太子少傅，竟不一持邦柄，惜哉。越國太夫人陸氏，相國贄●之女。德茂識高，孝慈天鍾。薦紳之家，無不仰以為式。公即太師公第三子也。年未冠，袖文謁名公大人，句絕翕然馳聲。年廿三擢第進士，調補弘文館校書郎。應辟左馮翊，為長春宮巡官。奏試秘書校書。又從事湖南，試大理評事。府罷，以書判入等，授渭南縣尉，華州奏試評事，充鎮國軍判官，拜監察御史。丁越國太夫人艱，銜哀奉養，克叶禮節。喪紀甫終，太師公薨。公與昆弟六人，同毀共戚，未嘗有一毫不由於禮者。制闋，拜左補闕。屬宣宗虛己納諫，公得盡匡益。歷工部、刑部員外郎，度支郎中。公當何繁難，貌若閑暇，而慮必纖悉。老骨縮手，莫敢以簿書為欺。拜司封郎中，旋改兵部。家貧，以孫惸無所恤，求為楚州刺史。纊寒哺飢，民悅而歌。詔加御史中丞，錫以金紫。徵為給事中。制命不臧，皆章還之。先是禁軍外藩大校宿胥，多兼正員官，遂使宦路壅阨，公與同列，抗疏極言，由是濫進少息。懿宗多公業官，擢拜御史中丞，綱目再張，霜風復寒。御史脅息，率職不怠，選擢皆清稱上流。其廢公廚醸器，毀直廳後閤，于今守之。無何，制以中貴人監太倉，公力爭不能得，遂以疾免。拜尚書右丞，吏部侍郎，銓綜式序，懸衡無私。尤以寒進為卹，赴調者皆以在公銓為天幸。後拜左丞，禮部尚書，出鎮梁苑。視事周歲，士稔軍睦，汴人宜之。其所招辟，皆天下名士，尋徵為戶部尚書，旋拜吏部尚書。夫冢卿，朝廷之極選也，宰相皆咨其言論，以翼助時政。天子方倚以大用，不幸以乾符三年六月二日以疾薨于上都親仁里第，享年六十有二。嗚呼！山屺川竭，為之奈何。天子震悼，廢朝一日。詔贈尚書左僕射。公娶夫人鄭氏，封滎陽郡君，即皇夔王傅齊之女。恪以處婦道，誠以奉嚴禋。閨闈之內，令聲充塞。有子七人，女四人，長曰延矩，先公數歲卒。次曰傳範，以文行，舉進士，擇交慎履，聲華藉甚。次曰虔範，次曰遵範，次曰保範，次曰承範，次曰彥範，皆勵節修詞，篤志嚮方，有後之榮，實表全慶。長女適前進士陸肱，終虔州刺史。次適進士庾。下二人未許嫁。公性曠澹，不憙聲色酒博，以儉剋自安。居處飲食，不尚華貴。莅官介潔，無銖兩之私。其在郎署，再司考覈，皆抑華採實，佝其至公。與昆弟叶志同德，怡怡熙熙，錯行磨仁。友睦之稱，薰於士族。可謂鉅人君子，能以禮樂始終者矣。遂以其年十一月廿三日，安宅于萬年縣鳳栖原太師公塋之左，夫人滎陽郡君祔焉。禮也。銘曰：

嶽瀆之靈，公禀而生。直□朱絃，量闊滄溟。白璧無瑕，寒松獨貞。行葉芬茂，情田砥平。禮士下賢，掇[其]翹英。處劇當繁，率有度程。四葉唯舌，嗣德均榮。如何命世，不和帝羹。百代仰之，昭昭令名。

【校記】

❶《舊唐書》卷一四九《新唐書》卷一六四有《歸崇敬傳》，并附《歸登傳》《歸融傳》。舊傳言及歸仁晦。

❷陸贄，《舊唐書》卷一三九、《新唐書》卷一五七有傳。

牘矣號慕殞越緾衰靡訴 公德行官業雖聲於人口垂於史筆
撫其行事序以銘云 公諱仁晦字韜之其先舜後關父之子曰
自汝南從家于姑蘇今為吳郡人也 皇祖贈司空公諱粲敬以
大禮疑議得以專決由 內庭累官至兵部尚書致仕 王父贈
累拜兵部侍郎工部尚書屢正蹈仁坐鎮諱蹈時議以識局弘雅比
進士及第歷御史補闕替否鯁切不為偷避拜起居禮部員外郎問
入掌 內命轉工部侍郎承 旨發揮 帝謨煥有王績出拜御史
皆斥去之紀綱權右無所迴避京師為之震慴周歷南宮貳卿後判
將絕句皆天下清雄地治行廉白可為世師歷刑部兵部尚書拜太子
國太夫人陸氏 相國贄之女德茂識高孝慈天鍾薦紳之家無不
三子也年未衦袖文謁名公大人絕句翕然馳聲年廿三擢第進士調
春宮巡官奏試秘省校書又從事湖南試大理評事府罷以書判入
國軍判官拜監察御史丁 越國太夫人艱銜哀 奉養克叶禮
與昆弟六人同毀共戚未嘗有一毫不由於禮者 制闋拜左補闕

九三　韋珏(扶風縣君)墓誌（八七七）

【解題】

韋珏（八一三—八七七），京兆杜陵人。乾符四年歸葬於萬年縣鳳棲原，在今西安市長安區韋曲兆余村。

誌高五三點五、寬五三點五、厚八點五釐米。楷書銘文三二行，滿行三二字。四邊十二生肖。楷書好，結體較嚴整，字挺拔有力，非常規整。堂姪前守懷州獲嘉縣令韋孝立撰上，郭氏親姪前襄州義清縣主簿郭瓊書。

誌主曾祖父韋元晨，開元中侍御史。祖父韋登，秘書郎兼監察御史。父韋俛，總監監。母清河崔氏。

誌主年十八出適國子監丞郭鏐，祖汾陽王郭子儀，父或即郭子儀第三子太子賓客郭晞。居喪家貧，從吉後轉遷畿赤令，連牧大邦，復任興州刺史。乾符三年冬丈夫遘疾殂逝，夫人自謂未亡人，巫醫不徵，藥餌不前。以乾符四年終於長壽里第。

【誌文】

唐故興州刺史太原郭公夫人京兆韋氏扶風縣君墓誌銘并敘

堂姪承奉郎前守懷州獲嘉縣令孝立撰上　郭氏親姪朝請郎前襄州義清縣主簿瓊書

墓必有銘，其來尚矣。男志功行，女述儀則。篆刻貞閟，期常存於久久然。夫人諱珏，字寶元，京兆杜陵人也。其先苗裔顓頊，興流夏殷。漢魏以降，皆為茂族。是後世濟德美，間生英賢。國朝開元中，侍御史諱元晨，於夫人為曾王父。元晨生王父秘書郎兼監察御史諱登。登生總監，監諱俛。先妣夫人清河崔氏生子七人，三為女子子，夫人即三女之長。天與柔淑，性能慧和。姆傳不勤，自有幽閑之德。年十八出適國子監丞太原郭君鏐，❶汾陽王之令孫，左宮相之愛子。肅宗朝，汾陽載安社稷，閥閱無等。宮相與配夫人，在堂擇子婦之姻，納采問名，實為重慎。夫人躬執婦道，進克奉舅姑之儀，退不失如賓之敬。浹下承上，衎衎如也。無何，監丞丁先考妣憂，居喪家貧，饘粥齋祭，皆夫人約束而辦，事無闕者。比監丞從吉，轉遷畿赤令，連牧大邦，復任州刺史。使君理外，夫人理內，內外匪差，家國冥符。故使君所至，下車多來暮之謠，離任傳去思之譽，皆夫人輔佐明徽，式契關睢之義也。乾符三年冬十月，使君遘疾殂逝。夫人既臻年壽，復降移天之感。撫孤慟哭，感極他人。始以使君喪歸祔塋，禮用適畢，而夫人得疾骨肉，家隸趍召醫藥。夫人曰：婦之失儷，謂未亡人，待亡者也。巫醫不徵，藥餌不前。以乾符四年二月七日，奄終於長壽里第，享年六十五。有男二人，長曰珽，太子司議郎，娶滁州刺史穎川陳鮪女。季曰知禮，興元府三泉縣尉。女三人，長適同州韓城縣令李瑫，次適江陵府士曹王部，蕣華先落。季適京兆府司錄李運。珽、知禮皆純孝子也。連丁痛毒，僅能勝喪。泣血叫天，備盡稱家之道。其年四月二日，歸葬於萬年縣鳳棲原，合祔使君之塋，禮也。嗚呼！夫人令德懿行，刑於閨壼。慈仁孝愛，睦視孤弱。左右侍人，常假借顏色，說有因果，應答如響。故自初笄慶衿，釐於郭氏。琴瑟好合，垂五十載。起家乃監丞之歸，卒為諸侯內子，封崇邑號之顯。男結高姻，女得良婿。同穴偕老，瞑目無恨。是因果應答之効，不其然歟。宿種善根，不起三業，彌棲心於黃褐二教，悟大時可逃。故適去無撓，嬰疾不藥，委順而化，斯古之達人上士所操，無以加也。將葬前月，二孤號踴，訴陳議銘於韋孝立。孝立於夫人為堂姪，於二孤為內兄。淑行素詳，誰易中外，不敢以訥鈍固辭，乃進哭再拜，謹敘銘曰：

兩陰者坤，惟女之貞。雅葉夫人，令淑賢明。猶蘭之薰，如玉之英。四德皆修，六禮爰備。來嬪大家，柔聲順意。母儀婦道，天然自致。及嗣內事，小大咸式。輔佐之勤，閑睢之則。封君號邑，稱功表德。夫先婦後，同穴歸真。人代長辭，松檟亦薪。唯銘斯石，千秋不磷。

【校記】

❶郭鏐墓誌藏碑林，亦是親姪行襄州義清縣主簿郭瓊書，楷書好，結構較嚴整，較挺秀。

九四　劉昭墓誌（八八〇）

【解題】

劉昭（八一〇—八七九），彭城人。乾符六年十二月二十四日葬於長安縣，在今西安市。

誌高四四、寬四四釐米。銘文二八行，滿行二七字。楷書好，有魏意，亦有行書意，秀麗，蓋用筆自如。鄉貢進士裴章撰並書。

誌主父劉江，右神策軍兵馬使。

誌主丱歲入事，便處要津。未曾有利己而害於公家，未曾有貪財而潤於私室。從政五十四年，皆以清廉見用，前後授官七政，官至右神策軍散兵馬使押衙，兼折東三將判官，檢校國子祭酒。乹符六年終于上都金城里之私第。

夫人太原郭氏，所說西平郡王孫之身份存疑。西平郡王無姓郭者，郭子儀是太原郭氏，封汾陽郡王不是西平郡王。

【誌文】

唐故右神策軍散兵馬使押衙兼折東三將判官銀青光祿大夫檢校國子祭酒常州□□□□□柱國劉府君墓誌銘并序

鄉貢進士裴章撰並書

公姓劉，諱昭，字德明，其先彭城人也。自分散宗派，便係于我唐。累世官敘，職名咸有所稱，故不能備述。先父江，故右神策軍兵馬使。公之愛子也，自丱歲入事，便處要津。有撓而不亂之名，有煩而能靜之理。謙沖和眾，居領袖之中；恭默為心，處朋友之內。未曾有利己害於公家，未曾有貪財而潤於私室。古人慎四知，去四[人]，唯君之得繼也。歷事十餘政，在五十四年，皆以清廉見用，累稱官位，曾不自求。前後授官七政，內兩任州別駕，而又處家，以忠孝禮讓為門風，莊敬恭順為世業。因語其妻孥曰：我壽亦過矣，名亦霑矣。大凡處世之中，止如此也。遂退職名，將便安處。今有男敏，年已成立，亦讀詩書，兼遵訓誨。軍主[念]公之清苦，歎公之自知，錄用其男，將續其嗣。存歿感恩，瞑目無恨。以乾符六年六月二十三日終于上都金城里之私第也。夫人太原郭氏，即唐朝西平郡王孫，封太原縣君。父文惠，訃職左神策軍。夫人溫良靡忒，柔順其□。喪□所依，泣血無他。又恨乎彼蒼者天，殲我良人。如可贖兮，人迨其身。臨終之時，又囑其夫人曰：蓋浮俗，送喪皆華盛為先。吾不然矣，但稍備舊舁櫬，授用假物為之，衣衾唯四斂之名，製置可一時之作，但不為吾此意，即吾之無恨也。二[婢]盡夫人一世，盡放從良。以其年十二月二十四日葬于長安縣□□鄉，祔於先塋之禮也。嗚呼！春秋逎七十矣。覩其儉素之令名，備見立身之本末。今有令姪一人，列軍門皆為盛職。感孟父之慈憫，哀季弟之傷殘，盡禮節而親隣具知，抑悲哀而同為主領。力助營護，罔有闕遺。亦人子立身之節也。以余曾業文話，公之德行逎見，命為之勒于貞石。其詞曰：

吁嗟我君，今之古人。長慎四知，終全一身。視其昆弟，遍於交親。盡為規矩，永保如春。其一。位恐其高，名恐其豪。五十餘年，展効勤勞。惠眼如刀，惠心如滔。藏之視之，曾不煎熬。其二。為人去已，能栽視李。為蔭其家，更覆其子。留念之情，誰能如此。不使後悲，皆遵□止。其三。夏日冬夜，青松白楊。郊原莽蒼，狐兎奔藏。九泉深閈，千古忙忙。三年之後，子孫更昌。其四。

九五　蘇昕婦張氏墓誌（一〇五五）

【解題】

張氏（一〇二五—一〇五四），清河人。至和二年葬從舅（蘇通）傍。後祔于丈夫蘇昕墓，在京兆府萬年縣洪固鄉神禾原，今西安市長安區西南。

誌高三九點五、寬四七點五釐米。銘文一九行，滿行一六字。顏體書法一般。墓誌銘全文為四言長詩，殊為少見。廣文館進士武功蘇晦撰，試秘書省校書郎范育書。

誌主父鄉貢進士張湶。張氏為長女，嫁為蘇昕婦，皇祐六年去世，時年三十。有三子。

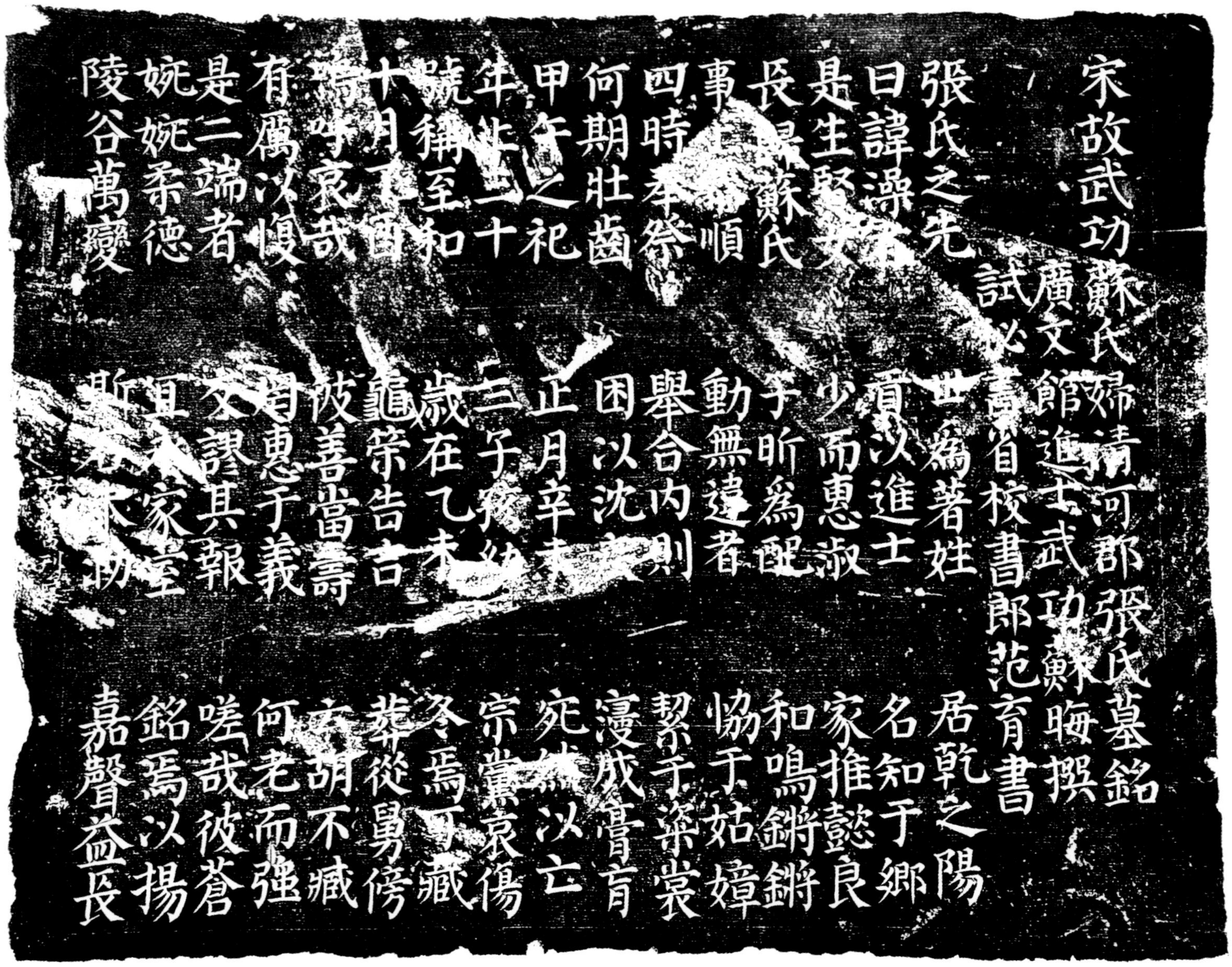

【誌文】

宋故武功蘇氏婦清河郡張氏墓銘

廣文館進士武功蘇晦撰

試秘書省秘書郎范育書

張氏之先，世為著姓，居乾之陽。曰諱澡者，貢以進士，名知於鄉。是生賢女，少而惠淑，家推懿良。長歸蘇氏，於昕[一]為配，和鳴鏘鏘。事上恭順，動無違者，協于姑嫜。四時奉祭，舉合內則，絜於粢裳。何期壯齒，困以沉疾，寖成膏肓。甲午之祀，正月辛未，宛然以亡。年止三十，三子孩幼，宗黨哀傷。號稱至和，歲在乙未，冬焉可藏。十月丁酉，龜策告吉，葬從舅傍。[二]嗚呼哀哉，彼善當壽，雲胡不臧。有厲以愎，罔恵于義，何老而強。是二端者，交謬其報，嗟哉彼蒼。婉婉柔德，宜承家室，銘焉以揚。陵谷萬變，斯石未泐，嘉聲益長。

安□□刊

【校記】

[一] 蘇昕墓誌（一〇六九）見本書九八。

[二] 舅為公公，即丈夫蘇昕之父蘇通（一〇一〇—一〇五五），與張氏同年去世，初葬於京兆府長安縣同樂鄉之萬村，張氏祔。蘇通墓誌見本書九六。

九六　蘇通墓誌（一〇五五）

【解題】

苏通（一〇一〇—一〇五五），京兆武功人也，避寇居豳。至和二年葬於京兆府長安縣同樂鄉之萬村，其地不詳。

誌高六一點五、寬六一釐米。銘文二五行，滿行二五字，四邊卷草紋。姪蘇晦撰，試秘書省校書郎范育書。字好，工整，筆意厚重有力，稍欠秀美。

誌主不喜談章句，樂文武治世之道。康定中元昊内侵，西帥連討未平。遂東遊京師，歷謁公卿，於志無所合，因從道士遊，買山於鄠杜之间，煉不死之藥。至和二年寢疾卒。妻王氏，墓誌見本書九七。

【誌文】

宋故武功蘇先生墓志銘并序

姪晦撰　　試秘書省校書郎范育書

先生諱通，字季通，姓蘇氏，其先京兆武功人也。曾祖諱琬，始避寇居豳。祖諱毅，父諱仲舒，贈大理評事，皆潛遁不仕。先生，廷評之季子也。少博學，性沈默，而有大志。不喜談章句，樂文武治世之道，故不肯從鄉里貢，其視榮利憺如也。好延四方遊學之士，至皆館之。日講道五經，交語以大趣而不畸碎，明韜謀而僻於言兵。其旨以正，守權施權，正循相生，終復無窮極。嘗曰：使吾雖日迎百敵無殆焉。康定中元昊內寇，西帥連討未平。先生興曰：時矣，盍求之乎！遂東游京師，歷謁公卿，閒能吐言論時事而深究利病。且久於志無所合，歎曰：吾道固已已者邪？於吾復何傷，然終不能与碌碌者俱。因從道士遊，即其宮學老子說，而多畜丹砂諸寶石，庶夫成不死之藥。乃歸，買山於鄠杜之閒，將退處以卒其志焉。慶曆中二兄繼卒，明年母夫人甯氏亦卒。先生哀悼踰毀，久而益病，遂不復交人事。日道黃老言以自娛。至和二年夏，寢疾彌篤，乃召諸宗黨語。其長以慈愛教下，以順悌於朋友，故舊一無遺焉。謂晦曰：吾茲不復矣，爾業古文，其往銘吾幽。晦默然，泣伏再拜以退。翼日而卒，時秋七月十有四日庚午也，享年四十六。是歲冬十月丁酉，葬于京兆府長安縣同樂鄉之萬村。先生為人恬退，處富饒而奉己廉約，未嘗以喜怒易色於人。於陰陽數術，無不貫達。其為詩，喜自道格意，富健沛然而不繁，斯可尚也已。悲夫！年纔過四十，顧其所施為，足以昭世垂不朽。而天亟奪之，噫，命矣乎！先生娶大理評事王元吉之女，生三男，長曰昕，次曰暉，曰暲，皆幼。三女，二女皆適仕族，其季未適人。銘曰：

士貴以道兮道章以時，道茂時否兮古今之悲。

先生之才兮不速用世，一出非心兮隱以自閟。

天艱其年兮維名不替，嗚呼！賢果有後兮子孫繼繼。

九七　蘇通妻王氏墓誌（一〇六九）

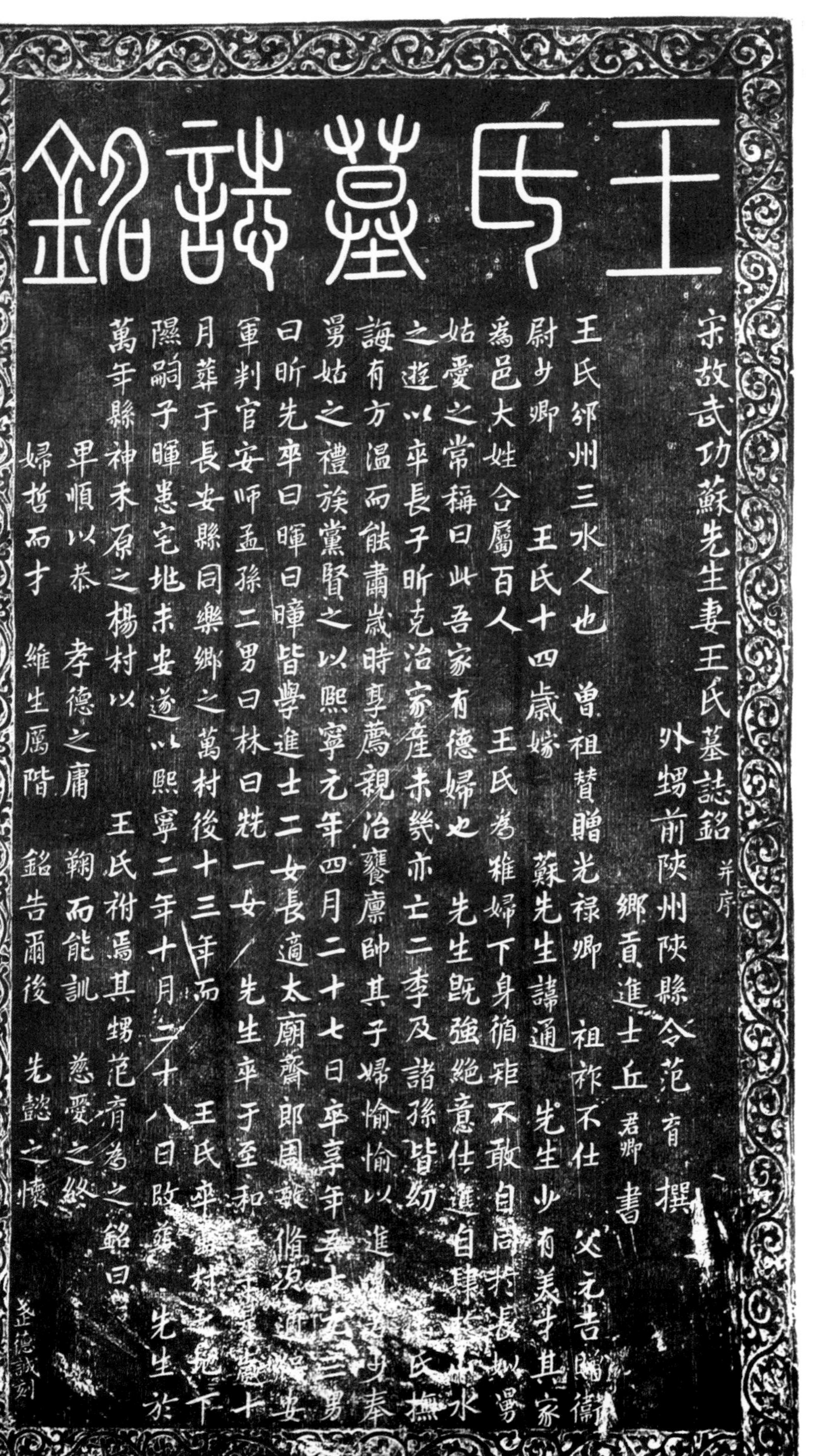
王氏墓誌銘

宋故武功蘇先生妻王氏墓誌銘 并序

外甥前陝州陝縣令范育 撰

鄉貢進士丘君卿 書

王氏邠州三水人也 曾祖贇贈光祿卿 祖祚不仕 父元吉贈衛

尉少卿 王氏十四歲嫁 蘇先生諱通 先生少有美才其家

爲邑大姓合屬百人 王氏爲雅婦下身循矩不敢自高於長姒舅

姑愛之常稱曰此吾家有德婦也 先生既強絕意仕進自肆於山水

之遊以卒長子昕克治家產未幾亦亡二季及諸孫皆幼王氏撫

誨有方溫而能肅歲時享薦親治饔廩帥其子婦愉愉以進[illegible]奉

舅姑之禮族黨賢之以熙寧元年四月二十七日卒享年五十[illegible]三男

曰昕先卒曰暉曰曈皆學進士二女長適太廟齋郎周[illegible]脩次適[illegible]安

軍判官安師孟孫二男曰林曰[illegible]一女 先生卒于至和[illegible]十

月葬于長安縣同樂鄉之萬村後十三年而 王氏卒[illegible]村[illegible]下

隰嗣子暉患宅地未安遂以熙寧二年十月二十八日改葬 先生於

萬年縣神禾原之楊村以 王氏祔焉其甥范育爲之銘曰

卑順以恭 孝德之庸 鞠而能訓 慈愛之終

婦哲而才 維生厲階 銘告爾後 先懿之懷

[illegible]德誠刻

【解題】

蘇通妻王氏（一〇一〇—一〇六八），邠州三水人。熙寧二年改葬蘇通於萬年縣神禾原之楊村，以王氏祔焉，其地在今西安長安區西南。

誌高一二〇、寬六〇釐米。銘文一八行，滿行二七字，四邊卷草紋。外甥前陝州陝縣令范育撰，鄉貢進士丘君卿書，武德無數字誠刻。字好，筆力厚重而又靈活自然，有俊美之氣。

誌主曾祖王贇，贈光祿卿。祖王祚，不仕。父王元吉，贈衛尉少卿。王氏十四歲嫁蘇通。蘇通少有美才，絕意仕進，自肆於山水之遊以卒。墓誌見本書九六。王氏以熙寧元年卒。

【誌文】

宋故武功蘇先生妻王氏墓誌銘并序

外甥前陜州陜縣令范育撰

鄉貢進士丘君卿書

王氏，邠州三水人也。曾祖賛，贈光禄卿。祖祚，不仕。父元吉，贈衛尉少卿。王氏十四歲嫁蘇先生諱通。先生少有美才，其家為邑大姓，合屬百人。王氏爲稚婦，下身循矩，不敢自同於長姒。舅姑愛之，常稱曰：此吾家有德婦也。先生既強，絕意仕進，自肆於山水之遊以卒。長子昕，克治家產，未幾亦亡。二季及諸孫皆幼。王氏撫誨有方，温而能肅。歲時享薦，親治饔㢑。帥其子婦愉愉以進[嘗]，若少奉舅姑之禮，族黨賢之。以熙寧元年四月二十七日卒，享年五十九。三男曰昕，先卒。曰暉，曰暲，皆學進士。二女，長適太廟齊郎周敏脩，次適保安軍判官安师孟。孫二男，曰林，曰兟。一女。先生卒于至和二年，是歲十月葬于長安縣同樂鄉之萬村。後十三年而王氏卒，萬村之地下隰。嗣子暉患宅兆未安，遂以熙寧二年十月二十八日改葬先生於萬年縣神禾原之楊村，以王氏祔焉。其甥范育為之銘曰：

卑順以恭，孝德之庸。鞠而能訓，慈愛之終。婦哲而才，維生厲階。銘告爾後，先懿之懷。

武德誠刻

九八　蘇昕墓誌（一〇六九）

【解題】

蘇昕（一〇二六—一〇五九），武功人。熙寧二年葬於京兆府萬年縣洪固鄉神禾原之新塋，其地在今西安市長安區西南。

誌高五一、寬四五釐米。銘文一八行，滿行二〇字，蘇昞書，呂大觀填諱。行楷書法一般。

誌主祖蘇仲舒，大理評事。父蘇通，高蹈不仕，墓誌見本書九六。

一〇二三年西夏立國，雖對宋稱臣，但雙方交兵不斷，西土騷動。誌主學孫武兵法，習刺射之伎，報效無門，退養於家。嘉祐四年無疾而卒。

宋故武功蘇君墓誌銘并序
熙寧二年冬十月辛酉余從父弟暉葬其
考妣于京兆府萬年縣洪固鄉神禾原之新塋以其
兄大明之喪祔之　君諱昕大明其字也性
彊果勇邁廿而不羈當康定寶元之間夏羌犯塞守
兵迎戰不利西土騷動　君以謂智者盡其
謀勇者奮其力則兵可強敵可滅於是學孫吳兵法
略究其義而尤長於刺射之伎既而西師解嚴
君遂退養于家勤約甚有規法然平居暇日尚或躍
馬戲劍以自娱視不忘其志也嘉祐四年五月十六
日無疾而卒時年三十四　祖諱仲舒大理
評事　父諱通高蹈不仕　君前娶
前進士張漂之女生男曰林二女其長早亡季適同
郡王公權後娶邊氏有子曰牨及其葬祔以張氏從
父弟晦哀其有志而無命也為之銘曰
藝而不庸　寔繫所逢　天奪厥志
方壯而終　瑑石寓辭　以識其封
從父弟昞書　汲郡呂大觀填諱　翟秀刻

【誌文】

宋故武功蘇君墓誌銘並序

熙寧二年冬十月辛酉，余從父弟暉葬其考妣於京兆府萬年縣洪固鄉神禾原之新塋，以其兄大明之喪祔之。君諱昕，大明其字也。性彊果勇，邁少而不羈。當康定、寶元之間，夏羌犯塞，守兵迎戰不利，西土騷動。君以謂智者盡其謀，勇者奮其力，則兵可強，敵可滅，於是學孫武兵法，略究其義，而尤長於刺射之伎。繼而西師戒嚴，君遂退養於家，勤約甚有規法，然平居暇日，尚或躍馬戲劍以自娛，視不忘其志也。嘉祐四年五月十六日，無疾而卒，時年三十四。祖諱仲舒，大理評事。父諱通，高蹈不仕。君前娶前進士張澡之女，❶生男曰林。二女，其長早亡，季適同郡王公權。後娶邊氏，有子曰犹。及其葬，祔以張氏。從父弟晦，哀其有志而無命也，為之銘曰：

藝而不庸，寔繫所逢。天奪厥志，方壯而終。瑑❷石寓辭，以識其封。

從父弟昞書。　汲郡呂大觀填諱。　翟秀刻。

【校記】

❶蘇昕婦張氏墓誌（一〇五五）見本書九五。

❷瑑即琢。

九九　張楫墓誌（一二七五）

【解題】

張楫（一二〇〇—一二七五），唐末散處北邊，後居臨潢府。至元十二年葬於京兆府萬年縣洪固鄉少陵原，其地在今西安長安區杜曲鎮北。

誌高一六〇、寬八五釐米。銘文二八行，滿行五六字。王府咨議李庭譔。字好，嚴整厚實，有一定力度，章法稍欠清朗。

誌主祖張淵，佐金國開創有功，世襲猛安，居臨潢府，遂占籍焉。父張上明，襲父職。

張楫，年十七，隨駕遷汴梁。甫冠，以廕補商州洛南縣倉使。金將亡，關陝失守，以為天時不可以抗，『與其徇一己之節，曷若活萬民之命』，迺率數千人歸命元朝。初任監北京酒稅，陞北京路都轉運使。不畏疆禦。豪宗大姓斂手，不敢犯令。權位殊非公本志，迺力辭而退，閑居里閈。至元十二年十月十九日，以疾終於所居之正寢。

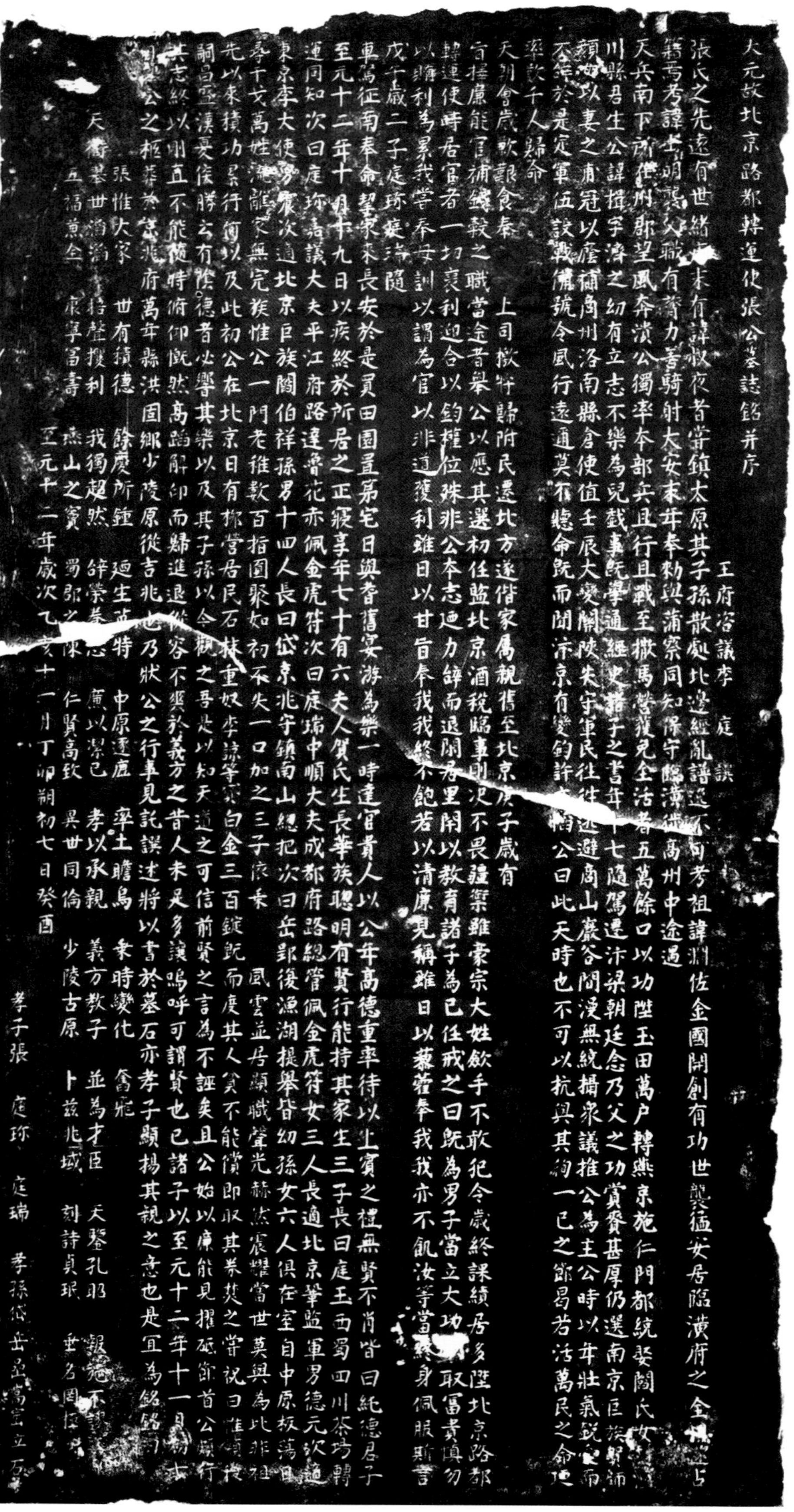

【誌文】

大元故北京路都轉運使張公墓誌銘并序

王府咨議李庭譔

張氏之先，遠有世緒，唐末有諱叔夜者，嘗鎮太原，其子孫散處北邊，經亂譜逸不可考。祖諱淵，佐金國開創有功，世襲猛安，居臨潢府之全□，遂占籍焉。考諱上明，襲父職，有膂力，善騎射。大安末年，奉勑與蒲察同知保守臨潢，徙高州。中途遇天兵南下，所在州郡，望風奔潰，公獨率本部兵，且行且戰，至撒馬營獲免，全活者五萬餘口。以功陞玉田萬戶，轉燕京施仁門都統。娶閻氏女，封□川縣君。生公諱楫，字濟之，幼有立志，不樂為兒戲事。既學，通經史諸子之書。年十七，隨駕遷汴梁。朝廷念乃父之功，賞賚甚厚。仍選南京巨族賀師顏女以妻之。甫冠，以廕補商州洛南縣倉使。值壬辰大變，關陝失守，[一]軍民往往逃避商山巖谷間，漫無統攝。眾議推公為主公。時以年壯氣鋭，愛而不辭。於是定軍伍，設戰備，號令風行，遠邇莫不聽命。既而聞汴京有變，[二]鈞許文韜公曰：此天時也，不可以抗，與其徇一己之節，曷若活萬民之命。迺率數千人歸命天朝。會歲歉艱食，奉上司檄，將歸附民遷北方，遂偕家屬親舊至北京。[三]庚子歲，[四]有旨擇廉能官補錢穀之職，當途者舉公以應其選。初任監北京酒税，臨事則決，不畏疆禦。雖豪宗大姓，歛手不敢犯令。歲終課績居多，陞北京路都轉運使。時居官者，一切裒利，迎合以鈞，權位殊非公本志，迺力辭而退。閑居里閈，以教育諸子為己任。戒之曰：既為男子，當立大功以取富貴，慎勿以賄利為累。我嘗奉母訓，以謂為官以非道獲利，雖日以甘旨奉我，我終不飽。若以清廉見稱，雖日以藜藿奉我，我亦不飢。汝等當終身佩服斯言。戊午歲，二子庭珎、庭瑞隨車駕征南，奉命挈家來長安。於是買田園，置第宅，日與耆舊宴游為樂。一時達官貴人，以公年高德重，率待以上賓之禮。無賢不肖，皆曰純德君子。至元十二年十月十九日，以疾終於所居之正寢，享年七十有六。夫人賀氏，生長華族，聰明有賢行，能持其家。生三子，長曰庭玉，西蜀四川茶場轉運同知。次曰庭珎，[五]嘉議大夫，平江府路達魯花赤，佩金虎符。次曰庭瑞，[六]中順大夫，成都府路總管，佩金虎符。女三人，長適北京鞏監軍男德元，次適東京李大使男震，次適北京巨族閻伯祥。孫男十四人，長曰岱，京兆守鎮南山捴把，次曰岳，郢復漁湖提舉。皆幼。孫女六人，俱在室。自中原版蕩，日尋干戈。萬姓流離，家無完族。惟公一門，老稚數百指，圓聚如初，不失一口。加之三子，依乘風雲，並居顯職，聲光赫然，震耀當世，莫與為比。非祖先以來，積公累行，何以及此。初，公在北京日，有柳營居民石抹重奴李諒等貸白金三百錠，既而度其人貧不能償，即取其券焚之。嘗祝曰：惟顧後嗣昌盛。漢夏侯勝云：有陰德者，必饗其樂，以及其子孫。以今觀之，吾是以知天道之可信，前賢之言為不誣矣。且公始以廉能見擢，砥節首公颀行其志，終以剛直，不能隨時俯仰，慨然高蹈，解印而歸。進退從容，不爽於義方之昔人，未足多讓。嗚呼！可謂賢也已。諸子以至元十二年十一月初七日，□公之柩，葬於京兆府萬年縣洪固鄉少陵原，從吉兆也。乃狀公之行事，見託譔述，將以書於墓石，亦孝子顯揚其親之意也。是宜為銘，銘曰：

張惟大家，世有積德。餘慶所锺，迺生英特。中原逐鹿，率土瞻烏。乘時變化，奮飛天衢。舉世滔滔，掊聲攫利。我獨超然，辞榮養[志]。廉以潔己，孝以承親。義方教子，並為才臣。天鑒孔昭，報施不謬。五福兼全，康寧富壽。燕山之竇，蜀郡之陳，仁賢高致，異世同倫。少陵古原，卜茲兆域。刻詩貞珉，垂名罔極。

至元十二年歲乙亥十一月丁卯朔初七日癸酉

孝子張　庭珎　庭瑞　孝孫岱岳嵒嵩峦立石

【校記】

❶壬辰，公元一二三二年，蒙古軍大破金兵，潼關降于蒙古。

❷蒙古窩闊台汗三年（公元一二三一年）蒙古兵趨金汴京。一二三三年汴京降，一二三四年金亡。

❸北京：大宁，遼金中京大定府，元初為北京路總管府，在今内蒙古赤峰市寧城縣西大明城。

❹庚子歲，公元一二四〇年。

❺張庭珍《新元史》卷一七二有傳。

❻張庭瑞《新元史》卷一七二《張庭珍傳》有附傳。

【跋】

此墓誌的録文和解題由龔靜完成，書法評語亦由連樹聲老師撰寫。

大元故北京路都轉運使張公墓誌銘并序

王府咨議李　庭

張氏之先遠有世緒□末有諱叔夜者嘗鎮太原其子孫散處北邊經亂

籍焉考諱士明諱父職有膂力善騎射大安末年奉勑與蒲察同知保守

天兵南下所在州郡望風奔潰公獨率本部兵且行且戰至撒馬營獲免

川縣君生公諱揖字濟之幼有立志不樂為兒戲事既學通經史諸子之

顏□以妻之甫冠以廕補商州洛南縣倉使值壬辰大變關陝失守軍民

不能於是定軍伍設戰備號令風行遠邇莫不聽命既而聞汴京有變□

一〇〇 韋國寶墓誌（一三四一）

【解題】

韋國寶（一二六五 — 一三四一），河中人，流離秦中。葬年以卒年論，一三四一年西葬新兆園芙蓉，其地不詳。

誌高五三、寬五五釐米。銘文一九行，滿行一八字。隸書，字很好，結構嚴謹，筆法秀麗而挺拔。

墓誌不載先人生平，誌主買田務農稱素封。

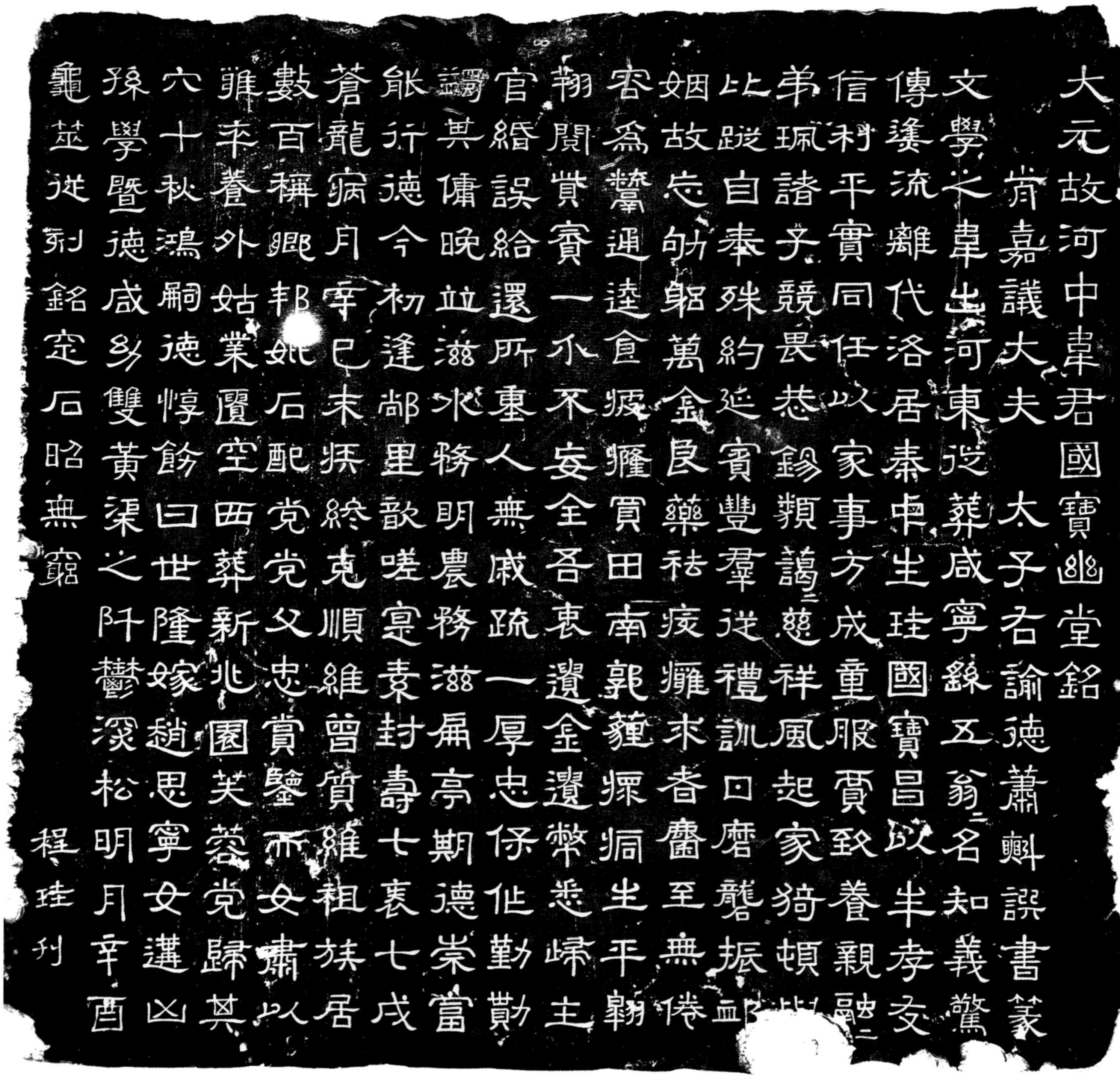

【誌文】

大元故河中韋君國寶幽堂銘

前嘉議大夫太子右諭德蕭㪺❶撰書篆

文學之韋出河東，從葬咸寧繇五翁。翁名知義鶩傳熢，流離代洛居秦中。生珪國寶昌以豐，孝友信利平實同。任以家事方成童，服賈致養親融融。弟珮諸子競畏惎，錫類靄靄慈祥風。起家猗頓與比蹤，自奉殊約延賓豐。群從禮訓日磨礱，振邺姻故忘劬躬。萬金良藥祛痰癰，求者麕至無倦容。為鬻❷通逵食疲窿，買田南郭霾瘵痌。生平翱翔閱貴賓，一介不妄全吾衷。遺金遺幣悉歸主，官緡誤給還所重。人無戚疏一厚忠，保作勤勩蠲其傭。晚竝滋水務明農，務滋扁亭期德崇。富能行德今初逢，黨里歆嗟實素封。壽七衺❸七戊蒼龍，寎月辛巳末疾終。克順維曾質維祖，族居數百稱鄉邦。妣石配党党父忠，賞鑒而女肅以雝。卒養外姑業匱空，西葬新兆園芙蓉。党歸其穴十秋鴻，嗣德惇飭曰世隆。嫁趙思寧女遘凶，孫學暨德咸幼雙，黃渠之阡鬱深松。明月辛酉龜筮從，刻銘窆石昭無窮。

程珪刊

【校記】

❶蕭㪺墓誌見載于《滋溪文稿》卷八《碑志》二：《元故集賢學士國子祭酒太子右諭德蕭貞敏公墓誌銘》。《元史》卷一八九有傳，氏著有《三禮說》、《九州志》及《勤齊文集》。

❷原文作鬻，鬻的異體字。

❸衺通秩。

【跋】

此元代墓誌，以七言詩形式寫成，在隋唐墓誌中未見過。詩文不錯，字也很好，墓誌的書法是隸書中加小篆，獨具一格。經請教李裕民先生，一句七言詩格式，讀通了全誌，他代為錄文，羅小紅作了校訂，收錄於此。

大元故河中韋君國寶幽堂銘

前嘉議大夫太子右諭德蕭𣃁譔書篆

文學之韋出河東從葬咸寧録五翁〻名知義驚
傳後流離代洛居秦中生珪國寶昌邸半孝友
信利平實同任以家事方成童服賈致養親歡〻
弟珮諸子競畏巷錫類譪〻慈祥風起家猗頓[illegible]
比蹤自奉殊約延賓豐羣從禮訓曰磨礱振[illegible]
姻故忘劬躬萬金良藥祛疾癰求者畫至無倦

【附】國之瑰寶墓誌十三品

所藏拓片中有些名人為誌主的墓誌，或名人撰寫的墓誌，非常重要，書法也都是極品，雖能散見於近年出版的各種墓誌書，也有研究文章，故不收入百誌，可還是想匯總起來，附於書中，並試参考諸家，釐定錄文，略加介紹於跋，便於有興趣的朋友品賞。

一　楊素墓誌（六〇七）

【解題】

楊素（五四四—六〇六）弘農華陰人。大業三年葬於華陰東原通零里，後隨夫人改葬在今潼關縣吳村鄉亢家寨村東北，墓誌一九七三年發現，藏於潼關縣文化館。

誌高九二、寬九二釐米。銘文四五行，滿行四五字。楷體，字很好，清秀，筆力挺拔，結構緊嚴，惜因石質和保存原因，剝蝕較重，已欠清晰。

誌主高祖杨恩，北魏河間內史。曾祖杨鈞，歷任侍中、七兵尚書、北道大行臺、華州刺史、司空，臨貞文恭公。祖暄，度支尚書、華州刺史，臨貞忠公。祖父楊暄，輔國將軍、諫議大夫。父楊夀，北周汾州刺史，臨貞忠壯公。

誌主博览群书，起家為中外府記室，周武帝平北齐时建功。開皇八年，平陈為元帥。江南反叛，仍為行軍元帥，東南底定。在隋為尚書右僕射，勢傾朝野。大敗突厥達頭可汗，支援啟民可汗，邊塵遂息。官至尚書令、太子太師、授司徒公，改封楚公。大業二年遘疾薨於豫州飛山里第。謚曰景武公。

【誌文】

大隋納言上柱國光祿大夫司徒公尚書令太子太師太尉公楚景武公墓志銘並序

朝請大夫、內史侍郎虞世基撰

公諱素，字處道，弘農華陰人也。其先出自有周，蓋唐叔虞之苗裔。若夫積德為基，擢本枝於夢梓；建親作屏，蔚遠葉□□□。以嶽靈降祉，標削成而起秀；地勢流謙，注長河而不竭。故能侯服之貴，西漢茂其疇庸；袞職之華，東都美其仍世。自□□□□來，名德相踵，為天下盛族。十世祖瑤，晉侍中，儀同三司，尚書令。高祖恩，河間內史。曾祖鈞，歷侍中，七兵尚書，北道大行臺，□□刺史，司空，臨貞文恭公。祖暄，度支尚書，華州刺史，臨貞忠公。並以勳德弈世，位望優崇，冠冕式瞻，人倫准的。父寬，中□□，□□卿，開府儀同三司，汾州刺史，大將軍，淮魯復三州刺史，臨貞忠壯公。宇量凝邈，志略沉遠，身捐士重，節亮時艱。垂令德□□□　奮英風於百代。公稟景宿之純曜，含俊德而挺生，神機秀發，靈府夷暢。萬籟俱動，未足撓其風飆；百川同會，莫或知其□□。□性為道，因心則孝；信義立於言表，器業隆於行餘。五典三墳，六藝百家之說，玉笥金簡，石室名山之奧，莫不詳覽，宗致□□□流。至如渭渚剖竹，圯橋授略，問兵符於玄女，得劍術於白猿，斯故宛然在目，若指諸掌。既而嚮含清越，譽重連城，禮□□□，□深憲右。周保定五年，起家為中外府記室，遷司成大夫。公漸翼云初，已致懷於寥廓；攬轡伊始，便有志於澄清。及周武□鄰，將定東夏，齊王禮崇，先路任重。元戎眷求，明德光膺上佐，請公為行軍府長史。公爰參旗鼓之節，立乎矢石之間，□□□陣，戰在先勝。以功進位上開府，封安成公，出為東楚州總管。任隆疆埸，寄重威權。公深謀進取，志存開斥，先屠海陵之□，□□淮南之地。大象二年，襲封臨貞公。及皇隋基命，天步猶艱，道屬經綸，時惟草昧。奸臣叛換，外侮於漳濱；宗國干紀，內□□□邑。士無裹糧之志，朝貽旰食之憂。公奮其義勇，率先占募，陵峻雉其若夷，眄高墉而俯拾。雖則舞梯之攻燕堞，拔幟而□□□，語以奇兵，未足尚也。乃授公大將軍，尋為徐州總管。未幾，以虎牢之功，進位上柱國，封清河郡公，邑三千戶，舊封聽廻□□□。自禋類改物，彝倫載敘，秉憲繩違，允歸民譽，乃授公御史大夫。巴巫沖要，鄰控邊境，時方謀南伐，皇情西顧，詔公□□□總管。良圖秘計，朝進夕聞。既而王師大舉，分麾授律。　皇帝昔以神猷臨邸，親禦戎軒；秦孝王亦以懿戚扞城，爰稟□□。□□征之重，非才莫居，親賢並用，於是乎在。開皇八年，同降綸綍，俱為元帥。於是水龍長騖，蒼兕泛浮，舳艫既指，灌然奔潰。□□□預之謀，朝論歸美；王浚之捷，功亦居多。江表初定，良資撫納，乃授公荊州總管。以平陳之功，封郢國公，邑三千戶，食長□□□千戶，別授一子儀同三司，舊封即以回授。如帶如礪，允答殊勳；拜前拜後，賞優恒數。尋改封越國公，荊州總管如故。俄□□□納言。雖複八舍掌壺，獻替斯在，六璽揮翰，樞機是屬，乃授公內史令。龍章鳳姿，翔集兼美，珥璫鳴玉，左右攸宜。吳越遐□，□□未洽，彎弓挺劍，蟻結蜂飛。懷柔服叛，非公莫可，乃授大使，安集江南，仍為行軍元帥。公高旆揚參，遠逾丹徼。樓船舉颿，□□□波。谷靜山空，氛消霧徹。東南底定，帝有嘉焉，授一子上開府儀同三司。尋以公為尚書右僕射，參貳宰司，憲章惟穆。弘□□□，績譽斯隆。聲振幽遐，勢傾朝野。又授仁壽宮大監。至於徑輪表繫之度，瞻皇揆景之宜，莫不裁之秘思，殆侔神造。十九□，□□州道行軍總管，委以邊略。突厥達頭可汗，驅其引弓之眾，奉其鳴鏑之旅，逾亭越障，亙野彌原。公親勒輕鋭，分命驍勇。□□□擊，前後芟夷。轉鬥千里，斬馘萬計。自衛、霍以來，未有若斯之功也。複授一子開府儀同三司。雖沙漠之南，咸知款附；而□□□北，尚有遊魂。　今上以睿德居蕃，董攝戎重。輕齎絕漠，寔佇帷算。授公元帥府長史、靈州道行軍總管。公資稟神規，□□□策。威加絕黨，聲讋虜庭。俄遷尚書左僕射。顯膺名器，寔允僉屬。作副端揆，弘贊朝猷。時突厥啟民可汗，為本國所敗，隻□□□，寄命而已。　高祖詔復啟民，仍委公樹立，乃收其部落，還成君長。因頻總元帥，以影響焉。會啟民可汗，復為凶徒所逼，□□□赴蹕，殺獲巨多。旋定啟民，反其侵掠。於是服者懷德，叛者畏威。此一役也，邊塵遂息。雖周室之長驅獫狁，漢朝之遠納□□，□我勳庸，曾何仿佛。乃授公世子玄感柱國，以旌武功。獻后升遐，陵塋式建。公包括群藝，洞曉陰陽。歷相川原，占察墳□。□□所感，實合神秘。龜謀襲吉，宅兆以安。下詔褒稱，特加旌賞，別封義康郡公，邑一萬戶，子孫承襲，貽之長世。及晉陽禍□，□□□邑。□其淵藪，圖逞奸回。公受脤遄邁，投袂致討。勢疾驚飆，威逾奔電。春冰之照彤日，方斯非擬；秋籜之卷沖風，逾□□□。□□克舉，茂賞斯隆。回授推恩，光枝潤葉。豈止蕭何陳力，寵遍宗門；衛青立功，榮加繈褓。頃之，遷尚書令、太子太師、營□□□□。尋授司徒公，改封楚公，加食邑五百戶，通前為一千五百戶。總司百揆，弼和五教。春方居師表之尊，東都率子來之美。□□□□玉宇，光升典冊。車服崇顯，師尹俱瞻。公秉德居謙，貴而能降。竭誠盡節，慎終如始。方當翼宣景化，克享大年，而嶽□□□，□□掩曜，大業二年七月癸丑朔廿三日乙亥，遘疾薨於豫州飛山里第，春秋六十三。粵以大業三年八月丁丑朔八日□□，窆於華陰東原通零里。惟公雅度宏達，淵猷經遠。神華體俊，鑒照不疲。理贍詞敏，樞機無滯。奉上以誠，當朝正色。出□□□，□贊機衡。知無不為，義存體國。諒而能固，守以直道。至於損益時政，獻替謀猷。故乃削其封奏之草，不言溫室之樹。□□□□，□莫能知。加以才藝兼通，學無不覽，是以五禮六樂之文，陰陽緯候之說，蘭臺秘奧，東觀校讎。司天司地，□□□□，□□□下。委以裁綜，垂之不刊。代邸初開，承華式建。公夙荷天眷，亟經遊處，及運膺下武，重建殊勳。尊□□□□□□□□，為社稷之良臣。人之云亡，莫不流涕。故乃悼興當扆，痛甚趨車。詔贈光祿大夫、太尉公、□□□□□□□□□□轀車，班劍卌人，前後部羽葆鼓吹，大鴻臚監護喪事。謚曰景武公，禮也。雖則□□□□□□□□□□□□□□□□□，乃為銘曰：辰象緯天，山嶽鎮地。六階允叶，（下缺）

【跋】

據《隋書·衛玄傳》，楊玄感反後，衛玄『至華陰，掘楊素冢，焚其骸骨，夷其塋域。』可知大業三年楊素原葬於華陰東原通零里的墓地被毀，後隨夫人改葬在今潼關縣吳村鄉亢家寨村時，將此墓誌移去入葬。其夫人的墓誌《大隋越國夫人鄭氏墓誌》，載《新中國出土墓誌·陝西卷（壹）》，稱是一九六七年吳村出土，姚雙年《隋楊素墓誌初考》（《考古與文物》一九九一年二期）稱是一九七三年在吳村東北發現，取回縣文化館。楊素墓誌研究，參看劉建明《楊素政治生涯考析》，載《唐研究》第五卷（一九九九年）。

楊素墓誌出土以來，研究文章見有如梁建部《杨素墓誌的發現与價值》载《渭南師專學報》一九九〇年第一期；姚雙年《楊素墓誌初考》和周錚《〈楊素墓誌初考〉補正》，分別載《考古與文物》一九九一年第二期和一九九三年第三期；收入羅新、葉煒《新出魏晉南北朝墓誌疏證》，中華書局，二〇〇五年三月第一版。

早年，楊素為身陷北齊死節的亡父楊敷未得褒賞而再三向周武帝申訴。『帝大怒，命左右斩之。素又言曰：「臣事无道天子，死其分也。」』周武帝聽他這樣講，不僅沒有怪罪，反而馬上給楊敷贈官，並給楊素加官。後來更欣賞楊素起草的詔書『詞義兼美』，對他說：『善相自勉，勿憂不富貴。』楊素應聲回答：『臣但恐富貴來逼臣，臣無心圖富貴。』但『其妻鄭氏性妒悍，素忿之曰：「我若作天子，卿定不堪為皇后。」鄭氏奏之，由是坐免。』是一個很有性格的歷史人物。

楊素與高熲並為隋朝歷史上建樹甚偉、影響最鉅的重臣，卻都未能得到兩代皇帝始終不渝的信任。失去這一對擎天柱似的股肱宰相，極盛一時的隋朝終於曇花一現，旋即衰敗。楊素先是策劃了仁壽宮變，謀殺了隋文帝，將隋煬帝扶上皇位。很快發覺隋煬帝盼著他死，於是絕醫而亡。所以雖然他是第一等的文武全才，但在歷史上，名聲并不好。他在作戰時，所以能攻無不克，訣竅不過是將衝鋒時打不赢而返的兵士一律處死；在宮廷爭鬥中，也是下得了毒手的傢伙。但在破鏡重圓的故事里，他將樂平公主送還原夫蕭德言，引出兩個都愛的公主絕唱：『新官對舊官，方知做人難』，這里的楊素，可又是一個柔情似水極富人性的正人君子。

楊素家族作為弘農楊氏，弘農一帶有多方出土墓誌可以為證。而隋朝皇帝自稱弘農楊氏，弘農卻沒有任何出土墓誌可以佐證隋室出自弘農，楊堅、楊廣和楊素亦無任何宗親關係。所以說，楊隋自稱出自弘農，其實是假冒世族。見拙著《關隴集團的形成及其矛盾的性格》，載《胡戟文存》中國社會科學出版社，二〇〇〇年。

《渭南師範學校》一九九〇年第一期有梁建邦《楊素墓誌的發現與價值》。

二　蕭妙瑜墓誌（六〇七）

【解題】

蕭妙瑜（五三〇—六〇三）南蘭陵人。大業三年祔葬華陰東原之塋，墓誌據稱是一九九六年出土於陝西省潼關縣亢家寨。

誌高五六、寬五五釐米。銘文二四行，滿行二四字。字很好，挺拔秀麗，突顯漢字之美，卷面清晰美觀。

誌主祖父梁武帝蕭衍，父親武陵王蕭紀。

誌主是楊素繼母。

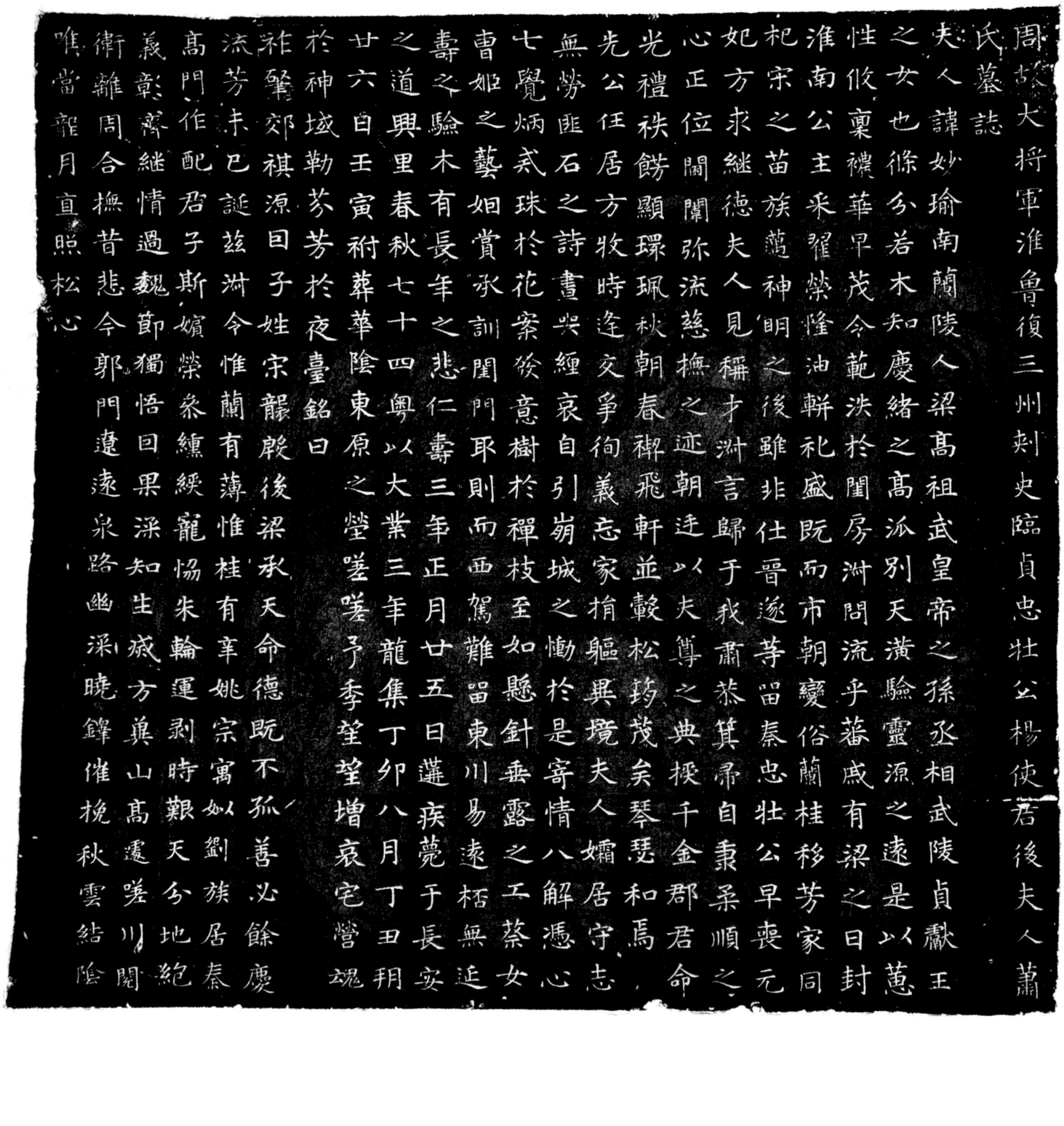

【誌文】

周故大將軍淮魯復三州刺史臨貞忠壯公楊使君後夫人蕭氏墓誌

夫人諱妙瑜，南蘭陵人，梁高祖武皇帝❶之孫、丞相武陵貞獻王❷之女也。條分若木，知慶緒之高；派分天潢，驗靈源之遠。是以蕙性攸稟，禯華早茂。令范泆於閨房，淑問流于蕃戚。有梁之日，封淮南公主，采翟榮隆，油軿禮盛。既而市朝變俗，蘭桂移芳。家同杞宋之苗，族邁神明之後。雖非仕晉，遂等留秦。忠壯公早喪元妃，方求繼德。夫人見稱才淑，言歸於我。肅恭箕帚，自秉柔順之心；正位閫闈，彌流慈撫之跡。朝廷以夫尊之典，授千金郡君。命光禮袟，飾顯環珮。秋朝春禊，飛軒並轂。松筠茂矣，琴瑟和焉。先公任居方牧，時逢交爭，徇義忘家，捐軀異境。夫人孀居守志，無勞匪石之詩；晝哭纏哀，自引崩城之慟。於是寄情八解，憑心七覺。炳戒珠於花案，發意尌於禪枝。至如懸針垂露之工、蔡女曹姬之藝，姻賞承訓，閨門取則。而西駕難留，東川易遠，杯無延壽之驗，木有長年之悲。仁壽三年正月廿五日遘疾薨于長安之道興里，春秋七十四。粤以大業三年龍集丁卯八月丁丑朔廿六日壬寅祔葬華陰東原之塋，嗟嗟予季，望望增哀。宅營魂於神域，勒芬芳於夜台。銘曰：

祚肇郊祺，源因子姓。宋襲殷後，梁承天命。德既不孤，善必余慶。流芳未已，誕茲淑令。惟蘭有薄，惟桂有辛。姚宗寓姒，劉族居秦。高門作配，君子斯嬪。榮參纁綬，寵協朱輪。運剝時艱，天分地絕。義彰齊繼，情過魏節。獨悟因果，深知生滅。方異山高，遽嗟川閱。衛離周合，撫昔悲今。郭門遼遠，泉路幽深。曉鐸催挽，秋雲結陰。唯當壟月，直照松心。

【校記】

❶《南史》卷六卷七有《梁武帝紀》上下。梁武帝蕭衍于五〇二年建梁朝，都于建康（今南京）。好學勤政，但縱容貪污腐敗，三次捨身同泰寺為奴，花巨資贖身，侯景亂中被俘，因禁中死。

❷蕭紀是梁武帝第八子，傳見《南史·梁武帝诸子傳》，記梁武帝稱他『貞白俭素，是其清也；临财能让，是其廉也；知法不犯，是其慎也；庶事无留，是其勤也。』傳稱：『有在蜀十七年，南开宁州、越嶲，西通资陵、吐谷浑。內修耕桑盐铁之功，外通商贾远方之利，故能殖其财用，器甲殷积。』梁武帝死後于五五二年在蜀中自立，翌年被梁元帝平滅。

【跋】

蕭妙瑜是梁武帝曾孫，武陵王蕭紀之女，楊敷繼室，楊素後母。《周書》卷三四、《北史》卷四一有《楊敷傳》。《潼關碑石》和羅新、葉煒《魏晉南北朝墓誌》收有《楊敷妻蕭妙瑜墓誌》。《碑林集刊》二〇〇三年總第九期有呼琳貴《陝西潼關出土隋〈蕭妙瑜墓誌〉考釋》。

三　宇文述墓誌（六二五）

【解題】

宇文述（五四六—六一六●），遼西貝城人。武德八年葬於雍州雲陽縣善應鄉靈通里山，其地在今陝西涇陽縣雲陽鎮，二〇〇六年在該地出土墓誌。

誌高七四、寬七四釐米。銘文三九行，滿行四〇字。四殺為四神圖像。盝頂蓋，四側線刻十二生肖。隸書很好，清麗嚴整，行氣亦整齊美觀。

誌主祖宇文孤，魏太保、幽州刺史。父宇文盛，周少師、大宗伯、上柱國、忠誠公。

誌主本姓破也頭，是出自匈奴的鮮卑人，高祖以下歷代爲六鎮軍主，其父爲宇文泰帳内親信，宇文述實爲武川人。周武帝时，起家拜開府。從韋孝寬平尉遲迥，历封博陵公、濮阳公、褒国公。入隋为右衛大將軍，平陳爲一路行軍總管。隨駕北巡榆林，西巡張掖，從征高麗。大業九年從遼東回師，擊斬起兵的楊玄感。深得隋煬帝信重，官至左卫大將军，封许国公，結爲兒女親家。卒於江都不久，兒子宇文化及、宇文智及策動驍果叛亂，爲弑煬帝元兇。宇文述又一女嫁爲唐高祖宇文昭儀，有寵，為韓王元嘉、魯王靈夔的生母，故武德八年得歸葬雍州。

【誌文】

隋故司徒公尚書令恭公宇文公墓志銘

公諱述，字伯通，遼西貝城人。昌意導其洪源，有葛茂其聚薄。基構輪奐，油篆昭彰，可略言矣。祖孤，魏太保、幽州刺史。檢行忠篤，植根詳正，立功庇物，執德居宗。父盛，[一]周少師、大宗伯、上柱國、忠誠公。和順內凝，英果外發。道足識全，機能運變。于時，周室草昧，國步權輿，宣力匪躬，締構王業。兵交則戰無全敵，勸義則繈負雲至。贊此宏圖，克成霸業。公誕保靈和，資神秀氣。器宇夷曠，風度閑舉。通理鑒遠之識，表自弱齡；含章蘊粹之懷，著於綺歲。小善靡失，輶德必從。訓義於物，復禮於己。履行則為模楷，吐言皆成隱括。嘉善推賢，居仁濟眾。雲虛景曖，岳秀川渟。乘世載之芳流，挺當世之殊量。釋褐開府儀同三司，仍領周冢宰親信。周武帝纂啚，引公居臥內，正而不殺，諫而不犯。出則勤功，入能替否。借節運籌，每苻神契。建德元年，授左宮伯。忠篤簡於帝心，明允著於所莅。三年，改授宮伯。于時，周齊密迩，烽候相望。壘結四郊，征鼙日警。勁鏃長棘，時不暫韜。東夏剋平，厥功甚懋。功授大將軍、濮陽郡公，俄為大司衛。四年，遷大司御。大象二年，曆厭周德，鼎移隋運。尉迥稱兵，擁據漳滏。公為總管，討擊不庭。料敵制勝，騁變乘機。旗不暫褰，鼓不停響。兵無染鐸，凶渠盡殪。授上柱國、褒國公。隋高祖受命，以公為右武衛將軍。八年，平陳，公為水軍總管，與僕射高熲總統軍事。公忘己應務，臨疑不惑，外身崇物，菲躬厚人。宅山川於懷抱，迴風飆於襟袖。士卒忘水火之難，小大執不二之心。淩險若夷，推鋒莫亢。蕭巖弟兄，據有吳會。公薄伐專征，威誅兼舉。曾未浹旬，悉皆克定。功封別子，新城郡公。公弘裕足以容眾，矜嚴足以軌物。處泰愈約，道濟不有。其年，授安州總管。俄遷壽州總管。杖清靜以臨民，施仁義以納物。美化行乎江漢，明略被于南國。所居稱治，所去見思。高祖以公，門傳鐘鼎，世功世祿；贊時偉器，立事立言。文武是經，才行闡茂。引居戚屬，隱以腹心。公主釐降，聿嬪公子。十九年，玁狁放命，晉王北討。公為長史，仗武乘邊。申威河外。計如投水，思若轉規。嚴鼓裁通，凶醜潰散。仁壽元年，為左衛率。東儲寄深，故有斯授。煬帝嗣業，深相任委。公運用無方，動攝群會。外身存國，社稷為憂。績茂登朝，德孚民譽。渾境逆命，為歲已淹。鐵勒契弊，遞相搖盪。公丹麾所指，一時款服。招攜以禮，咸稱茂遂。其年，授開府儀同三司。此職晉魏以來，舊同槐鉉。周隋改貿，官失其序。今之所除，抑惟前典。公與齊王，特隆此命，朝野榮之。有頃，授左翊衛大將軍。雖職參戎寄，任綜時機，出內敷納，諮度政事。六年，江都肆習水戰，敕公檢校。弘舸連舳，巨艦接艫。結欐浮川，習流爭騖。胡人觀者，喪精奪魄。煬帝征遼，出師之盛。九軍失御，多見淪沒。公統率有方，全師反旆。十一年，突厥可汗，親勒兵眾，攻圍雁門。鳴鏑叩鞍，少選無輟。煬帝嬰城自守，慮不啚全。公策[二]自匈襟，奇正儵忽。賊謂神兵，擁徒北走。遺種遠跡，萬里無烟。迴累棊之危，成維山之固。屬王綱弛紊，政教淩夷。人情彼此，盡為敵國。啟沃亟陳，無救傾誠。固主之心，終始若一。勁松彰於歲寒，貞臣見於國危，公之謂矣。與善褰應，身隨化往。以隋大業十三年九月廿一日薨于江都，時年七十一。煬帝震悼，攬涕久之，不坐朝者三日。贈司徒公、尚書令、十郡太守。班劍卌人，轀輬車，前後部羽葆鼓吹，喪事所須，隨由資給。大唐握鏡，拯溺救焚。濡足授手，戡濟多難。四海有截，天下文明。惟舊之懷，當宸興念。追贈司空公、上柱國、許國公，謚曰恭公。以武德八年十月十二日，永窆於雍州雲陽縣善應鄉靈通里山，禮也。惟公忠孝君親，信讓僚友。琬琰懷抱，斧藻仁義。持盈守謙，御煩以寡。賞不僭親，刑不濫疏。為政以惠，導民在簡。運奇鞠旅，勳業必融。論治經邦，無微不暢。他人之善，若己有之。人玩其華，公體其實。故迩無異言，遠無異望。身沒名劭，功成跡顯。固可以方駕五臣，齊鑣八凱。嗣子士及，天策[四]府長史、中書侍郎、上柱國、郢國公。負荷拚薪，克隆堂構。泣風樹而長號，懼丹青之歇滅。敢陳實錄，式題幽礎。乃為銘云：遠矣昌意，慶積源長。蒸哉祖武，休有烈光。建國命氏，世祿其昌。乃祖乃父，芝薄蕙芳。任切阿保，杖惟鷹揚。經綸霸業，為龍為光。君分世濟，幼挺珪璋。才稱茂異，行表溫良。孝侔曾閔，悌擬汎姜。澡身浴德，玉質金相。旌弓筮仕，　觀國來賓。戎軒肇迹，臨義忘身。濟功夷難，慮以下人。終始自結，抱愨懷真。心辯治規，識通時贊。出內謀猷，實惟國幹。榮追三事，名參十亂。衮服虛陳，　蜜章空設。大命近止，玄扃遽閉。隴月徘徊，山風騷屑。厚夜方睬，幽釭永滅。春秋迭代，德音無絕。

【校注】

❶誌主卒年，依会田大辅考證，從《隋書·煬帝紀下》和《資治通鑒》說，爲大業十二年十月己丑。此墓誌撰于武德八年十月改窆於雍州雲陽縣時，紀卒年或失準。

❷宇文盛，《周書》卷二九有傳。

❸❹原字作荣。

【跋】

宇文述，本誌記遼西貝城人，《北史》本傳記代郡武川人，實為匈奴人，歸附鮮卑。高祖、曾祖、祖父并为沃野镇军主。其父宇文盛，初為宇文泰帳內，宇文護專權，引起八大柱國的趙貴和獨孤信不滿，謀事被宇文盛告發，致二人斃命。西魏府兵初建時，宇文盛和年幼的嗣子宇文述，雖名未列八柱國十二大將軍，猶是關隴集團重要家族。

宇文述，北周末預平尉遲迥，隋開皇九年平陳任一路行軍總管，後為楊廣策劃奪宗。炀帝嗣位，拜左卫大将军，大破吐谷渾。参预朝政，為『五貴』之首，势倾朝廷。大業八年征高麗，大敗于平壤，受除名處分。第二年復官爵，再征高麗時，在後方督運的楊玄感起兵造反，宇文述受命從遼東急返，平楊玄感。大業十二年，隨駕下江都，病死。

宇文述是最受隋煬帝寵信的近臣，兩人結為兒女親家，宇文士及做了隋煬帝駙馬。但是他的另兩個兒子，宇文化及和宇文智及不成器，早年貪贓枉法，被隋煬帝褫奪為奴，交給宇文述管束。宇文述臨死前哀告：『臣死后，智及不可久留，愿早除之，望不破门户。』懇請皇帝殺了宇文智及，但留下宇文化及和宇文士及。犧牲一個逆子，保留家族門戶。『帝复以化及为右屯卫将军，智及为将作少监。』錯發善心，犯了要命的錯誤。《通鑑》胡三省注：『为化及兄弟为逆张本。』不過年餘，宇文智及慫恿宇文化及造反，策動驍果叛變，縊殺隋煬帝。但脅衆北上途中，兄弟倆旋敗于李密，死于竇建德手下。

《資治通鑑》卷一八三：大業十二年記：『十月，己丑，許恭公宇文述卒。』與本誌記為『十三年九月廿一日』不同。宇文述死在江都後八九年靈柩才北歸下葬，殆先是因隋末大亂，道路艱阻，後因其子作亂，唐開國後遷延多年，重新評價追贈官謚後，才與安葬。能夠這樣，和宇文述另一個兒子宇文士及有關。這位隋煬帝的駙馬爺和李淵關係很深，早在晉陽李淵和裴寂等發動反隋起兵前六七年，宇文士及就在涿州和李淵密談了『天下事』。因為時機不到，李淵沒有行動。那時舉兵的楊玄感，很快被隋煬帝派回來的宇文述鎮壓下去。宇文士及後來又進了秦王府，為驃騎將軍。他還有一個姐妹做了唐高祖的昭儀。有這些關係，宇文述晚來的葬禮，受到唐皇室的關照。這正是關隴集團內部，又互相爭奪，又互相維持的特點。

宇文述墓誌的研究，見有賀華《隋宇文述墓誌述略》（《碑林集刊》第十三輯）；樊波、李舉綱《〈隋書·宇文述傳〉與新見〈宇文述墓誌〉比事》（《碑林集刊》第十四輯）；以及會田大輔《〈宇文述墓誌〉と〈隋書·宇文述伝〉——墓誌と正史の宇文述像をめぐって》（《駿台史學》第一三七號）。

四　息隱王建成墓誌（六二八）

【解題】

李建成（五八九—六二七），貞觀二年葬雍州長安县之高阳原，其地約在今西安市长安区郭杜镇西北的羊村。

誌高五一、寬五一釐米。銘文七行，滿行九字。字体隸書很好，清晰工整，靈活自然。

誌主是唐太宗李世民長兄，在玄武門事變中被殺，故墓誌不敘籍貫、父祖、生平、享年等基本信息。

大唐故息隱王墓誌
王諱建成武德九年六
月四日薨於京師粤以
貞觀二年歲次戊子正
月己酉朔十三日辛酉
葬於雍州長安縣之高
陽原

【誌文】

大唐故息隐❶王墓誌

王諱建成。武德九年六月四日薨於京师。粤以貞觀二年歲次戊子正月己酉朔十三日辛酉。葬於雍州長安縣之高陽原。

【校記】

❶石上隱字是在磨掉原字的凹處改刻的，據《唐會要》卷四儲君記載：建成『九年六月四日伏法，追封息王。』卷八十謚法下：『貞觀二年三月。有司奏謚息王为戾。上令改謚議。杜淹奏改為灵。又不许。乃謚曰隐。』因是將此已刻好的墓志，依太宗旨意改刻，磨掉的字當为原来謚号『戾』字。唯改定謚事在葬后兩個月，不詳如何還能在誌石上改刻。

五　鄭觀音墓誌（六七六）

【解題】

鄭觀音（五九九—六七六）滎陽人。上元三年年祔葬隱陵（雍州長安縣之高陽原）之側，其地約在今西安市長安區郭杜鎮西北的羊村。

誌高七一、寬七一釐米。銘文三五行，滿行三五字。字很好，端莊秀麗，挺拔嚴整，行氣整齊美觀。

誌主高祖鄭道玉，後魏太常卿、徐州刺史。祖鄭諶，後魏穎川郡太守、吳山郡公。父鄭繼伯，北齊本州大中正、吳山公、隋開府儀同三司、栝州刺史。

誌主二八之年出嫁，旋為太子妃。武德九年玄武門事變中，丈夫和所有子嗣都死於非命，時年二十八歲。而後在孤獨中度過了淒涼的五十年，死時不一定是殯於親生的第五女歸德縣主之宅，半年後祔葬隱陵之側。

【誌蓋】大唐故隱太子妃鄭氏墓誌銘

【誌文】

大唐故隱太子妃鄭氏墓誌銘并序

夫桂宮銀牓，孟侯居守器之尊；甲館瓊幃，元妃參主鬯之禮。不有貴逾卿族，質茂仙儀，何以趍事紫宸，齊榮青陸。妃諱觀音，滎陽人也。郊畿錫社，河濟興都。作相貽哥，勤王著績。臣心如水，南宮聞曳履之聲；吾道既東，北海闢容軒之路。高祖道玉，後魏太常卿、徐州刺史。祖諶，後魏司徒府長史、諫議大夫、潁川郡太守、吴山郡公。父繼伯，北齊本州大中正、吴山公、隨開府儀同三司、金紫光祿大夫、栝州刺史。武德中，贈都督潭衡郴道永邵連七州諸軍事、潭州都督。並分珪裂壤，開國承家。周詩頌吉甫之神，姚典載高陽之美。廻龜入印，循化溢於專城；伏熊臨軾，縟禮光於大隧。妃程雲薦彩，喻日摛華。淑韻娉婷，明月珓星河之夕；韶姿婉娩，和風汎桃李之蹊。道協女師，聲昭姆教。鵷文孕杼，鶴操登弦。鄧訓恩洽千人，慶隆于前葉；馬援身終五嶺，福劭於後庭。我高祖或躍在川，潛表謳哥之運。隱太子長男居震，將膺儲副之隆。席鷹所歸，河魴是屬。妃言容早茂，促幼齒而昇笄；蘿蔦方滋，引輕輪而聳槼。嬪于大國，時惟二八之年；嘒彼小星，且流三五之詠。繼而南征不復，素車延軹道之殃；西怨方咨，黄鉞誓商郊之旅。俄屬鎬池清祲，酆戶垂徵。啟金輅之榮，外膺監撫；承翟車之寵，內切憂勤。至如夕宴宣華，朝遊博望，鳳舞鸞哥侈其欲，翠輿雕輦導其歡。妃忌滿嬰懷，流謙軫念，恒在貴而思降，每嬌奢而佝約。寧窺寶匣，唯取鑒於緹緗；罕襮芳鈆，獨莊情於禮訓。而泰終則否，福極生災。禍構春闈，刑申秋憲。妃言依別館，遽沐殊私。棟折榱崩，更荷棲遊之地；巢傾穴毀，重承胎卵之仁。雖掌碎驪珠，而庭開虹玉。已絕倚閭之望，旋聞解瑱之歡。昔有陶嬰，恤孤資於紡績；緬惟梁宣，勵節在於衡泌。豈如出自膏腴，長乎宮掖，不謀而同德，不習而生知。以為伯也執殳，則飛蓬在鬢；君之出矣，則明鏡生塵。況乎萬古長辞，三泉永隔。故以貌隨心瘁，形遂魂銷。是知綺羅為悅己之資，琴瑟乃歡娛之用。驪駒一逝，取悅之理奚從；黄鵠單棲，邀歡之路斯絕。於是捐飾玩，屏珍華，耳無絲竹之音，身有綈繒之服。桑榆遲暮，湯沐優隆。猶執敬姜之勤，不懈母師之禮。古人遺烈，何以加焉。而五運交馳，三微手及。處環瀛之內，始盛期乎未衰；稟埏埴之功，有形歸於畢化。雖復金天錫壽，罕遇百齡，丹竈祈仙，不逢三鳥。以上元三年正月卅日寢疾，薨於長樂門內，春秋七十八。皇情軫悼，禮有加隆，喪葬所須，務令優厚，仍使太府少卿梁務儉、太子洗馬蕭沉監護喪事，殯於第五女歸德縣主之宅，稟朝恩也。妃智融物表，識掩幾先，綜群言於素冊，包眾藝于彤管。仁為己任，七子均愛于桑鳩；禮以持身，六義飛聲於河鳥。孀閨釐室，五十餘年。複傲崇垣，九重清峻。芳蘭有馥，在幽林而不渝；翠篠含貞，淩暮序而彌勁。可謂令儀令德不騫不亡者歟！俄而殯徙欑宮，帷升奠俎。謀龜獻兆，候鷹開塋。粵以其年七月七日祔葬隱陵之側。南分御宿，永絕清笳。東望杜陵，空驚哀挽。雖樵蘇有禁，節婦之隴長存；而星琯亟周，神姑之海行變。立言不朽，將在斯文。其銘曰：

震坊東闕，兑野西垂。良人佇伉，淑媛來儀。彩涵珠浦，色掞瓊枝。融情班誡，勖禮秦迤。其一。展養椒庭，承歡桂宇。少陽中饋，重離內主。四德順規，三從叶矩。麟趾興詠，螽斯振羽。其二。鶴關流賞，龍闈促宴。轂響侵雷，壺嬌聳電。玉臺既毀，金觴不薦。哀怨惸闈，離披飆霰。其三。六疾晦明，九泉幽阻。屬纊嚴掖，歸魂幼女。兆登居蔡，塋開宿楚。縞騎長嘶，朱旗峻舉。其四。周原古隧，漢邑荒衢。東望吾子，西望吾夫。風吟拱木，鳥思平蕪。悲哥一奏，□涕雙□。

【跋】

《舊唐書·隱太子建成傳》載：建成死時『长子太原王承宗早卒。次子安陆王承道、河东王承德、武安王承训、汝南王承明、钜鹿王承义并坐诛。』玄武門事變后，建成和他的兒子們都被殺，此誌透露了建成妃和第五女歸德縣主的境況，她們活下來了，鄭觀音又活了五十年，住長樂門內。長樂門是唐长安太极宫正门承天門東側的宮門，大致是東宮所在位置。後來建的大明宮內似未建東宮，則玄武門事變后，隱太子妃至死都留住在太極宮的東宮附近，或者就在東宮內，沒有變動。但是她『貌隨心瘁，形遂魂銷』。殆因此，唐太宗沒有像納玄武門事變中另一個被殺的兄弟齊王元吉的妃子一樣收納她，雖然按『兄終弟及』北方胡族習俗，那不違禮，總是李世民沒看上他這個寡嫂吧。整整半個世紀里，鄭觀音度日如年。好在最後還有建成的第五女歸德縣主——即使不是親生，她也是『嫡母』——為她發喪。唐高宗關照了這位年邁嬸嬸的喪事。

女師聲昭姆教鵷文浮梓鵠櫟登絃鄧訓恩
庭　我高祖彧躍在川潛表謳哥之運
紡是屬妃言容早歲從幼齒而昇笄蘿蔦方
彼小星且流三五之訓既而南征不復素車
鎬池清祲酆户垂徵啓金輅之榮外齊盥撫
望鳳舞鸞哥侈其欲翠輿雕輦導其歡妃忌
約寧窺寶匣唯取鑒梳緹緗罕御芳鉛獨莊
申秋憲妃言依別館遷沐　殊私棣折㰅
掌碎驪珠而庭開虹玉已絕倚閭之望旋聞
勵節在於衡泌豈如出自膏腴長乎宮掖不
在牘君之出矣則明鏡生塵況乎萬古長韓
為悦己之資琴瑟乃歡娛之用驪駒一逝取
飾抗屏珎華耳無絲竹之音身有綈繒之服
之禮古人遺烈何以加焉而五運交馳三微
有形歸於畢化雖復金天錫壽罕遇百齡丹
薨於長樂門内春秋七十八　皇情軫悼

六　祢軍墓誌（六七八）

【解題】

祢軍（六一三—六七八）熊津嵎夷人。儀鳳三年葬雍州明堂縣洪源鄉之少陵原，其地在今西安長安區興教寺北。

誌高五八、寬五八釐米。銘文三一行，滿行三〇字。四邊卷草紋。誌蓋高五八、寬五八釐米，四披卷草紋。字體清秀，挺拔有力，結構嚴謹，行氣嚴整美觀。

誌主曾祖福，祖譽，父善，皆是本藩一品，官號佐平。

顯慶五年唐軍平百濟时，祢軍來歸，授右武衛滻川府折沖都尉。出使日本，喻以禍福，將入朝謁。授左戎衛郎將，遷右領軍衛中郎將，兼檢校熊津都督府司馬，授右威衛將軍。儀鳳三年遘疾，薨於雍州長安縣之延壽里第。

【誌蓋】

大唐故右威衛將軍上柱國祢公墓誌銘

【誌文】

大唐故右威衛將軍上柱國祢公墓誌銘并序

公諱軍，字溫，熊津嵎夷人也。●其先與華同祖，永嘉末，●避亂適東，因遂家焉。若夫巍巍鯨山，跨清丘以東峙；淼淼熊水，臨丹渚以南流。浸煙雲以檎英，降之於蕩沃；照日月而榳悊，秀之於蔽虧。靈文逸文，高前芳於七子；汗馬雄武，擅後異於三韓；華構增輝，英材繼響，綿圖不絕，奕代有聲。曾祖福，祖譽，父善，皆是本藩一品，官號佐平。並緝地義以光身，佩天爵而勤國。忠侔鐵石，操埒松筠。范物者，道德有成；則士者，文武不墜。公狼輝襲祉，□頷生姿。涯浚澄陂，裕光愛日，千牛鬥之逸氣，芒照星中；搏羊角之英風，影征雲外。去顯慶五年，官軍平本藩日，見機識變，杖劍知歸。似由余之出戎，如金磾之入漢。聖上嘉歎，擢以榮班，授右武衛滻川府折沖都尉。于時日本餘噍，據扶桑以逋誅；風谷遺甿，負盤桃而阻固。萬騎亙野，与蓋馬以驚塵；千艘橫波，援原虵而縱沵。以公格謨海左，龜鏡瀛東，特在簡帝，往尸招慰。公徇臣節而投命，歌皇華以載馳。飛汎海之蒼鷹，翥淩山之赤雀。決河眥而天吳靜，鑒風隧而雲路通。驚鳧失侶，濟不終夕，遂能說暢天威，喻以禍福千秋。僭帝一旦稱臣，仍領大首望數十人，將入朝謁，特蒙恩詔，授左戎衛郎將。少選遷右領軍衛中郎將，兼檢校熊津都督府司馬。材光千里之足，仁副百城之心。舉燭靈台，器標於芃棫；懸月神府，芳掩于桂苻。衣錦晝行，富貴無革。雚蒲夜寢，字育有方。去咸亨三年十一月廿一日，詔授右威衛將軍。局影彤闕，飾恭紫陛。亟蒙榮晉，驟歷便繁。方謂克壯清猷，永綏多佑。豈啚曦馳易往，霜凋馬陵之樹；川閱難留，風驚龍驤之水。以儀鳳三年歲在戊寅二月朔戊子十九日景午遘疾，薨於雍州長安縣之延壽里第。春秋六十有六。黃情念功惟舊，傷悼者久之。贈絹布三百段，粟三百斛。葬事所須，并令官給。仍使弘文館學士兼檢校本衛長史王行本監護。惟公雅識淹通，溫儀韶峻，明珠不纇，百珪無玷。十步之芳蘭，室欽其臭味；四鄰之彩桂，嶺尚其英華。奄墜扶搖之翼，遽輟連春之景。粤以其年十月甲申朔二日乙酉葬于雍州乾封縣之高陽里，禮也。駟馬悲鳴，九原長往，月輪夕駕，星精夜上。日落山兮草色寒，風度原兮松聲響。陟文謝兮可通，隨武山兮安仰。愴清風之歇滅，樹芳名於壽像。其詞曰：

胄胤青丘，芳基華麗。脈遠遐邈，會逢時濟。茂族淳秀，奕葉相繼。獻款夙彰，隆恩無替。其一。惟公苗裔，桂馥蘭芬。緒榮七貴，乃子傳孫。流芳後代，播美來昆。英聲雖歇，令范猶存。其二。牖箭驚秋，隟駒遄暮。名將日遠，德隨年故。慘松吟於夜風，悲薤歌於朝露。靈轜兮遽轉，嘶驂兮跼顧。嗟陵谷之貿遷，覬音徽之靡蠹。其三。

【校記】

●熊津，城在百濟，今韩国忠清南道公州市。

❷永嘉，西晉年號，公元三〇七至三一三年。

【跋】

近年西安出土百濟人祢氏的墓誌，他在唐平百濟一役中歸唐，後來遣回故鄉熊津任都督府司馬，招撫百濟遺民。這方祢軍墓誌有日本二字出現，引起這是不是日本最早見諸文字的討論。代表性的意見有兩種。

一種是王連龍和高明士為代表的肯定的意見。最先發表祢軍墓誌的王連龍持此議（《百済人〈祢軍墓誌〉考論》，《社会科学战线》二〇一一年第七期），高明士也指出：《祢軍墓誌》所見的『日本』國號，以儀鳳三年計，仍為今存金石文中最接近咸亨元年由『倭』改為『日本』國號的誌石，實可強化咸亨元年說，彌足珍貴。（《『日本』國號與『天皇』制的起源》，《唐史論叢》第十七期，二〇一四年。原刊《台灣師大歷史學報》第四八期，二〇一二年）。

持否定意見的，有如甘懷真，他仍堅持『一般認為日本的「國號」確立於大寶律令，時間是七〇一年』的意見（《從祢軍墓誌看古代日本之天下：聽李成市教授演講有感》，《甘懷真的台大網址》二〇一五年六月十五日）。可能是因為重視日本方面的史料，沒有採用《新唐書・東夷日本傳》等的咸亨元年『更號日本』說。

相關研究還有多篇，如東野治之的《百濟人祢軍墓誌中的『日本』》（《圖書》二〇一二年二月號）；葛繼勇的《關於祢軍墓誌的備忘錄》（日本專修大學《東亞世界史研究年報》第六號，二〇一二年）。日本明治大學二〇一二年還舉辦了『新發現百濟人《祢氏墓誌》與七世紀東亞及「日本」』國際學術研討會。』

大唐故右威衛將軍上柱國祢公墓誌銘 并序

公諱軍字温熊津嵎夷人也其先与華同祖永嘉末避

巍巍鯨山跨青丘以東峙淼淼熊水臨丹渚以南流浸

沃照日月而榹悊秀之於蔽虧靈文逸文高前芳於七

三韓華構增輝英材繼響綿圖不絕奕代有聲曾祖福

品官号佐平並緝地義以光身佩天爵而懃國忠侔鐵

德有成則士者文武不墜公狼輝襲祉鷰頷生姿涯濬

之逸氣芒照星中搏羊角之英風影征雲外去顯慶五

識變杖劍知歸似由余之出戎如金磾之入漢 聖

七　蕭珪墓誌（六九一）

【解題】

蕭珪（六一五—六八二），南蘭陵蘭陵人。天授二年與夫人譙郡能氏合葬於雍州明堂縣洪原鄉之少陵原，在今西安長安區興教寺北。

誌高七一點五、寬七〇點五釐米。銘文三四行，滿行三四字。楷書，字很好，端莊秀麗而又渾厚有力，行氣整潔。有蓋。第二子蕭發暉撰　第三子蕭令臣書。

誌主曾祖蕭彪，梁初入魏，官至七兵尚書，侍中，中書監，驃騎大將軍，周少保，齊郡公。祖蕭亨，周輔國将軍，隋昌州刺史，沛郡公。父蕭儼，隋鷹揚郎将，唐驃騎将軍，洵、虞二州刺史，江陰公。

誌主初以良家子，徵為左親衛。屬朝鮮作梗，王師問罪，貞觀十八年扈從吊伐，從泛勳，授武騎尉。歷官利州葭萌縣令，濮州長史，開耀元年終於官舍。

夫人譙郡能氏。其祖父能爐，隋南定總管，武強公。父能瑜，唐左衛率，嬀、通、永三州刺史，延陵公。

【誌蓋】

唐故朝散
大夫濮州
長史蕭府
君之墓誌

【誌文】

唐故朝散大夫濮州長史蘭陵蕭府君墓誌銘并序

第●二子發暉撰　第●三子令臣書

君諱珪，字行璪，南蘭陵蘭陵人也。帝天乙之靈苗，齊高皇之令緒。自玄禽演覣，祚瑶筐而卲天；白狼表瑞，據竇圖而受籙。及三仁去國，析茅社以賓周；三傑佐時，曳劍履而匡漢。凝旒高視，垂衣跨牛斗之郊；蕃屏維城，分符隆盤石之固。盛德由其必及，令嗣所以克昌。曾祖彪，梁初入魏，拜龍驤、撫軍二將軍，中書、黄門二侍郎，七兵尚書，侍中，中書監，驃騎大將軍，開府儀同三司，盧縣公。周少保，揚、光、桂、華等州刺史，特進，齊郡公，謚曰貞。祖亨，周繼丹陽王，封高平郡公，左銀青光祿大夫，輔國將軍。随持節西南道安撫大使，昌州刺史，沛郡公。父儼，随鷹揚郎將，唐驃騎將軍，洵、虞二州刺史，江陰公。並望重人英，材高王佐。槐庭論道，六符於是光輝；棠樹宣風，九牧稱其儀表。君以積德累仁，重規疊矩。稟星辰之秀彩，體河岳之奇精。恭儉温良，得之於天授；射御書數，匪由於外習。初以良家子，徵為左親衛。性符仁智，調逸林泉。雖俛就朝章，而志非所好。屬朝鮮作梗，王師問罪。貞觀十八年，親行吊伐。君時扈從，首啓元戎。雖頻摧兇醜，而累辭榮賞。及鑾輿凱入，方從泛勳。授武騎尉，随班例也。雖司馬之渝胥，亦飛鴻之漸陸。俄擢延州司户。地迩王畿，務兼機事，雄詞遺劇，溢智摧姦。遷宰金州。黄土不言而化，白鳩巢於齋梁。尋改洋州，黄金鳴琴而理，赤雀來於廳事，兼蝗虫去於縣境，明珠得於漢水。州表尤異，良史書焉。俱以化洽神祇，誠通幽顯。景高陵之在職，祉狎祥鳩；黄山陽之莅官，禎符神雀。珠還表異，陋合浦而非工；蝗去稱奇，鄙茂陵其何褊。舉清介。公方轉利州葭萌縣令，鵰首疏疆，龍川啓地。俗參剽悍，化漸廉平。儀鳳三年，拜朝散大夫，濮州長史。轂林舊壤，姚墟前迹。上則營室寓精，下則宣房作鎮。排肩擊轄，是曰殷繁。贊務匡條，歸乎貳席。君偃仰廳事，從容蓄服。龐士元挹其風流，王休徵欽其藉甚。既而道光半刺，已輩英於百城；化美全椒，佇昇榮於三事。而鳳池澹淡，未攄横海之鱗；馬首低佪，遽啓佳城之兆。以開耀元年十二月十四日終●於官舍，春秋六十有七。惟君沐浴仁義，縉紳友悌。既入孝而出忠，亦自家而形國。加以鳴謙勵性，温慎矜懷。負廊廟之材，從州縣之職。割雞不辞於遊刃，絆驥無妨於騁迹。既礪之於清白，復著之以循良。不以風雨輟其音，不以霜雪渝其色。是知陶彭澤之高視，道在稱尊；陳太丘之先鳴，德隆斯貴。誰其嗣美，君實有之。棘路之喬未遷，蒿里之魂先往。輔仁與善，何其爽歟。夫人譙郡能氏，随南定摠管、武強公馗之孫，唐左衛率、嬀通永三州刺史、延陵公瑜之長女也。蓮花毓彩，桂魄涵禎。備德齠年，有行笄日。婉嫕之質，九族仰其清規；貞順之風，二門資其懿範。未備小君之禮，俄先岱嶺之遊。粤以天授二年歲次辛卯十月戊戌朔十二日己酉，合葬於雍州明堂縣洪原鄉之少陵原。嗚呼！白楸初掩，青松遽列。痛寒泉之罔及，泣霜露以纏哀。謹撰遺芳，刊諸貞琬。詞曰：

天乙成湯，皇齊高祖。允恭克讓，垂衣御宇。剪葉開疆，分符宅土。赫弈蟬冕，陸離龜組。英靈襲祉，初誕吾君。如玉斯潔，似蘭斯芬。愔愔其範，郁郁乎文。忠為令德，道實稱尊。始自濯纓，終於展驥。謇愕泝稱，廉能表異。蝗飛楚郊，珠還漢涘。未遷喬木，遽殲良懿。婉矣貞媺，作嬪君子。四德推能，二門標美。媛範流譽，母儀垂祉。蕣景遽秋，芳姿俄[已]。原悲駟馬，穸瘞雙棺。荒埏霧合，宰樹風寒。悲纏霜露，燧革槐□。唯餘不朽，芳[規]是刊。

【校記】

㊀㊁第，原文作弟。

㊂原字殄

【跋】

誌主蕭珪作為南朝蕭齊高帝蕭道成的後裔，其先輩梁初入魏後，三代都做了刺史以上高官，是在南北朝後期，北朝政權普遍接納南朝皇室和官員的一個例證，這是消除南北隔閡，積蓄走向統一的能量的政壇氣象。蕭珪曾以護衛近侍的親衛身份，在貞觀十八年扈從唐太宗對朝鮮作戰，有泛勳之獎賞。最後官至濮州長史，未及刺史，君子之澤，不及五世便衰減了。

圖而受籙及三仁去國析茅社以賓周三傑佐時屯
之郊蕃屏維城分符隆盤石之固盛德由其必及令
驤撫軍二將軍中書黃門二侍郎七兵尚書侍中中
縣公周少保揚光桂華等州刺史特進齊郡公謚曰
銀青光祿大夫輔國將軍隨持節西南道安撫大使
唐驃騎將軍洵虞二州刺史江陰公並望重人英材
樹宣風九牧稱其儀表君以積德累仁重規疊矩禀
良得之於而穐耿御書數匪由於外習亹以良家子
俛就朝章而志非所好屬朝鮮作梗王師問罪貞觀
戎雖頻摧光醜而累緯榮賞及鑾輿凱入方從泛勳

八　郭幼賢墓誌（七六六）

【解題】

郭幼賢（七一〇—七六一），其先太原人，後居於華州鄭縣。永泰二年葬於京兆府萬年縣義善鄉鳳棲原，在今西安市長安區兆餘村。

誌高五九、寬五九釐米。銘文二七行，滿行二七字。楷書好，結構方正，行氣整齊可觀。有蓋，四側四神紋。河東觀察判官充副元帥掌書記孫宿撰文，監察御史王孜書。

誌主祖父郭通，京兆府美原主簿。父郭敬之，壽州刺史。兄郭子儀，關内河東副元帥，中書令，汾陽郡王。夫人王氏。

誌主武舉及第，從戎於朔方。天寶中，為東受降城副使，尋攝本城使。安禄山亂，賊將高秀巖、薛達干乘間以雲中勁卒數寇東城，郭幼賢，大衂強虜。以功授衛尉卿，單于副都尉，朔方節度副使。詔征赴闕，道病，上元二年薨於靈州官舍，權殯於州城寶勝寺。遷殯於靈州。

【誌蓋】

大唐故

郭府君

墓誌銘

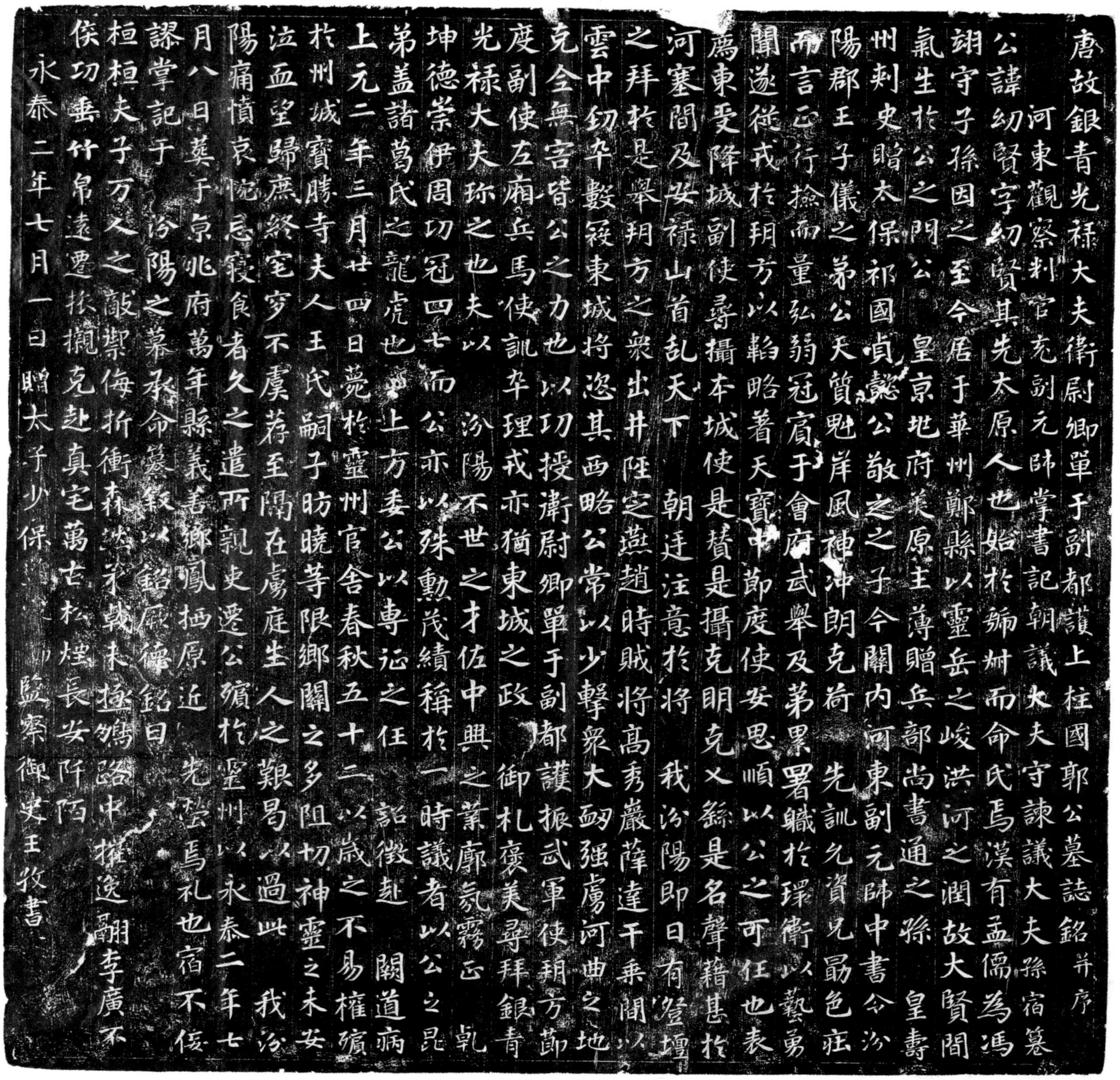

【誌文】

唐故銀青光實錄大夫衛尉卿單於副都護上柱國郭公墓誌銘并序

河東觀察判官充副元帥掌書記朝議大夫守諫議大夫孫宿篹

公諱幼賢，字幼賢，其先太原人也。始於虢叔，而命氏焉。漢有孟儒，為馮翊守，子孫因之，至今居於華州鄭縣。以靈岳之峻，洪河之潤，故大賢間氣生於公之門。公，皇京兆府美原主簿、贈兵部尚書通之孫，皇壽州刺史、贈太保、祁國貞懿公敬之之子，今關內河東副元帥、中書令、汾陽郡王子儀之弟。公天質魁岸，風神冲朗，克荷先訓，允資兄昜。色莊而言正，行檢而量弘。弱冠賓于會府，武舉及第，累署職於環衛，以藝勇聞。遂從戎於朔方，以韜略著。天寶中，節度使安思順以公之可任也，表薦東受降城副使，尋攝本城使。是贊是攝，克明克乂，繇是名聲藉甚於河塞間。及安禄山首乱天下，朝廷注意於將。我汾陽即日有登壇之拜。於是舉朔方之眾，出井陘，定燕趙。時賊將高秀巖、薛達干，乘間以雲中勁卒數寇東城，將恣其西略。公常以少擊眾，大衂強虜。河曲之地，克全無害。皆公之力也。以功授衛尉卿，單于副都尉，振武軍使，朔方節度副使，左廂兵馬使。訓卒理戎，亦猶東城之政，御劄褒美。尋拜銀青光禄大夫，珎之也。夫以汾陽不世之才，佐中興之業，廓氛霧，正乾坤，德崇伊周，功冠四七。而公亦以殊勳茂績，稱於一時。議者以為公之昆弟，盖諸葛氏之龍虎也。上方委公以專征之任，詔徵赴闕，道病，上元二年三月廿四日薨於靈州官舍，春秋五十二。以歲之不易，權殯於州城寶勝寺。夫人王氏，嗣子昉、曉等，限鄉關之多阻，切神靈之未安，泣血望歸，庶終窀穸。不虞薦至，隔在虜庭。生人之艱，曷以過此。我汾陽痛憤哀惋，忘寢食者久之。遣所親吏遷公殯於靈州。以永泰二年七月八日葬于京兆府萬年縣義善鄉鳳栖原，近先塋焉，礼也。宿不佞，謬掌記于汾陽之幕，承命纂敘，以銘厥德。銘曰：

桓桓夫子，萬人之敵。禦侮折衝，森然矛戟。未極鵬路，中摧逸翮。李廣不侯，功垂竹帛。遠遷旅櫬，克赴真宅。萬古松煙，長安阡陌

永泰二年七月一日贈太子少保。監察御史王孜書

【跋】

有『再造王室，勲高一代』崇高聲譽的郭子儀，他的三位兄弟郭幼儒、郭幼明、郭幼沖的墓誌藏於大唐西市博物館，收錄于《大唐西市博物館藏墓誌》，正史上只有郭幼明的簡單記載。現在這位叫郭幼賢的墓誌，讓我們更多了解如『諸葛氏之龍虎』的郭子儀兄弟，以及郭氏家族一代代傑出的人物對歷史的貢獻。榮新江、李丹婕《郭子儀家族及其說城宅第——以新出墓誌為中心》（載《北京大學學報》二〇一三年第七期），據私人藏拓提及郭幼賢墓誌。郭子儀家族墓葬地，楊軍凱、楊潔認為在西安市長安區杜陵鄉東北部，見《唐郭仲文墓誌及其家族葬地考》（載《文物》二〇一二年第一〇期）

九　楊綰墓誌（七七七）

【解題】

楊綰（？—七七七）華陰人。大曆十二年葬長安少陵原南崗，其地在長安區東小井村附近。

誌高六〇、寬六〇釐米。銘文二五行，滿行二六字。隸書很好，運筆靈活有力，結構嚴整，行氣整齊。吏部侍郎韋肇撰，水部郎中衛密書。

誌主祖父楊溫玉，戶部侍郎、國子祭酒。父楊侃，侍御史。

誌主舉進士，天寶末謁見行宫，自右拾遺授起居舍人，知制誥。自太常少卿，轉禮部侍郎，修國史。興廉察孝，書法不隱。官至中書侍郎、同平章事。夫人，故吏部侍郎蘇震之女武功縣君蘇氏。

【誌文】

大唐故中書侍郎同平章事贈司徒楊府君墓誌

吏部侍郎韋肇撰　水部郎中衛密書

伊大曆十有二年七月己巳，相國楊公寢疾薨于位。翌日，皇帝發哀震悼，乃命作冊，褒述盛美，追位司徒。賵贈之數，有加恆典。詔京尹護喪，百官祖載。粵十月乙酉葬我司徒公于長安少陵南崗，禮也。公諱綰，字公權。戶部侍郎、國子祭酒溫玉之孫，侍御史、贈禮部侍郎侃之子。乃祖乃考，代有醇德。邁行楙功，宜昌厥後。公祚服□範，體資上哲，允有斯文。于時攸憲，舉進士，辟賢良，累登上第。天寶末陷寇潛遯，謁見行宮，自右拾遺授起居舍人，知制誥。三遷悉掌書命。厎饋中禁，三言孔章。自太常少卿，譂禮部侍郎，修國史。興廉察孝，斥華從實。執簡記言，書法不隱。改尚書左丞，吏部侍郎。以轄六官，以清九流。歷國子祭酒，領太常卿，禮儀使。學校用修，八音克諧。郊廟有序，朝廷有則。於是策授中書侍郎，同平章事。公拜稽首以讓，固不獲命。又以疾苦，由衷而辭，三表莫遂。循牆而走，不敢告休。□□即世，享齡五紀。烏虖！夫□天吏脩德，崇姧稔禍，黨進憸人，以疑上心。宰政之堙替者，仅十年矣。而公承其弊，未□經時，誠達于上，信乎于下，事□稽難，俗用丕變，豈不言之化夲乎。□□何所感之深，其成也速。凡□之□□，不知者由之而已。公自始仕，至登大位，歷試之効，政之蓍龜。□□歲逮于考終，率身之行，世之表儀。蓋國常公，備厥休烈而□□，豈碑詳矣。□所誌者，其□封乎。夫人，武功縣君蘇氏，故吏部侍郎震之女，有淑德。生一子，先□公而夭。是曰啓殯而遷祔焉。其孤曰弘徹，年未志學，毀過成人。公有後哉！謹篆。

其銘曰：

烏虖！有唐故相國司徒公楊府君之墓。

【跋】

楊綰，中唐賢相。天寶十三年殿試第一名。安史之亂時，從亂軍中出逃奔靈武，逐漸受到重用。楊綰性清儉，德可移風，大貪官元載被處死後，用為宰相，朝野相賀，不言之化，帶起一股清廉之風。劍南西川節度使、御史中丞崔寬兄弟家境富有，在皇城之南建有別墅，池館台榭，當時稱為第一，楊綰命相當天，崔寬暗中派人拆毀。京兆尹黎幹每次出入，車馬有一百多輛，也在當日減少車馬，只留十匹。遠在邠州駐紮的有再造大唐之功的郭子儀，聽說楊綰為相後，府內音樂減少五分之四。正是『四方凜畏當國者操守耳』。『庇家無匹帛之餘』，『無一區房宅』的楊綰，以德服人，而人自化。楊綰為相不過三月就去世，唐代宗哀歎：『天不欲朕致太平，何奪朕楊綰之速！』

一〇 李元光（諒）墓誌（七九四）

【解題】

李元光（七二七—七九三），又名元諒。本姓安，其先安息王之胄，及歸中土，家於涼州，代為著姓。幼年为宦官骆奉先收养，改名骆元光。後賜李姓。貞元十年，祔葬於華陰縣潼鄉原之新塋，在今陝西潼關縣城郊鄉管南村。守國子司業杜確撰，孤子李平書。

誌高八九、寬八九釐米。銘文四〇行，滿行四五字。楷書好，端莊挺秀。

誌主曾祖安羡，左驍衛將軍。祖安延，左武衛翊府中郎將。父安塞多，易州遂城府折衝。

誌主少居幽薊，歸京邑，遷太子詹事，充潼關鎮國軍防禦副使，實總留事。建中末，朱泚偽署何望之等陷郡城。李元光撲滅收復。詔加御史中丞，尋遷御史大夫，華州刺史，潼關防禦使，鎮國軍使，又加工部尚書。五月詔與副元帥李晟進收上都，所向皆靡，獨冠諸軍。七月大駕還宫。詔加尚書右僕射。貞元三年吐蕃劫盟，元光領後軍，全師以歸。加右金吾衛上將軍，復領舊職，賜姓李氏，改名元諒。四年春，詔加隴右節度支度營田觀察處置臨洮軍等使，遷尚書左僕射。墾發耕耘，歲收甫田數十萬斛，更營新城。貞元九年薨于良原鎮之公舘。

【誌文】

大唐故華州潼關鎮國軍隴右節度支度營田觀察處置臨洮軍等使開府儀同三司檢校尚書左僕射兼華州刺史御史大夫武康郡王贈司空李公墓誌銘并序

朝議大夫守國子司業上輕車都尉杜確纂

公本安姓，諱元光，其先安息王之胄也。軒轅氏廿五子在四裔者，此其一焉。立國傳祚，歷祀緜遠。及歸中土，猶宅西垂。家於涼州，代為著姓。三明盛族，每聯姻媾；五涼霸圖，累分珪組。曾祖羨，皇左驍衛將軍。祖延，左武衛翊府中郎將，贈代州都督。考塞多，易州遂城府折衝，贈幽州大都督。武習將門，文傳儒行。載德不隕，貽慶無疆。公神爽氣雄，量弘識遠。鶚立其峻，鷹揚其威。瓌奇𥒵落之才，感激蹤橫之志。燒牛爇馬之變，沉船破釜之決。動必合宜，舉無遺算。實惟天假，匡我王國。少居幽薊，歷職塞垣。否傾泰授，方歸京邑。以才幹見推，列在環衛；以將校是選，爰副戎昭。遷太子詹事，充潼關鎮國軍防禦副使。元戎在州，實總留事。訓練綏撫，裨知向方，凡十數歲矣。建中末，賊泚偽署何望之等，輕騎奄至，陷我郡城。公糺合師徒，皷行電擊。撲滅收復。曾不崇朝，深惟遠圖，莫若持久是用。大蒐卒乘，創立城池。被練盈於萬人，登陴踰於百雉。詔加御史中丞，尋遷御史大夫，華州刺史，潼關防禦使，鎮國軍使，又加工部尚書。庸勳且使能也。夏五月，詔公與副元帥李晟進收上都。師次滻川，壘培未設，賊眾悉出，以逸待勞。公成列先馳，所向皆靡。是日之捷，獨冠諸軍。進次苑東，公又前合淩峻，巘隟繚垣。騎翼舒步雲會，兇黨決死，既精且堅。公以小利啗之，奇陣誤之。皷傀疾駈，旗靡毒逐。曾未晌息，灘然奔潰。元惡突走，脅從降附。宮省已靜，都人未知。請帝座於太階，候皇輿於平道。秋七月，大駕還宮。詔加尚書右僕射，實封九百戶，錫以甲第，申之女樂，旌殊効也。懷光攜貳，蒲津阻絕。相府東討，俾公副之。累建長策，竟殲大憝。盟戎之役，實領後軍。戎以惡來，我以整待。賊不敢躡，全師以歸。尋丁內艱，毀瘠過甚。詔旨頻降，起令視事。累表陳乞，天心莫從。加右金吾衛上將軍，復領舊職，尋又賜姓李氏，同屬籍也。改名元諒，昭誠節也。四年春，詔加隴右節度支度營田觀察處置臨洮軍等使。良原古城，隴東要塞。虜騎入寇，於焉中休。詔公移鎮，以遏侵軼。遷尚書左僕射。諸侯成兵，爰俾總統。規李牧守邊之議，擇充國屯田之謀。駈狐狸，剪榛棘，補殘堞，濬舊隍，築新臺，彀連弩。撲斲陶瓬，墾發耕耘，歲收甫田數十萬斛。尋又進據便地，更營新城。闢土開疆，日引月長。賊來寇抄，師輒擊卻。由是豳涇汧隴，人獲按堵矣。歲月逾邁，霜露雲侵。美疹發於生瘍，凶災成於夢豎。太醫御藥頻降自天，有加無瘳。嗚呼不淑，貞元癸酉歲十有一月十五日薨于良原鎮之公舘，享年六十七。詔贈司空，哀有功也。聖情震悼，廢朝追念，爰命使臣，宣制臨吊。賻贈粟帛，加於常等。歸於上都開化里之正寢。其明年十一月一日八日，靈輴啓路，祔葬於華陰縣潼鄉原之新塋，禮也。笳簫皷吹，戣瞿干鹵，騎士介夫，夾道衛轂。哀榮之典，於焉畢備。生惟徇節，歿也歸全，忠孝並矣。油幢棨戟，胙土命氏，功業茂矣。參佐皆當時之選，偏裨亦百夫之特。殊俗讐其威聲，部人懷其惠愛。皆名臣之大節也。周曰申甫，漢惟耿賈。異時共貫，我何謝焉。夫人河南阿史那氏，北海郡夫人，代北著姓也。建國沙朔，為漢藩輔。言德工容，克遵典禮。蘋蘩沼沚，允葉南風。以大曆六年十月廿七日先公早終。謀於蓍龜，乃建兆域。遺命袝葬，勿令改遷。長子朝散大夫，前大子右賛善大夫平。次子朝請郎，前將作監主簿莘。令德孝恭，有聞於代。虔荀遠日，復啓舊埏。爰命不才，式銘洪列。詞曰：

天祚聖代，挺生良臣。俾藴明略，以康時屯。建中之難，狂寇竊發。天臨下都，盜入北闕。能以眾正，肅將□□。推鋒決機，既晝亦月。克復本郡，增修外城。葉力渭汭，進圖上京。擊敗兇黨，前臨賊營。壞垣突入，敦陣駢衡。沴氣席捲，泰階砥平。河東險澁，承制誅討。勝在戰前，師臨電掃。隴外猶梗，授公擁旄。東連折墌，西盡臨洮。增修保壟。芟薙蓬蒿。戎馬遷跡，輿徒不勞。在鎮累載，休有成績。董領眾軍，師長百辟。寒暑外侵，勤勞中積。遠圖未申，大限俄迫。將星墜耀，闕月復魄。聖心震悼，邦人痛惜。天子三吏，實惟司空。優詔追贈，以酬茂功。欝欝佳城，式昭令終。巍巍太華，長與比崇。頌我遺烈，稟然清風。貞石不朽，嘉名無窮。

孤子平書

【跋】

安息，音譯帕提亞，本是伊朗高原上的古波斯帝國一行省，西元前二四七年建國，控制絲綢之路，成為當時亞歐四大強國之一，與漢朝、羅馬、貴霜帝國並列。誌主殆是西元二二四年國滅後來華的安息王後裔，衍為涼州大姓。

誌主在建中四年（七八三）涇原兵變後的亂局中，平朱泚、李懷光有功。興元四年（七八五）任隴右節度使。在安史之亂後隴右故地盡失的情況下，唐軍重點戍守涇川，他墾耕屯田，築崇信城，成功抵禦吐蕃侵擾，齒涇汧隴，人獲安堵。

貞元九年（七九三）李元諒死於治所良原，在今甘肅平涼市崇信縣東南，崇信縣城西北梁坡村的半山坡上有唐武康郡王李元諒陵。翌年葬於華陰縣潼鄉原新塋。

崇信縣李元諒墓，二〇〇一年定為第五批國家級文物保護單位。

《文博》一九九八年第二期有侯养民、呼林贵、刘合心、徐涛、乔生江、赵解民撰《唐李元谅墓志及其相关问題》。

唐故華州潼關鎮國軍隴右節度支度營田觀察

史御史大夫武康郡王贈司空李公墓誌銘并序

朝議大夫守國子司業上輕車都尉

公本安姓諱元光其先安息王之胄也軒轅氏廿五子

家於涼州代爲著姓三明盛族每聯姻嫌五涼霸圖累

贈代州都督考塞多易州遂城府折衝贈幽州大都

雄量弘識遠鶚立其峻鷹揚其威瓌奇拓落之才感激

算實惟天假主　我王國少居幽薊歷職塞垣奔傾

戎昭需遷太子詹事充潼關鎮國軍防禦副使元戎在州

署何望之奇　輕騎奄至陷　我郡城　公糺合師徒

一一　杜佑夫人墓誌（八〇七）

【解題】

李氏（七五六—八〇七）隴西人。元和二年葬少陵原，其地在今西安市長安區。

誌高六一、寬六二釐米。銘文二三行，滿行二六字。字很好，渾厚而又清麗，結構嚴整，行氣整齊，疏朗可觀。誌文出自杜佑親自撰寫，或者也是杜佑親筆書寫。

誌主李氏出自李唐疏族。六代祖李世壽，交州都督、遂安公，貪冒罣官。父李殷，衡州衡陽縣尉，又得罪。家世凌遲。杜佑任容管經略使時，娶隨外氏流寓南方的李氏為繼室。後扶正，並受封密國夫人。早于杜佑五年去世。

【誌文】

大唐故密國夫人隴西李氏墓志銘并序

金紫光祿大夫守司徒同中書門下平章事歧國公杜佑撰

維元和二祀歲在丁亥四月戊午朔十七日甲戌，司徒歧國公杜佑妻密國夫人李氏終於上都務本里第，享年五十有二，以其年五月戊子朔廿七日甲寅，安厝于少陵原先塋之次，從宜也。夫人六代祖世壽，交州都督、遂安公。❶五代祖仲遠，光州刺史。高祖道和，左清道率。曾祖茂初，河州刺史。王父延安，陪位出身，無禄早世。皇考殷，衡州衡陽縣尉。雖皇室枝屬，而家代凌遲。故相麟、❷欒安太守少知，並四從曾伯祖。夫人率性溫恭，居家敬順，六姻化其雍睦，百口資其柔撫。穎悟莫比，聰惠絕倫。在弱歲則孤，能備言其祖。因烈考遊宦鍾罰，隨外氏流寓南方。大曆季年，佑都督容府。物論所属，遂歸于我，以為繼室，僅三十年。佑旋更歷中外，累忝藩鎮。上奉高堂，下修中饋。承顔順色，動止無違。洎領淮南，歲月茲久。特蒙朝恩俯及，遂有石窌❸之錫。立身可謂積善，享齡不登下壽。哀哉！誕生四子，一兒一女，才纔語夭枉；今一子憲祥，河南府參軍；一子紹孜，國子監主簿。撫存悼往，哀慟何言。音容宛在目前，緬想遂為陳跡。誠世事已過，如夢幻皆空。然豈越常情，難勝沉痛。莊周放達，實則未能。奉倩傷神，亦將不可。銜悲敘事，聊寫素懷。

銘曰：

猗歟密國，聿修四德。性本惠和，生知禮則。閨門克敬，姻戚用睦。可謂積善，如何不淑。二子號毀，舉宗酸惻。世事如夢，物理誠然。追痛奚補，常情所纏。杳冥莫究，神道難詮。荀子失中，莊生太劇。合度適宜，臨喪甯慼。少陵非遠，終天永隔。援毫刻石，用申平昔。

【校記】

❶遂安公李世壽，避太宗諱而名壽。貞觀初，在交州都督任上，以貪冒得罪，罷歸京師，事見《舊唐書·盧祖尚傳》。遂安公李壽父名濟，与又名李壽的淮安王李神通（父亮）不是一个人。

❷李麟，皇室之疏屬，太宗之從孫，劍南節度按察使李濬之子。李麟以父蔭補職。開元二十二年，舉宗室異能擢升，官至同中書門下三品，進封褒國公。唐肅宗時不依附李輔國，罷知政事，守太子少傅，卒。《舊唐書》卷一一二有傳。

❸窌，原字下部卯作卬。石窌，封地。

【跋】

誌主夫君杜佑（七三五—八一二），中唐名相，善理財，著有《通典》二百卷，記載歷代典章制度，兩唐書杜佑有傳。這是杜佑親自為比他小二十一歲的繼室李氏援毫撰寫的誌文。記敘了他們的夫妻感情，也反映杜佑的生死觀，還反映唐室一些疏族的境况。王连龙有《跋唐杜佑妻李氏墓志》（载《中国国家博物馆馆刊》2012年第10期）。認為『文辭典雅，韻律和諧，悽楚哀婉，情感質樸，實為一篇碑誌佳作。』但言及杜佑因原配梁氏去世後，李氏迅速扶正，和李氏受封密國夫人兩事遭物議，謂『梁氏方卒，杜佑即升李氏為正妻，可謂神速，為世人譏誚，亦在情理之中』，『違背禮法，遭人非議不可避免』的解釋，恐怕有點衛道的意味，不如更看重和尊重杜佑本人的情感。

寅安厝於少陵原　先塋之次
都督遂安公五代祖仲遠光州刺
初河州刺史王父延安陪位出身
尉雖
陵邏故相麟樂安太守少知並四
敬順六姻化其雍睦百口資其柔
則孤䏻偹言其祖回烈考遊宦鍾
佑都督容府物論所屬遂歸于我
中外累忝藩鎮上奉
顏順　色動心無違洎領淮南
遂有石窌之錫立身可謂積善享
兒女纔語夭枉令一子憲祥河
溥撫存悼往哀慟何言音容宛在

一二　竇牟墓誌（八二二）

【解題】

竇牟（七四九—八二二）扶風人。長慶二年葬河南偃師先公兆次，其地在今河南偃師市。

誌高七四、寬七六釐米。銘文二八行，滿行三一字。字體清麗很好，結構嚴整，行氣整齊美觀。韓愈撰文，竇庠書。

誌主六代祖竇敬遠，封河西公。祖父竇胤，同昌司马。父竇叔向，左拾遺，溧水令，能詩文，与李華善。

誌主長於詩，舉進士登第，八遷檢校郎中，歷官洛陽令，澤州刺史，至守國子司業。

夫人裴氏父裴顒，懷州長史，僕射裴冕之侄。

【誌文】

唐故朝散大夫守國子司業上柱國扶風竇公墓誌銘并序

通議大夫尚書兵部侍郎上柱國賜紫金魚袋韓愈撰

第五弟朝議郎前使持節都督登州諸軍事守登州刺史賜緋魚袋庠書

國子司業竇公，諱牟，字貽周。六代祖敬遠，嘗封西河公。至大父同昌司馬，比匹代仍襲爵名。同昌諱胤，生皇考諱叔向，官至左拾遺，溧水令，贈工部尚書。尚書於大曆初名能為詩文。與李華善，後生歸之。及公為文，亦最長於詩。孝謹厚重，舉進士登第。佐六府五公，八遷至檢校郎中。元和五年，真拜尚書虞部郎中，轉洛陽令，都官郎中，澤州刺史，以至司業。年七十四，長慶二年二月丙寅，以疾卒。其年八月十四日，葬河南偃師先公尚書之兆次。祔以夫人裴氏。裴氏，懷州長史顒之女。顒，僕射冕昆弟之子。初，公善事繼母，家居未出，學問於江東。尚幼也，名聲詞章行于京師，人遲其至。及公就進士，且試，其輩皆曰莫先竇生。于時，公舅袁高為給事中，方有重名，愛且賢公，然實未嘗以干有司也。公一舉成名而東，遇其黨必曰：非我之才，維吾舅之私。其佐昭義軍也，遇其將死，公權代領，以定其危。後將盧從史，重公不遺，奏進官職。公視從史益驕不遜，偽疾經年，輿歸東都。從史卒敗死。公不以覺微避去為賢告人。公始佐崔大夫縱留守東都，後佐留守司徒餘慶。歷六府五公，文武細麄不同，自始及終，於公無所悔望有彼此言者。六府從事幾且百人，有愿姧易險賢不肖不同，公一接以和與信，卒莫與公有怨嫌者。其為郎官令守，慎法寬惠不刻，教誨于國學也。嚴以有禮，扶善蓋過，明上下之分，以躬先之，恂恂愷悌，得師之道。公一兄三弟：常、羣、庠、鞏。常，進士，水部員外郎，朗、夔、江、撫四州刺史；羣，以處士徵，自吏部郎中拜御史中丞，出帥黔、容以卒；庠，三佐大府，自奉先令為登州刺史；鞏，亦進士，以御史佐淄青府。皆有才名。公子三人，長曰周餘，好善學文，能謹謹致孝，述父之志，曲而不黷；次曰全餘，曰成餘，皆以進士貢。女子三人。愈少公十九歲，以童子得見，於今卌年。始以師視公，而終以兄事焉。公待我一以朋友，不以幼壯先後致異。公可謂篤厚文行君子矣。其銘曰：

后緡竇逃閔腹子，夏以再家竇為氏。聖愕旋河犢引比，相嬰撥漢纳孔軌。後去觀津，而家平陵；遙遙厥緒，夫子是承。我敬其人，我懷其德；作詩孔哀，質于幽刻。

【跋】

《昌黎先生集》卷三十三載有此誌，文字略有差異，多處可以補正明清刻本韩集的錯訛。誌文中『祔以夫人裴氏。裴氏，懷州長史顒之女。顒，僕射冕昆弟之子』和『與李華善，後生歸之』兩段，可补韩集誌之闕。而如竇牟葬日，誌文明記為長慶二年八月十四日，韓集記為某日，當是撰稿時不詳，在確定葬日后補入的。韓愈另有《祭竇司業文》，載

《昌黎先生集》卷二十二。可以參看閻琦《韓昌黎文集註釋》。

韓愈（七六八—八二四）『文起八代之衰』，為唐宋八大家之首。一生三次被貶，矢志不渝。不僅是重要的文學家，還是開啟唐宋變革的重要的思想家，並被尊為『百代師表』。在他被貶的潮州，唐宋人建有韓愈廟，保存至今，十分壯觀。蘇軾撰寫的《潮州韓文公廟碑》盛讚：『公之神在天下者，如水之在地中，無所往而不在也。』

此誌的書者竇庠，兩《唐書》和《全唐文》卷七百六十一有傳。

唐故朝散大夫守國子司業上柱國扶風竇公墓誌銘 并序
通議大夫尚書兵部侍郎上柱國賜紫金魚袋韓愈撰
第五弟朝議郎前使持節都督登州諸軍事守登州刺史
國子司業竇公諱牟字貽周六代祖敬遠嘗封西河公至公大
代仍襲爵名同昌諱紀生皇考諱紃向官至左拾遺溧水令贈
尚書於大曆初名能為詩文與李華善後生歸之及公為文亦
重舉進士登第佐六府五公八遷至撿校郎中元和五年真拜
洛陽令都官郎中澤州刺史以至司業年七十四長慶二年二
年八月十四日葬河南偃師 先公尚書之兆次祔以夫

一三　宋若昭墓誌（八二八）

【解題】

宋若昭（七六一—八二八），廣平人。大和二年祔葬於萬年縣鳳栖原先塋，在今西安市長安區韋曲兆余村。

誌高五三、寬五三、厚八點五釐米。銘文二六行，滿行二六字。楷書好，結體嚴整，但又顯靈活自然，字體清麗，挺拔有力。從姪守中書舍人翰林學士宋申錫撰，姪女婿翰林學士院待詔徐幼文書。

誌主曾祖宋仁永，萊州録事參軍。祖宋敏，贈祕書少監。父宋庭芬，贈大理府君。

誌主姐妹五人，咸酷嗜文學，撰《女論語》廿篇。貞元四年，從父客于上黨。李抱真薦于德宗，即日降詔，疾徵姊妹五人，傳乘而入，錫以學士之號。時更六朝，代餘三紀，傳授顧問。大和二年終于大明宮，就殯于永穆道觀。

唐故銀青光祿大夫衛尉卿單于
公諱紉賢字紉賢其先太原人也
河東觀察判官充副元帥掌
翊守子孫因之至今居于華州鄭
氣生於公之門公皇京地府美
州刺史贈太保祁國貞懿公敬之
陽郡王子儀之弟公天質魁岸風
而言正行撿而量弘翦冠賓于會
闌遂從戎於翔方以韜略著天寶
爲東受降城副使尋攝本城使是
河塞間及安祿山首亂天下朝
之拜於是舉翔方之衆出井陘定
雲中釰卒數綏東城將悠其西略
克全無害皆公之力也以功授衛
度副使左廂兵馬使訓卒理戎亦
光祿大夫珎之也夫以 汾陽不
坤德崇伊周功冠四七而公亦以
弟蓋諸葛氏之龍虎也 上方委
上元二年三月廿四日薨於靈州
於州城寶勝寺夫人王氏嗣子昉
泣血望歸櫬終宅穸不虞薦至陽
陽痛憤哀惋忌寢食者久之遺所
月八日葬于京兆府萬年縣義善
謀掌記于汾陽之幕承命纂叙
桓桓夫子万人之敵禦侮折衝森
俟功垂竹帛遠遷抚擲克赴真宅
永泰二年七月一日贈太子少

大唐故中書侍郎同中書[illegible]
吏部侍郎[illegible]
伊大曆十有二年七月己巳相國
皇帝發哀震悼乃命使冊[illegible]述
詔京尹護喪百官祖載學士用
南尚禮已　公諱綰字公權戶部
贈禮部侍郎侃之子乃祖乃考
公秘形紫範體資上哲允有斯
第天寶末陷寇潛遯謁見
制誥三遷遂掌書命底績　中
禮部侍郎修國史興廉察孝斥
左丞吏部侍郎以轉六官以貴
學校用修八音克諧，郊廟
同平章事　公擇稽首以讓固
遂循牆而走不敢告休以
軒穩禍黨進憸人以疑
上心寧政之理替者
上信孚于下事藉稽
深其成也速凡今之
歷試之效政之舊範
國相常公備承休烈而
功縣君蘇氏故吏部侍郎
啟墳而遷祔焉其孤曰知溉年
其銘曰
為學者唐故相國司徒公楊府君

唐故華州潼關鎮國軍隴右節度支度營田觀察處
史御史大夫武康郡王贈司空李公墓誌銘并序
朝議大夫守國子司業上輕車都尉
公本安姓諱元光其先安息王之胄也軒轅氏廿五子在
家於涼州代為著姓三明盛族每聯姻媾五涼霸圖累分
贈代州都督考塞多易州遂城府折衝贈幽州大都督
雄量弘識遠鶚立其峻鷹揚其威瓌奇拓落之才感激
算實惟天假王 我王國少居幽薊歷職塞垣奮傾夫
戎昭憂大宇詹事充潼關鎮國軍防禦副使元戎在州寶
署何望之寺輕騎奄至隔 我郡城 公糺合師徒鼓
率乘創立城池被練盈於万人登陴踰於百雉 詔加
使又加工部尚書庸勳且使能也夏五月 詔公与副
逸待勞 公戒列先馳所向皆靡是日之捷獨冠諸
雲會旣黨決死旣精且堅 公以示剩陷之奇陣蹀之
降附 宮省已靜鄉邦來蘇績 歲至於
詔加尚書右僕射實封九百戶錫以甲第申以女樂旌
長策竟殲大憝凶豎之後實領後軍戎以惡來我以救
詔旨頻降起視事累表陳乞 天心莫從加右金
元諒昭誠薨也四年春 詔加隴右節度支度營田
焉中休 詔公移鎮以遏侵軼遷尚書左僕射諸侯式
狸剪榛棘補殘捺潰舊隍築新臺穀連弩撲斷陶
城闢土開疆日引月長賦來寇抄師輒擊却由是亟逕
凶災咸於夢豎太醫 御藥頻降自 天有
原鎮之公館享年六十七 詔贈司空襃有功也
制臨吊賻贈粟帛加於常等歸于上都開化里之
于華陰縣潼鄉原之 新塋禮也笳簫鼓吹
生惟徇節歿也歸全忠孝並矣油幢祭戟胙土命
俗讋其威聲部落懷其惠澤皆名臣之大節也周
夫人河南阿史那氏北海郡夫人代北著姓也建國
叶南風以大曆六年十月廿七日先 公早終 詔
子朝散大夫前太子右贊善大夫平次子朝請郎
遠日復啓 舊塋爰命不朽式銘洪烈詞曰
天祚 聖代挺生良臣偉藴明略以康時
北闕能以衆正肅將心推鋒決機旣書亦
黨前臨賊營壞垣突敵陣斬衛淅氣席卷
前師臨電掃隴外猶梗捷 公擁旄東連新
徒不勞在鎮累載休有成績董領衆軍師長百
將星墜耀關月復魄 聖心震悼邦人寤怵
天子三吏實惟 司空 優詔追贈以酬茂
遺烈凜然清風貞石不朽 嘉名無窮

大唐故容國夫人隴西李氏墓誌銘并
金紫光祿大夫守司徒同中書門下
維元和二祀歲在丁亥四月戊
佑妻容國夫人李氏終於上都
五月戊子朔廿七日甲寅安厝於少
代祖世壽交州都督遂安公
左清道率曾祖茂初河州刺史
考殷衡州衡陽縣尉雖
皇室枝屬而家代陵遲故相麟
人率性溫恭居家敬順六姻化
聰惠絶倫在弱歲則孤能倫言
寓南方大曆季年佑都督容府
三十年佑旋更歷中外累忝藩
高堂下脩中饋承顏順色
家　朝恩俯及遂有石窌之
哀哉誕生四子一兒女纔語
子紹孜國子監主簿撫存悼往
為陳述識世事已過如夢幻皆
達實則未能奉倩傷神亦將不
猗歟容國聿脩四德性本惠和
謂積善如何不淑二子歸毀舉
奚補常情所經杳冥莫究神道
宜臨喪寧感少陵非遠終天永

尚書於大曆初名能為詩文與李華善後生歸之
重舉進士登第佐六府五公八遷至撿校郎中元
洛陽令都官郎中澤州刺史以至司業年七十四
年八月十四日葬河南偃師　先公尚書之
長史顗之女顗儀射冕昆弟之子初公善事
幼也名聲詞章行于京師人遅其至及公就進士
公舅袁高為給事中方有重名愛且賢公然實未
東遇其黨必曰非我之才維吾舅之私其佐昭義
其危後將盧從史重公不遣奏進官職公視從史
從史卒敗死公不以覺微避去為賢告人公始佐
司徒餘慶歷六府五公文武細麄不同自始及終
府從事幾且百人有愿姧易險賢不肖不同公一
者其為郎官令守慎法寬惠不刻教誨於國學也
分以躬先之恂恂愷悌得師之道公一兄三弟常
蔑江撫四州刺史羣以處士徵自吏部郎中拜御
大府自奉天令為登州刺史羣亦進士以御史佐
曰周餘好善學文能謹謹致孝述父之志曲而不
貢女子子三人愈少公十九歲以童子得見於令
鳥公待我一以朋友不以幼壯先後致異公可謂
石縉寶逃閔腹于　夏以再家實為氏
理愕旋河櫝引比　相嬰撥漢納孔軌
後去觀津　而家平陵　遙遙厥緒
敬其人　我懷其德　作詩孔哀

大唐內學士廣平宋氏墓誌銘
從姪朝議郎守中
姪女胥朝散大夫行楊
有唐內學士字若昭廣平第五
女也春秋六十八大和戊申歲十
殯于永穆道觀以其年十一月八
也大理之父諱敏官贈秘書少監
參軍皆高陽公之胤緒也徽猷懿
以謙述原夫積善之慶集于大理
降鍾女德府君有五女咸酷嗜文
語廿篇其發為詞華著于翰簡雖
從先大理客于上黨節將李尚書
狀慰薦
德宗在位方敦尚辭學册管女史
詔疾徵姊妹五人傳乘而入引謁
以學士之號時更
六朝代餘三紀後宮嬪御之傅授
付動成師法
穆宗之在春宮獨以經訓講貫左
言亮節客勿匡飭皆自信于心不
贈遂之外至辯於令弟前太子宮
山東之風內式失墜用刻貞石寘
輝顯吾門綿屬靈光宜生德賢弃
女師左右
穆皇履道無跡出言管
湯湯安神于茲唯

宋若昭墓誌

墓誌銘并序
袋韓愈撰
守登州刺史賜緋魚袋庠書
河公至公大父同昌司馬比四
遺溧水令贈工部尚書
及公為文亦最長於詩孝謹厚
和五年真拜尚書虞部郎中轉
長慶二年二月丙寅以疾卒其
兆次祔以夫人裴氏裴氏懷州
繼母家居未出學問於江東尚
且試其輩皆曰莫先實生于時
嘗以干有司也公一舉成名而
車也遇其將死公權代領以定
益驕不遜僞疾經年輿歸東都
崔大夫縱留守東都後佐留守
於公無所悔望有彼此言者六
接以和與信卒莫與公有忌嫌
嚴以有禮狀善蓋過明上下之
羣庠鞏常進士水部員外郎朗
史中丞出帥黔容以卒庠三佐
涵青府皆有才名公子三人長
纘次曰全餘曰成餘皆以進士
冊年始以師視公而終以兄事
馬厚文行君子矣其銘曰
夫子是承
質于幽刻

窦牟墓誌

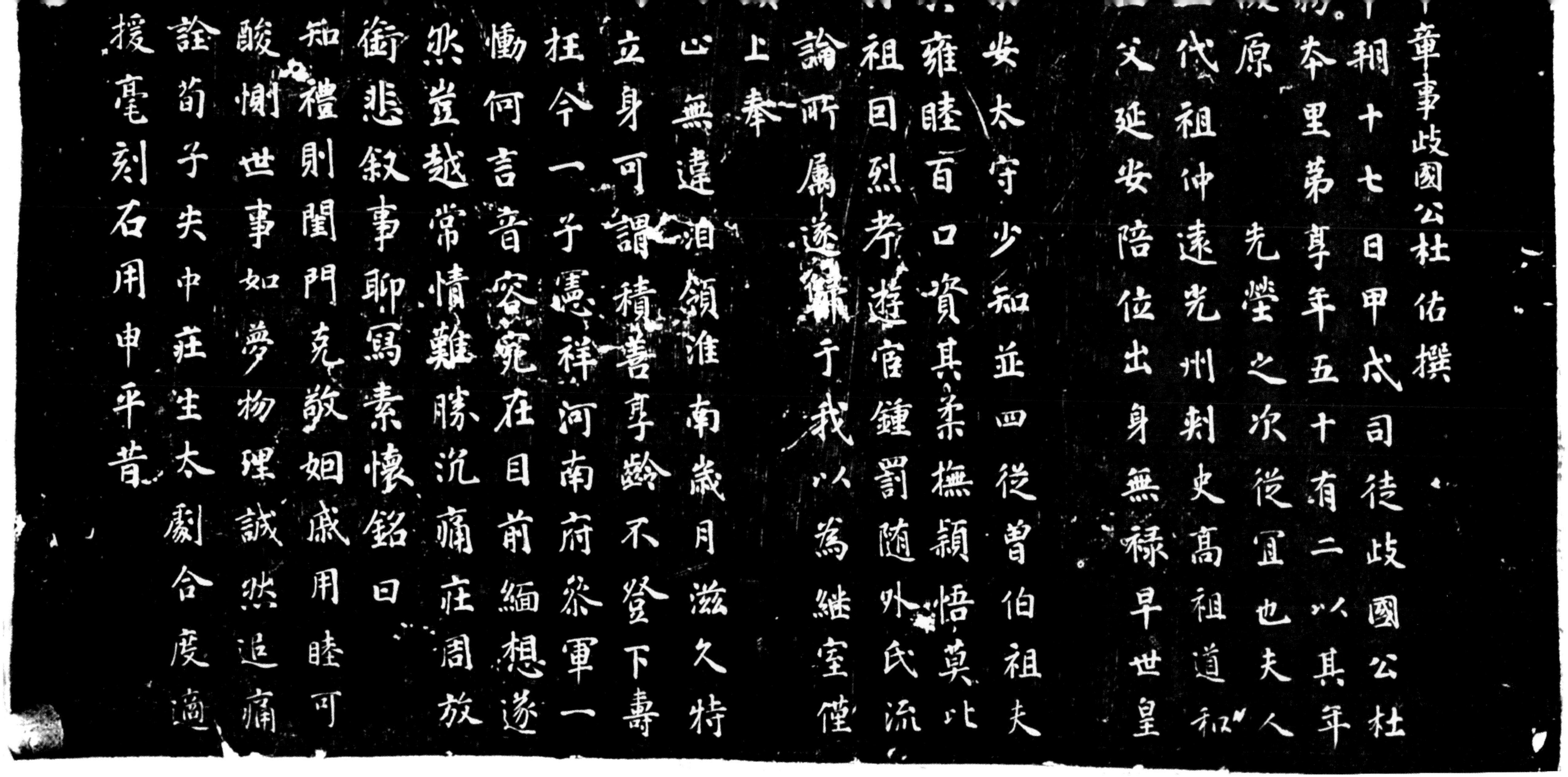

華事岐國公杜佑撰
翔十七日甲戌司徒岐國公杜
朔。奉里第享年五十有二以其年
原　先塋之次從宜也夫人
代祖仲遠光州刺史高祖道秘
父延安陪位出身無祿早世皇
安太守少知並四從曾伯祖夫
雍睦百口資其柔撫穎悟莫比
祖曰烈考遊宦鍾罰隨外氏流
論所屬遂歸于我以為繼室僅
上奉
心無違洎領淮南歲月滋久特
立身可謂積善享齡不登下壽
枉令一子憲祥河南府參軍一
慟何言音容宛在目前緬想遂
然豈越常情難勝沉痛莊周放
銜悲叙事聊寫素懷銘曰
知禮則閨門克敬姻戚用睦可
酸惻世事如夢物理誠然追痛
詮荀子失中莊生太劇合度適
援毫刻石用申平昔

杜佑夫人墓誌

臨洮軍等使開府儀同三司檢校尚書左僕射兼華州刺
墓
裔者此其二焉立國傳祚歷祀縣遠及歸中土猶宅西垂
曾祖羨 皇左驍衛將軍祖延左武衛翊府中郎將
習將門文傳儒行載德不隕貽慶無疆 公神爽氣
之志燒牛爇馬之變沉船破釜之決動必合宜舉無遺
方歸京邑以才幹見推列在環衛以將校景選爰副
總留事訓練綏撫俾知向方凡十數歲矣建中末賊泚僞
竟擊撲滅收復曾不崇朝深惟遠圖莫若持久是用大蒐
史中丞尋遷御史大夫華州刺史潼關防禦使鎮國軍
歸李晟進收上都師次灞川壘培未設賊衆悉出以
進次苑東 公又前合凌峻巘隳繚垣騎翼歸步
疾驅旗靡毒逐曾未晌息灘然奔潰元惡突走
儀 皇輿於平道秋七月 大駕還宮
効 懷光攜貳蒲津阻絕相府東討俾公副之累建
將賊不敢躡全師以歸尋丁 內艱毀瘠過甚
衛上將軍復領舊職尋又賜姓李氏同屬籍也改名
榮處置臨洮軍等使良原古城隴東要塞虜騎入寇
爰俾揔統規李牧守邊之議擇充國屯田之謀驅孤
璽發耕耘歲收甫田數十萬斛尋又進據便地更營新
隴人獲按堵矣歲月逾邁霜露云侵美疢發於生瘍
無瘳嗚呼不淑貞元癸酉歲十有一月十五日薨于良
聖情震悼廢朝追念爰命使臣宣
寢其明年十二月八日 靈輴啓路 祔葬
瞿平鹵騎士大夫夾道衛轂哀榮之典於焉畢備
功業茂矣參佐皆當時之選偏裨亦百夫之特殊
甲胄淚惟耿賈異時共貫 我何謝焉
翔為藩輔言德工容克遵典禮蘋蘩治沚允
簪紱乃建兆域 遺命祔葬勿令改遷長
將作監主簿華令德孝恭有聞于代虔卜
建中之難狂寇竊發 天臨下都盜入
復奉鄉增修外城叶力渭汭進圖上京擊敗兇
泰階砥平河東險溢 制誅討勝在戰
西盡臨洮增修保壘芟薙蓬蒿戎馬遷迹與
寒暑外侵勤勞中積遠圖未申大限俄迫
爵佳城式昭 令終巍巍太華長與比崇頌我
孫子平書

李元光（諒）墓誌

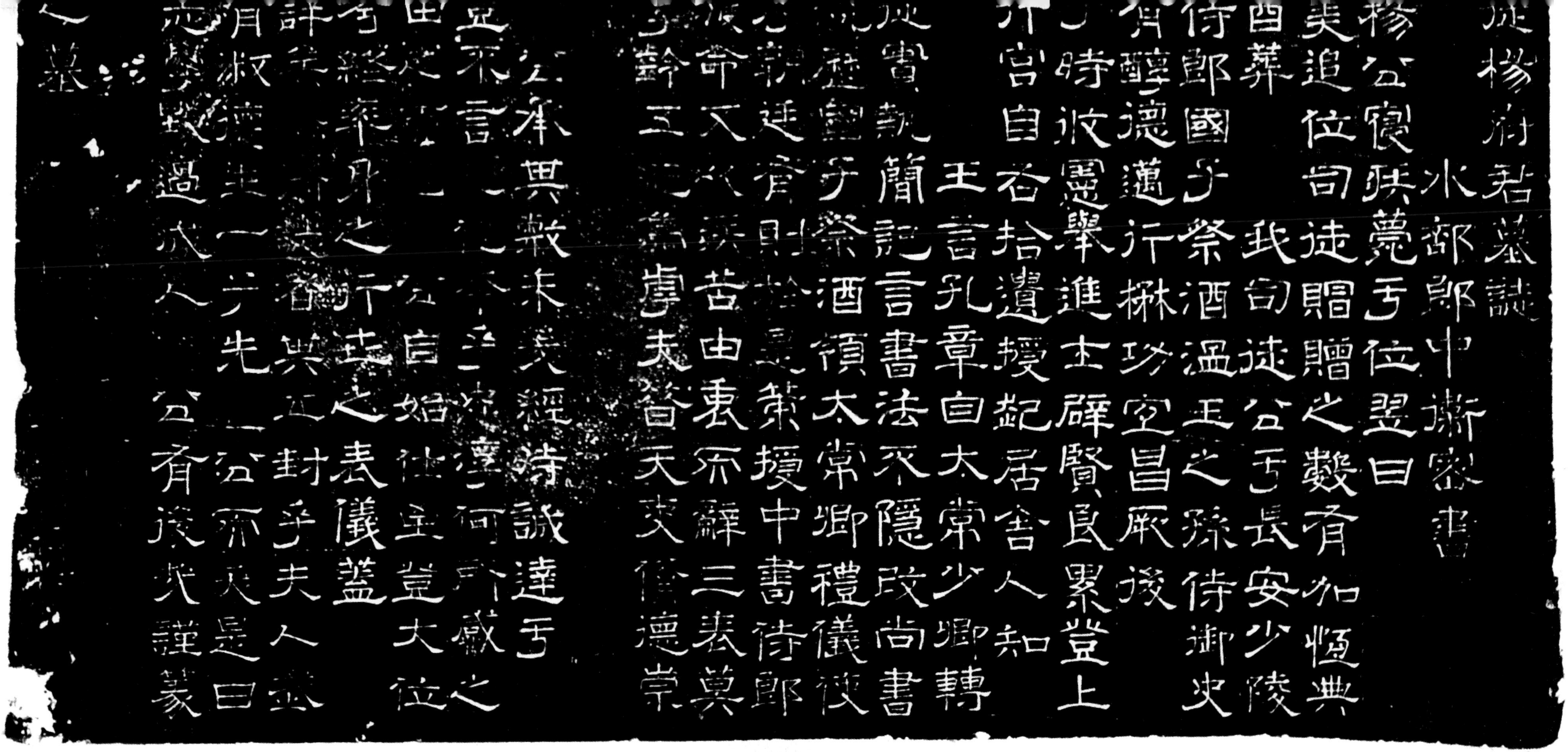

杨绾墓誌

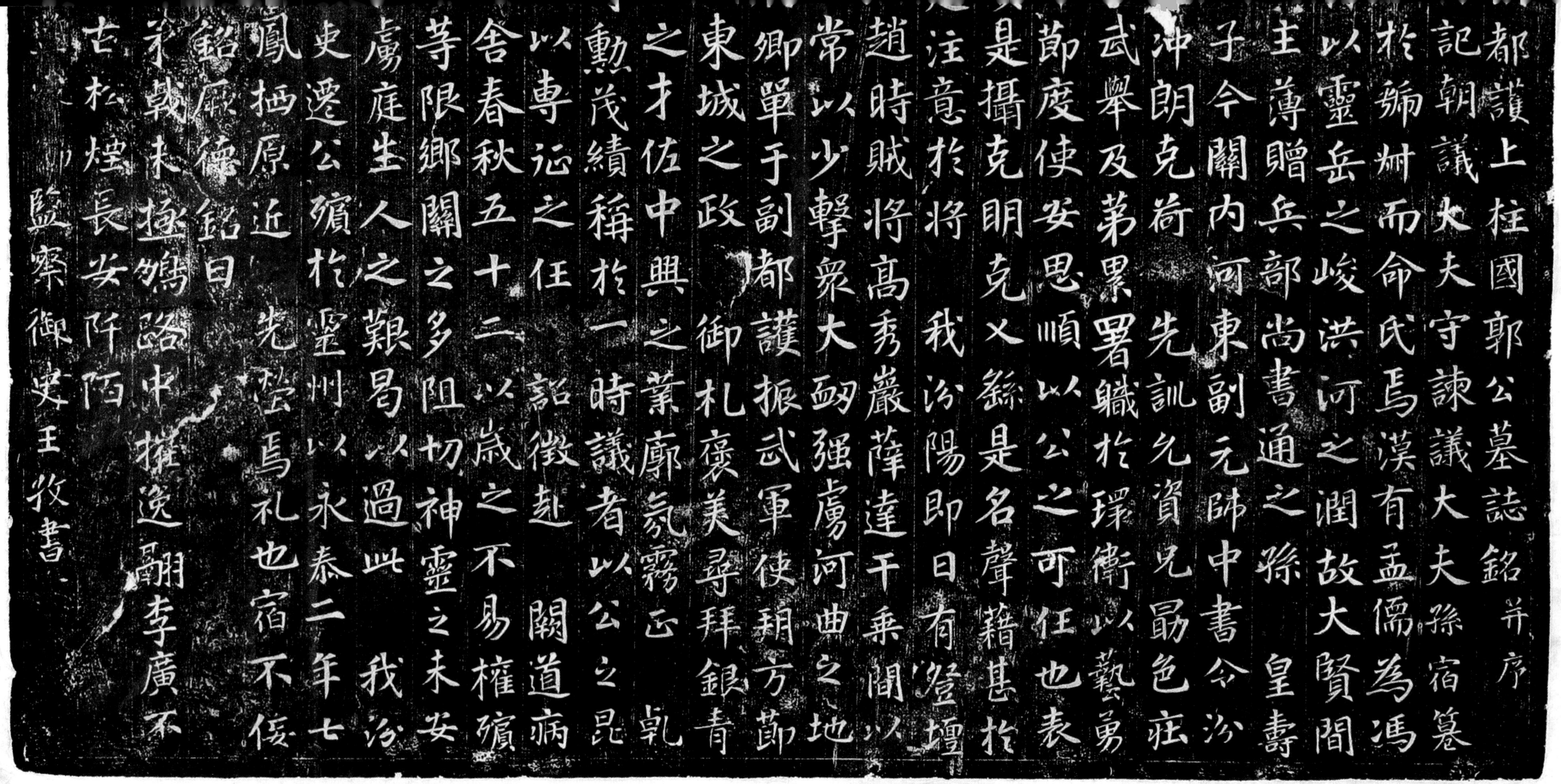

都護上柱國郭公墓誌銘并序
記朝議大夫守諫議大夫孫宿纂
於觽州而命氏焉漢有孟儒為馮
以靈岳之峻洪河之潤故大賢間
主薄贈兵部尚書通之孫 皇壽
子令關內河東副元帥中書令汾
沖朗克荷先訓允資兒勗色莊
武舉及第累署職於環衛以藝勇
節度使安思順以公之可任也表
是攝克明克乂繇是名聲藉甚於
注意於將 我汾陽即日有登壇
趙時賊將高秀巖薛達干乘間以
常以少擊衆大破強虜河曲之地
鄉單于副都護振武軍使朔方節
東城之政 御札褒美尋拜銀青
之才佐中興之業廓氛霧正乾
勳茂績稱於一時議者以公之昆
以專征之任 詔徵赴 闕道病
等限鄉關之多阻切神靈之未安
舍春秋五十二以歲之不易權殯
虜庭生人之艱焉以過此 我汾
吏遷公殯於靈州以永泰二年七
鳳栖原近 先塋焉禮也宿不佞
銘廞德銘曰
矛戟未極鵷路中摧逸翮李廣不
古松煙長安阡陌
監察御史王牧書

郭幼賢墓誌

【誌文】

大唐内學士廣平宋氏墓誌銘并序

從姪朝議郎守中書舍人翰林學士上柱國賜紫金魚袋申錫撰

姪女婿朝散大夫行揚州大都督府法曹參軍翰林學士院待詔上柱國賜魚袋徐幼文書

有唐内學士，字若昭，廣平第五房之孫，贈大理府君諱庭芬之第二女也。春秋六十八，大和戊申歲七月廿七日屬纊于大明宮，就殯于永穆道觀。以其年十一月八日，祔葬于萬年縣鳳栖原先塋，禮也。大理之父諱敏，官贈秘書少監。秘監之父諱仁永，宦止萊州録事參軍。皆高陽公之胤緒也。徽猷懿範，代業人物，聞於諸父伯仲，故得以譔述。原夫積善之慶，集于大理□君，而位不顯於代。固清粹之氣，降鍾女德。府君有五女，咸酷嗜文學，貫穿墳史，約先儒旨要，撰《女論語》廿篇。其發為詞華，著于翰簡，雖班謝之家，不能過也。貞元四年，嘗從先大理客于上黨。節将李尚書抱真，録其所著書與所業之文，列狀慰薦。德宗在位，方敦尚辭學。彤管女史之職，尤愛其才。即日降詔，疾徵姊妹五人，傳乘而入，引謁内殿。禮容閑雅，繇是錫以學士之號。時更六朝，代餘三紀，後宮嬪御之傳授，四方表奏之典綜，顧問啓付，動成師法。穆宗之在春宮，獨以経訓，講貫左右。大明継照，益用加敬。至於危言亮節，密勿匡飭，皆自信于心，不形于外，故不得而知也。廢床之日，贈襚之外，主辦於令弟前太子宮門郎禝，哀敬加於人，葬祭中於禮。山東之風，罔或失墜。用刻貞石，置于幽壤。銘曰：

輝顯吾門，綿属靈光。宜生德賢，弈代熾昌。不為公侯，亦絅錦裳。全集女師，左右穆皇。履道無跡，出言□□。□管是承，青簡流芳。秦原蒼蒼，滈水湯湯。安神于兹，唯□□□。

【跋】

宋氏姐妹五人，若莘、若昭、若倫、若憲、若荀，為才女，合著之《女論語》，在明末被學者與西漢劉向的《烈女傳》、東漢班昭的《女誡》、晉代的《女史箴》並稱《女四書》。唐德宗時奉詔乘傳入宮，引謁内殿，挽留于宮中為『学士先生』，教授六宮嬪媛、諸王、公主、駙馬。大姐宋若莘參掌機密、著述詞章。宋若昭更被唐穆宗封为尚宮，可以參與草擬詔令、宰臣任命、帝王决策。後又加封一品『梁國夫人』。两《唐書》的后妃列傳中，都有女學士尚宮宋氏（若昭）傳，對五姐妹並『不以宮妾遇之』，五姐妹均『誓不從人，终身未婚嫁』，『貞孝内自持』，得到尊重，是唐代後宮一道奇特的風景。墓誌的發現澄清了宋若昭的年齡等史實。

二〇一四年十二月十八日起，中国新闻网、人民政协报、人民政协网和《華商報》等以《西安現唐女官宋若昭墓誌》為題，紛紛報道了西安碑林博物館館長趙力光的相關談話。

後記

十餘年來，在購買收集的墓誌拓片中，發現有不少未經墓誌書刊錄，有些除書法之外，也未見有文史方面的論文發表。相信其中一些被私人秘藏或已流失海外，學者們在相當長的時間裡難於見到，因而它們在文學歷史研究方面的價值，得不到展示。因此，有了精選一百禎拓片錄文刊出的想法。這一想法得到了大唐西市董事局呂建中主席和陝西師範大學出版總社的支持，李裕民、陳尚君、史睿等學者審改了錄文，吴炯炯將第一稿和篇目改動近半的第二稿都作了細緻校讀，正誤良多。羅小紅、曹印雙、賈志剛、馬維斌、侯海英、田衛麗、王冰等多位同學，一人讀十方，也幫我找出了一些錯誤。更有高壽八十八歲的連樹聲老師，精心逐一寫了對這一百方墓誌書法的評價。李靖婧和周曉濛兩位現已是中學老師的同學，一如既往幫我做了地名和紋飾的解釋。所以書上雖署我名，實際是老老、老、中、青四代人合作的成果。如果可以，我願意將他們都署為作者，那應該是吴炯炯、李裕民、陳尚君，連樹聲、李靖婧、周曉濛。我只是做了兩頭的工作。

百誌選定后，感到另一些名誌，内容和文章、書法都達到極致，仿『石門十三品』，選擇了十三方，附錄于百誌後。這些著名墓誌，雖然已經有著錄研究，但並不充分，還是收入進來，錄文或多或少訂正了以前發表的錄文中難免的錯誤，加一點簡單的跋語，是為讀者鑒賞提供方便。比較遺憾的是李處鑒等三方墓誌，是當年偶見，隨手拍下，再尋不得。圖片質量較差，但是如李處鑒曾任廣州都督，職務重要。墓誌敘其身世和為人為官之道，内容富有價值，姑且收入供研究，盼日後能找到誌石，得到好的拓片。

整理古代墓誌，對於我來說還是初習未久的事情。俗話雖說：『三十不學藝』，但還是應遵循那句千古不朽的諺語：『活到老，学到老。』學習，是一件很享受的事情。於是才有延續《大唐西市博物館藏墓誌》一書建立的體例，繼續習作墓誌錄文釋讀，完成這本書的想法。

一年來，不斷調整，去掉又見發表的墓誌，旋删旋補，事倍功半。至今每看一遍，都還會發現一些錯誤，改不勝改。所以書稿差誤難免還多，是我未盡到責任。可耗損視力也不小，女兒花不少錢給重配眼鏡，發現一年來近視竟還上百度的增加著。況且三十冊的《絲綢之路叢書》的審稿定稿工作也要開始了，墓誌的工作我也只能做到這裡。錯誤和不足之處，望讀者不吝賜教。好在附有墓誌拓片，識者不難從文圖對照中發現問題，改正錯誤。雖不能安心，還是付梓了。

二〇一二年，我與榮新江先生主編《大唐西市博物館藏墓誌》時，榮新江、朱玉麒與黄正建等北京的許多位專家，仔細斟酌制定的凡例和右圖左文的版式，本書一仍其舊。惟在選編過程中，隨時替換發現有著錄研究的墓誌，調整數量過半，為方便修改，所以將墓誌注的序號改為葬年的公元紀年。

需要說明提醒讀者的，一是本書所收墓誌，在交稿后或又有個別刊出因而重複的，未能再一一查核撤補。二是所用資料俱是拓片，原石多不知下落，未能看石頭去辨真偽。眼下墓誌造假成風，本書所收墓誌，雖都經與行家反復研判，仍擔心有贋品——多是複製品——混入，望識者指正，讀者留意。好在我們組織做配圖錄文的電子檢索版西魏北周隋唐出土墓誌已多年，以往相關資料的失誤，有機會不斷修正。計日程功，盡快提供給學界更完善更便捷的墓誌材料，以便大家更好地研究那近四個世紀西安為都城的歷史（五三五—九〇七），是我們的心願。

陝西師範大學出版總社的責任編輯劉定、宋媛媛兩位為本書的審校修改付出巨大勞動，我不勝感激，並感謝出版總社對我服務於學界心願的理解，慷慨應允出版。學界同仁如感到此書還有些用，請勿忘他們的支持。

胡　戟

二〇一五年八月三日稿
二〇一六年三月三日修改
二〇一六年七月二十一日改定